NZZ **LIBRO**

Mit Musik stromaufwärts

Das Zürcher Kammerorchester

Peter Marschel
Peter Révai

NZZ Libro

Abb. 1

9 Vorwort der Herausgeber *Peter Marschel, Peter Révai*
11 Aus dem Glauben an Qualität *Peter Marschel, Johannes Meili*
15 Profis mit viel Gefühl fürs Publikum *Jacqueline Fehr*
17 Im Dienste kultureller Vielfalt *Corine Mauch*

100 Jahre ZKO

21 Ein Grusswort aus der Zukunft *Michael Eidenbenz*
31 Sinfonia «La variabile» *Susanne Kübler*

37 Das ZKO und seine künstlerischen Leiter (ab 1996)
39 Mein musikalisches Programm *Daniel Hope*
41 Willi Zimmermann: Repertoire und Technik *Peter Révai*
45 Wie Orchester klingen *Sir Roger Norrington*
51 Muhai Tang: Mit Haydn in China *Peter Révai*
53 Howard Griffiths: Plötzlich ist sie da, die Sternstunde *Martin Meyer*
65 Die Klangperioden *Sandra Goldberg*

69 Die Ära Edmond de Stoutz (1945–1996)
71 Wechselbad der Gefühle *Edmond de Stoutz*
73 Edmond de Stoutz: Der Auftrag der Musik. Dirigieren als Mission *Alexandra Kedves*
77 Sein geistiges Erbe lebt *Josef Estermann*
79 Die Brandenburgischen Konzerte *Peter Révai*
83 Auftakt statt Abschlag *Peter-Lukas Graf*
85 Mein Vater und sein Orchester *Louis de Stoutz*
95 Erste Reihe, Galerie links *Inès Heuer-de Stoutz*
97 Pingpong in den Pausen *Steven Isserlis*
99 «Spielen Sie nicht so bürgerlich» *Matthias Ziegler*
101 Edmond de Stoutz *Gottfried Honegger*

Eckpfeiler

105 Zeitgenössisches
107 «Nicht allzu sehr, aber doch» – Zeitgenössisches *Peter Révai*
115 Das Besteck im Flügel *Daniel Fueter*
117 Edmond de Stoutz *Werner Bärtschi*
119 Erinnerungen – Reflexionen – Fragen *Rudolf Kelterborn*
121 Mit Phototaxis zu Gast in Mailand *Bettina Skrzypczak*
123 Un leggero ritorno di cielo *Stefano Gervasoni*

125 Als Kulturbotschafter unterwegs
127 Über Tourneen des Zürcher Kammerorchesters   *Silvano Berti*
141 Nomadenalltag   *Silvano Berti, Peter Marschel*
149 Ensemble in Residence in Gstaad   *Silvano Berti*
153 Erinnerungen an das ZKO und das Menuhin Festival in Gstaad
    Eleanor Hope

157 Das Orchester in der Limmatstadt
159 Zu Hause in Zürich   *Silvano Berti*
165 Molto appassionato   *Fredi M. Murer*
167 Das ZKO-Haus: Alles braucht seine Zeit   *Hans Heinrich Coninx*
173 Nie mehr Kirchgemeindehäuser   *Johannes Toppius*
175 Metamorphosen   *Silvan Hürlimann*
177 Die Rettung der Stradivari   *Peter Marschel*
181 Unser Publikum   *Michael Bühler*
189 Klassische Musik für junge Ohren   *Anina Rether*
197 Der Zürcher Konzertchor   *Christoph Pfister*
199 Streichorchester im Spiegel der Zürcher Kulturpolitik
    Jean-Pierre Hoby
205 Mein Bekenntnis zum Zürcher Kammerorchester   *Thomas Wagner*

Geschichte und Gegenwart des Kammerorchesters

209 Musikgeschichtliche Voraussetzungen   *Dominik Sackmann*

Faktisches

223 Künstlerische Leiter, Konzertmeister, Geschäftsführer
    und Präsidenten
224 73 Konzerthighlights aus 73 Jahren
234 Uraufführungen (Auswahl)
240 Diskografie (Auswahl)

245 Personenregister
248 Bildnachweis
250 Autorinnen und Autoren
255 Dank
256 Impressum

Abb. 2

Peter Marschel, Peter Révai

Vorwort der Herausgeber

Weder ein Jubiläum des Zürcher Kammerorchesters (ZKO) noch ein runder Geburtstag eines seiner Protagonisten waren Anlass, das vorliegende Buch herauszugeben. Angesichts der heutigen Möglichkeiten, Informationen und Musik aus allen Zeiten und Ländern auf Knopfdruck über digitale Kanäle zu beziehen, schien es dem Vorstand der Gesellschaft der Freunde des Zürcher Kammerorchesters recht und billig, die Geschichte und Geschichten dieses Klangkörpers festzumachen, bevor sie von der digitalen Lawine überschüttet werden.

Um der Tradition des Zürcher Kammerorchesters gerecht zu werden, galt es, die Beweggründe und Leitmotive herauszukristallisieren, die hinter der Entwicklung dieses Streichensembles stehen. Dabei versuchten wir, uns an die weitsichtige Wegleitung des Gründers des ZKO, Edmond de Stoutz, zu halten: «Es ist zwar durchaus üblich und legitim, dass wir an unseren Früchten erkannt und gemessen werden und dabei der Boden, die Wurzeln, der Stamm und die Äste, welche die Früchte erzeugen und tragen, zum grössten Teil verborgen bleiben. Für den Baum aber kann es auf die Dauer etwas frustrierend sein, wenn immer die Früchte gelobt werden. Heute wollen wir daher einmal unser Bäumchen näher betrachten, das an günstiger Stelle gewachsen ist und, mit viel Licht und Nahrung bedacht, lebendig und kräftig weitersspriesst und gedeiht.»[1] Diese Sätze verstanden wir als Aufforderung, keine systematische Darstellung des Zürcher Kammerorchesters zusammenzustellen, dessen Kernrepertoire bis heute aus Werken des Barocks und der Klassik besteht. Vielmehr versuchten wir, dem Ursächlichen dieses Klangkörpers auf den Grund zu gehen.

In diesem Sinn haben wir künstlerische und administrative Verantwortliche und Beteiligte zu ihren Vorstellungen und Erlebnissen zu Wort kommen lassen. Der Bogen ist in Anlehnung an den Titel von de Stoutz' Rede «Stromaufwärts schwimmen» von der Jetztzeit bis zu den Ursprüngen des Orchesters gespannt. Ein besonderes Augenmerk haben wir dabei auf die Pflege der zeitgenössischen Musik gelegt. In den Aufführungen des ZKO kam und kommt sie zwar im Vergleich zum Repertoire stets deutlich weniger zum Zug, dafür zeugt sie umso direkter von den musikalischen Überzeugungen der einzelnen Exponenten. Je eigene Kapitel sind zudem etwa den Eckpfeilern, den Tourneen, dem ZKO-Haus im Zürcher Seefeld-Quartier und der pädagogischen Mission sowie dem eng mit der Geschichte des ZKO verbundenen Zürcher Konzertchor gewidmet.

Unser Dank gilt nicht nur allen Autorinnen und Autoren dieser Publikation, sondern auch den Freunden des ZKO, die uns mit der Herausgabe dieses Buches beauftragt haben.

---

1 Edmond de Stoutz, in *Stromaufwärts schwimmen*,
   Th. Gut & Co. Verlag, Stäfa 1988, S. 21.

Peter Marschel, Johannes Meili

Aus dem Glauben an Qualität

«Tradition ist die Weitergabe des Feuers und nicht die Anbetung der Asche», lautet ein Motto unserer Gesellschaft der Freunde des Zürcher Kammerorchesters (GFZKO), dem wir versuchen stets nachzuleben. Es hat uns schliesslich auch dazu bewogen, die Herausgabe dieses Bandes zu initiieren. Dass dieses Buch nun im 55. Jahr des Bestehens unserer Gesellschaft erscheint, dürfte auch die Exponenten der Gründergeneration mit grosser Genugtuung erfüllen. Was längst überfällig schien, wird nun umgesetzt, nämlich die Publikation einer Geschichte des Zürcher Kammerorchesters (ZKO). Das Schaffen von Edmond de Stoutz und der Musikerinnen und Musiker der ersten Jahre wird ebenso gewürdigt wie die Leistungen derjenigen, die die nachfolgenden Perioden geprägt haben. Das Buch ist aber auch als ein Geschenk an die kommenden Generationen gedacht, um die gesammelten Erinnerungen wachzuhalten. Bereits Franz Schubert schaute auf Mozarts Schaffen, um «in Zuversicht zu hoffen auf eine lichte, helle schöne Ferne». Um die Zukunft des ZKO muss man sich wohl nicht allzu grosse Sorgen machen. Heute wie gestern ist das Orchester ein Leuchtturm des Zürcher Kulturlebens und Botschafter der Stadt auf seinen Tourneen durch Nord- und Südamerika, Asien, Afrika und Europa, hier vor allem durch unsere Nachbarländer. Die Vertragsverlängerung mit dem heutigen künstlerischen Leiter Daniel Hope bis ins Jahr 2022 erfüllt die Freunde des Orchesters mit ebendieser Schubert'schen Zuversicht.

Eigentlich ist alles fast wie früher. Aber wann war früher, und wie war es denn früher? Für die Gründergeneration des ZKO begann die Geschichte bereits Ende der 1930er-Jahre am Gymnasium an der Rämistrasse. Professor Willy Hardmeier, der damalige Direktor der Tonhalle-Gesellschaft, leitete das dortige Schülerorchester (SOG), in dem Rudolf Baumgartner als Konzertmeister amtete und Edmond de Stoutz das erste Cello spielte und von Zeit zu Zeit auch dirigierte. Daraus entwickelte sich die Hausorchester-Vereinigung Zürich, deren erster dokumentierter öffentlicher Auftritt am 11. Dezember 1945 in der Zürcher Tonhalle aus Anlass der Abschlussfeier des Zivilen Frauenhilfsdiensts stattfand. Die erste Gage des Orchesters betrug gesamthaft 400 Franken. Danach spielte das Ensemble zahlreiche Konzerte im Zunfthaus zur Meisen, geprobt wurde in der Villa im Hohenbühl, dem Wohnhaus der Familie de Stoutz. In den Folgejahren wuchs das Orchester an seinen Aufgaben. Heute würde man wohl sagen, es professionalisierte sich: 1951 mit dem bahnbrechenden Konzert im Piccolo Teatro di Milano unter dem neuen Namen Zürcher Kammerorchester, dann mit dem ersten Gastspiel in Paris und 1956 mit 38 Konzerten auf der ersten Tournee eines Schweizer Orchesters durch die USA und Kanada. Auch wenn im Jahr 1954 die Registrierung im Zürcher Handelsregister erfolgte, der ursprüngliche Charakter des Orchesters blieb erhalten. Ohne die durch Edmond de Stoutz geprägte familiäre Atmosphäre wäre eine solche Aufbauleistung gar nicht zu schaffen gewesen. Aber trotz künstlerischer Erfolge blieb die materielle Basis des Orchesters lange unsicher. Sein Überleben gelang oft nur dank des ausserordentlichen Einsatzes der gesamten Familie de Stoutz. Edmonds Schwester Inès half nicht nur im Büro und an der Billettkasse, sie kochte auch den Kaffee und bereitete die Pausenbrötchen für die Musikerinnen und Musiker vor. Edmond de Stoutz selber verzichtete lange Jahre auf ein Honorar, und die Musiker akzeptierten familiensituationsbedingte Gagen. Das bedeutete, dass Musikerinnen, die etwa Ehefrauen gut verdienender Ärzte waren, Reduktionen ihrer Gagen in Kauf nahmen, um ärmeren Musikerkollegen mit Familie ein Grundeinkommen zu sichern. Damals gab es noch keinen GAV, und Solidarität dürfte auch einen anderen Stellenwert gehabt haben als heute. Tourte das Orchester durch die Schweiz, übernachteten die Musikerinnen und Musiker meistens privat bei Leuten in dem Ort, an dem das Konzert stattfand. Das schaffte eine familiäre Verbundenheit innerhalb des Orchesters und festigte Freundschaften mit den Gastgebern, die gleichzeitig auch Teil des Publikums waren.

Solche Freunde konnte das Orchester gut brauchen, denn bis Ende der 1960er-Jahre gab es keine Subventionen. 1963 initiierten der Jurist und NZZ-Redaktor Urs Schwarz und Edmond de Stoutz die Gründung der GFZKO, die von Lorenz Stucki während vieler Jahre präsidiert wurde. In der Festschrift zum 25-Jahr-Jubiläum des Orchesters erinnert er an die damaligen Beweggründe für die Gründung unserer Gesellschaft: «Die weitere Entwicklung dieses privaten Unternehmens, das – als einziges Berufsorchester der Welt ohne staatliche Unterstützung – zur internationalen Spitzenklasse gehörte und Hungerlöhne zahlen musste, war damals nicht vorauszusehen. Fast jede realistische Überlegung sprach gegen seine Zukunft, und die Gründung unserer Gesellschaft privater Mäzene erschien als ein Versuch, einem in unserer hart materialistischen Welt an sich nicht lebensfähigen Ensemble die Existenz am Rande des Untergangs etwas zu verlängern.»

Zeitweilig engagierten sich bis zu 1600 Mitglieder für das Orchester. Heute sind es mit 450 rund zwei Drittel weniger. Unter den Mitgliedern war und ist etwa mit Bundesrätin Elisabeth Kopp, den Gebrüdern Walter und Heinrich Bechtler, den Stadtpräsidenten Sigmund Widmer und Thomas Wagner, den Unternehmern Walter Haefner und Hans Heinrich Coninx sowie dem NZZ-Chefredaktor Fred Luchsinger auch viel Prominenz vertreten. Mit den jährlichen Beträgen in Höhe von durchschnittlich einer halben Million Franken finanzierte die Gesellschaft anfänglich nicht nur einen Teil der Alltagskosten des Orchesters, sondern legte damit auch die Fundamente der Pensionskasse und des Härtefonds für die Musiker. 1969 ermöglichten Mäzene aus den Reihen der Gesellschaft den Kauf einer Stradivari. Das wertvolle Instrument, das einst von Gerhart Hauptmanns Ehefrau Eva gespielt wurde, wird seither dem jeweiligen Konzertmeister zur Verfügung gestellt. Als das Orchester 2007 in eine finanzielle Notlage geriet und deshalb die Stradivari verkauft werden sollte, starteten die Freunde unter Leitung ihrer damaligen Präsidentin Regula Pfister die Aktion «Rettet die Stradivari». Innerhalb kürzester Zeit gelang es, 1,1 Millionen Franken zu sammeln, sodass vom beabsichtigten Verkauf Abstand genommen werden konnte. In den Folgejahren hat die Gesellschaft immer wieder Instrumente für das Orchester angekauft: Kesselpauken, Vuillaume-Geigen, Cembali und auch Reisekontrabässe. Die «Freunde» waren und sind aber nicht nur Geldbeschaffer. Sie sind auch Botschafter des Orchesters und dessen beste Lobbyisten. Das war bei der Abstimmung 1983 besonders wichtig, als das Zürcher Stimmvolk die Erhöhung der Betriebssubvention für das Orchester mit grossem Mehr bestätigt hat. Aber auch als 1994 der Zürcher Stadtrat eine Kommission beauftragte, ein «Leitbild für die Zürcher Berufsorchester» zu entwickeln und die Presse vom «Fallbeil über dem Kammerorchester» schrieb, war ihr Einsatz gefragt. Es war sicher dem breit abgestützten Einfluss unser Gesellschaft zu verdanken, die äusserst aktiv mitwirkte, dass eine «Kulturpolitik à la Seldwyla» verhindert werden konnte. Das hatte natürlich mit der Begeisterung zu tun, die Edmond de Stoutz und seine Musiker bei den Freunden und den übrigen Zürchern entfacht hatte. Es wurde eben nicht die Asche angebetet, sondern das Feuer weitergegeben. Dafür hat Edmond de Stoutz mit seinen Konzerten für Kinder, seinen kommentierten öffentlichen Proben und seinen unzähligen konzertanten Ausflügen in Zunfthäuser, Gartenanlagen und Fabrikhallen die besten Voraussetzungen geschaffen.

Abb. 1
Sechs Monate nach der Eröffnung der Elbphilharmonie in Hamburg gab das ZKO ein Sonderkonzert zu Ehren der Polizisten des G20-Gipfels (13.7.2017).

Abb. 2
Yehudi Menuhin und das ZKO unter Edmond de Stoutz in der Royal Naval College Chapel in Greenwich (1.10.1981).

Abb. 3
Seit ihrer Gründung 1963 unterstützt die Gesellschaft der Freunde des Kammerorchesters das ZKO.

Abb. 4
Mit dem Pianisten Dimitris Sgouros spielte das ZKO unter Edmond de Stoutz im Athener Amphitheater Odeon des Herodes Atticus (3.9.1985).

Abb. 5
Kinderkonzert im «Park im Grüene» in Rüschlikon (3.7.2011).

Seine Gedanken über die Musik und das Leben hat er publiziert und auch gern immer wieder vorgetragen. Seiner Überzeugung nach sollte ein Kammerorchester stets nur einen Dirigenten haben und dieser nur ein Orchester. Solche Ansprüche leistete man sich damals noch. Man wollte musikalische Werte schaffen, die sich nicht am Markt orientierten. De Stoutz konnte sich, eingebettet in die vom gemeinsamen Anliegen vereinte Familie, ganz auf die Kunst des Orchesters und auf seine Rolle als Patron konzentrieren. Als mit Howard Griffiths der Generationswechsel vollzogen wurde, gab es neben Begeisterung auch Friktionen, und unsere Gesellschaft wurde einmal mehr gefordert. Ein «eigenes Zuhaus» war ein lang gehegter Wunsch des Orchesters. Regula Pfister konnte mit Unterstützung des Verlegers Hans Heinrich Coninx die Gelder akquirieren, so dass aus dem alten Hochspannungslabor des Schweizerischen Elektrotechnischen Vereins (SEV) das ZKO-Haus wurde.

Selbstverständlich waren das damals andere Zeiten. Haben wir unsere Sache besser gemacht? Wir haben sie mit Bestimmtheit anders gemacht! Die Gründergeneration des Orchesters, allen voran Edmond de Stoutz, war geprägt von einem glaubhaft nachvollziehbaren und damit ansteckenden Willen zur Kunst. Lorenz Stucki schrieb in der bereits genannten Festschrift: «Wir, die Freunde, haben dem Zürcher Kammerorchester von Anbegin nicht aus einer Wohltätigkeitshaltung geholfen, sondern aus dem Glauben an die Qualität. Unsere Freundschaft galt nicht den ‹Armen›, sondern den Erstklassigen, den auf idealistische Weise Freien, derjenigen Gruppe, die ihre Loyalität in allen Schwierigkeiten aufrechterhielt, um des künstlerischen Niveaus willen.» Heute wird dasselbe auf Englisch ausgedrückt, nämlich mit «Excellence is the only answer», es meint aber dasselbe. Vielleicht ist dieses Primat der Kunst der Schlüssel für zukünftige Erfolge, genauso wie die real existierende unmittelbare Nähe zu uns Freunden und zum Publikum. Mit diesem Buch wollen die Freunde des ZKO dazu beitragen, dass das Feuer der Begeisterung an die zukünftigen Generationen weitergegeben werden kann und es dem Orchester den Weg in eine lichte, helle, schöne Ferne leuchtet.

Abb. 4

Profis mit viel Gefühl fürs Publikum

Jacqueline Fehr

Wenn ein Orchester ebenso in der Hamburger Elbphilharmonie auftritt wie im Flawiler Chocolarium, wenn dieses Orchester mit grösster Virtuosität Beethoven-Zyklen weiterbearbeitet und dem Publikum gleichzeitig augenzwinkernd erklärt, wann im Konzert das Klatschen erlaubt ist, so lässt das einen wunderbaren Schluss zu: Da sind Könnerinnen und Könner mit viel Gefühl fürs Publikum am Werk. Das ist ebenso grossartig wie selten.

Diese Kombination von perfektioniertem Handwerk, einer Prise Schalk und gesunder Distanz zu sich selber ist für alle Beteiligten ein grosser Gewinn. Das Publikum profitiert, das erfahrene ebenso wie das ganz junge mit dem Schnuller im Mund. Aber auch die Macherinnen und Macher selber halten sich so das Tor für Neues stets offen.

Und genau darum geht es doch in unserer Zeit: Neugierig bleiben, Ja sagen – erst das ermöglicht den Aufbruch zu neuen Ufern.

Im Falle des Zürcher Kammerorchesters ist diese Lust am Experiment, die Suche nach immer neuen Bezügen zu anderen Kunstformen glücklicherweise Teil des Erbguts. So entdeckt das Orchester regelmässig vergessene Komponisten neu und arbeitet ohne jede Berührungsangst mit Musikerinnen und Musikern aus Jazz-, Volks- und populärer Unterhaltungsmusik zusammen. Daneben fördert das ZKO junge Instrumentalistinnen und Instrumentalisten und entwickelt neue Konzertformate für neue Zielgruppen und an überraschenden Orten. Und nach dem Konzert stellen sich die Musiker in der Lounge den Fragen des Publikums.

Das Zürcher Kammerorchester leistet seit Jahrzehnten einen wesentlichen Beitrag zur kulturellen Vielfalt in Stadt und Kanton Zürich, in der Schweiz und auch über unsere Grenzen hinweg. Das Ensemble gehört zu den führenden Klangkörpern seiner Art und überzeugt in den bedeutendsten Musikzentren Europas, Amerikas, Südafrikas und Asiens mit einem breit gefächerten Repertoire von Barock über Klassik und Romantik bis in die Gegenwart. Dafür sind wir überaus dankbar.

Abb. 5

Corine Mauch

Im Dienste kultureller Vielfalt

Was macht eine Kulturstadt aus? Woran erkennt man den Stellenwert, den die Kultur einnimmt? Unsere kompetitive Zeit orientiert sich gerne an kulturellen Leuchttürmen, und viele schliessen von der Grösse einzelner Institutionen direkt auf die Bedeutung des gesamten Kulturlebens. Doch so einfach liegen die Dinge nicht. Einzelne Leuchttürme erhöhen zwar das Renommee einer Kulturstadt. Aber ein reiches Kulturleben entsteht erst in der Vielfalt kultureller Manifestationen.

Als der 25-jährige Edmond de Stoutz nach dem Ende des Zweiten Weltkriegs in seiner Geburtsstadt Zürich ein Kammerorchester gründete, war ihm durchaus bewusst, dass es hier bereits ein grosses Symphonieorchester gab. Schon im Namen seiner Hausorchester-Vereinigung Zürich machte er deshalb deutlich, dass es ihm nicht darum ging, das Tonhalle-Orchester zu konkurrenzieren. Und als er die häusliche Vereinigung 1951 in Zürcher Kammerorchester (ZKO) umtaufte, war bereits offenkundig, dass hier Wesentliches zur kulturellen Vielfalt geleistet wurde: Die Pflege des vorklassischen, klassischen und insbesondere auch des zeitgenössischen Kammermusikrepertoires sorgte für ein ganz eigenständiges Profil, und es sollte nicht lange dauern, bis das ZKO mit Platten-, Radio- und Fernsehaufnahmen weit über Zürich hinaus bekannt wurde. Bereits in den 1960er-Jahren gab das Orchester jährlich etwa gleich viele Konzerte in der Schweiz wie im Ausland. Das kleine «Hausorchester» hatte sich zum grossen Tournee-Unternehmen gewandelt.

Natürlich musste sich auch das ZKO in den vergangenen Jahrzehnten mit einer Vielzahl von inneren und äusseren Veränderungen auseinandersetzen. Aber das kleine und wendige Kammerorchester hat diese gemeistert und unser Konzertleben immer wieder mit farbigen Akzenten bereichert. Kein Wunder, dass es auch im Ausland nach wie vor sehr geschätzt wird – als klingende Visitenkarte der vielfältigen Kulturstadt Zürich.

100 Jahre ZKO

Ein Grusswort aus
der Zukunft

Sinfonia «La variabile»

Das ZKO und seine
künstlerischen Leiter

Die Klangperioden

Die Ära Edmond
de Stoutz

Abb. 6

Ein Grusswort aus der Zukunft

Michael Eidenbenz

Zur vorbereitenden Einstimmung auf diesen Text zum 100-Jahr-Jubiläum des ZKO höre ich mir eine alte CD-Aufnahme des Zürcher Kammerorchesters und des Solisten Daniel Hope aus dem Jahr 2016 an. Ein Freund und leidenschaftlicher Sammler antiker technischer Geräte hat mir einen CD-Spieler besorgt, und obschon ich auf die historisch authentische Erfahrung der damals noch üblichen Stereolautsprecher verzichten muss, beschert das Anhören einige nostalgische Momente und weckt Erinnerungen an eine Zeit, in der nicht nur das ZKO, sondern das Zürcher Musikleben generell einiges richtig gemacht hat.

So lassen zum Beispiel die erwähnten Einspielungen noch immer eine erstaunliche Frische spüren, und es ist interessant zu beobachten, wie sich das Orchester und der Solist um eine konzeptuelle Mischung aus Alter und damals Neuer Musik bemüht haben. «Grenzüberschreitungen» nannte man das wohl in jener Zeit, als die Konzertveranstalter die traditionellen Bühnen noch strikt nur mit dem ihnen zugeordneten Repertoire bespielten.

Es waren die Jahre, als Säle und Bühnen noch eminent wichtig für das gute Klangraumerlebnis waren, sodass sich in den Kulturmetropolen die Manie ausgebreitet hatte, von Stararchitekten renommierträchtige Konzertsäle mit von Starakustikern designten perfekten Klangeigenschaften bauen zu lassen. Man zelebrierte das Live-Erlebnis und überbot sich gegenseitig mit angeblich noch nie gehörten Nuancen der alten Mahler- und Bruckner-Symphonien. Das Publikum honorierte für einige Jahre die Bemühungen um den exzellenten Sound in imposanten Räumen, der Festivaltourismus florierte. Freilich machte sich bald schon schmerzlich bemerkbar, dass kaum mehr zeitgenössische Musik vorhanden war, mit der die Qualitäten der neuen Säle ausgeschöpft werden konnte. Wäre der China-Boom nicht gewesen, so hätte die fortwährende Perfektionierung der Orchester im überkommenen Repertoire wahrscheinlich schneller ein Ende gefunden. Jedenfalls zeugen die Prachtbauten heute noch eindrücklich von der Zeit, als man mit eminentem Aufwand das analoge Musikerlebnis feierte, während gleichzeitig schon der rasante Anstieg der digitalen Qualitäten ahnen liess, dass die «perfekte Akustik» auch einfacher herzustellen war. Heute mag man sich wohl wundern, doch aus historischer Perspektive ist die Welle der Renommierarchitektur verständlich: Es ging auch darum, der alten Welt der Klassik Denkmäler zu setzen und ihren Wert gleichsam festzumauern in Zeiten, in denen das Wertesystem der traditionellen Hochkultur längst schon schwankte. Jedenfalls sprach man damals erstaunlich oft von Krisen der Klassik, der Musikwirtschaft, ja der Musik überhaupt und pflegte eine schwarze Zukunft zu malen, in der das Musizieren angeblich brot- und zwecklos werde. Es war eine Einschätzung, die auf Gefühl und Nostalgie beruhte und sich nicht durch Zahlen stützen liess, denn tatsächlich wurde in jenen Jahren der globalen Hochkonjunktur mehr Musik gespielt und gehört und verkauft als je zuvor in der Menschheitsgeschichte.

Nachträglich lässt sich das Unbehagen erklären. Dass exzessive Marketingbemühungen ein äusserer Ausdruck von Krisen sind, wissen wir inzwischen. Und Marketing war damals in aller Munde. Profilierung, Identität, Alleinstellungsmerkmale und Marktnischen wurden gesucht und beschworen – und es scheint im Nachhinein, dass es dabei weniger um die Gewinnung von Publikum ging als um eine fundamentale Selbstvergewisserung, deren Hintergrund die selbstgemachte Verunsicherung war.

Natürlich wurde auch das Zürcher Musikleben davon erfasst. Allerdings hatte man hier ein gutschweizerisches Augenmass bewahrt. Statt neuer Topakustik-Säle und entsprechend umbaubaren Kongresszentren begnügte man sich mit einer Restauration der alten Tonhalle, und dank des Entscheids, das Provisorium der Maag-Halle dauerhaft für den Konzertbetrieb zu erhalten, gewann die Stadt eine zusätzliche Spielstätte, die schnell grosse Beliebtheit erlangte und angesichts des ohnehin bald einsetzenden 3D-Livestreaming samt günstiger Hologrammtechnik den Bedarf an grossen Konzertpodien in der Stadt einigermassen deckte, während schon wenig später all die kleinen Musiktheaterbühnen eröffnet worden sind, auf denen sich heute die unterschiedlichsten Künstlerszenen tummeln.

Und mittendrin das Zürcher Kammerorchester, das sich natürlich seinerseits an den Umständen der Zeit ausrichten musste. Auch dieses hatte seine kritischen Phasen der Identitätsdiskussionen, hat darauf aber nicht, wie viele andere, mit der Suche nach einer ganz besonderen Extra-Spezialnische reagiert, sondern mit Vielseitigkeit und Flexibilität. Das war wohl klug und hat ihm wahrscheinlich das erfolgreiche Überleben bis heute gesichert. Gut möglich, dass dabei die Lehren aus seiner eigenen Vergangenheit massgeblich waren. Einst war es ja kurz nach dem Zweiten Weltkrieg als bewegliche und reisefreudige Alternative zu den herkömmlichen grossen Symphonieorchestern gegründet worden. Man spielte vor allem frühe Klassik, Spät- und Neobarock und brachte erfolgreich frischen Wind in die städtische Konzertkultur. Erste Identitätsüberlegungen, wenn auch noch nicht Identitätskrisen, kamen auf, als nach den 1980er-Jahren die Spezialensembles auftauchten. Diese konnten sich als Kenntnishüter der historischen alten und der emphatischen Neuen Musik profilieren, während das Repertoire zwischen Barock und Moderne seltsamerweise ohne Etikettierung blieb. «Klassisch-romantische» Musik hielt man für zu ungenau, es war die «übrige», die «normale» Musik, die von allen gespielt werden durfte und keinen Spezialistenstempel brauchte, mit der aber eben auch die profilierende Expertise schwieriger zu erlangen war. Das ZKO hat sich von diesen Tendenzen nicht einzwängen lassen: Während andere Kammerorchester sich einer der exklusiven Nischen in der historisch authentischen oder der zeitgenössischen Expertise anschlossen, hat es weiterhin das seiner Besetzung verfügbare breite Repertoire gepflegt. Beweglichkeit blieb seine Devise, es hat sich die verschiedenen spezifischen Stilkenntnisse angeeignet und konnte nun nicht nur in einer, sondern in sehr vielen «Nischen» kompetent auftreten. Und es hat sich früh schon mit anderen Künsten verbündet, ja ab Mitte der 2010er-Jahre sogar vorausschauend den Blick vom gängigen Personenkult zur Kunstform umgeleitet, indem es statt «Artists» plötzlich «Arts in Residence» präsentierte.

Sich immer wieder neu erfinden, ohne die bewährte Identität aufzugeben: Darin hatte das ZKO schliesslich Erfahrung. Schon seine Gründung war gewissermassen eine Nacherfindung. Den Namen Zürcher Kammerorchester hatte es sich erst 1951 zugelegt, als sich die ursprüngliche Bezeichnung Hausorchester-Vereinigung Zürich als zu wenig markttauglich erwies. Das Orchester war neu, der Name war alt und durch Alexander Schaichet 1920 in Zürich bereits eingeführt worden, bevor dieser wegen antisemitischer Erfahrungen sein Dirigat und sein Ensemble 1943 aufgegeben hatte. Nach all den Kammerorchestergründungen in den 1920er-Jahren (1921 London, 1924 Sevilla, 1925 Berlin und Lyon, 1926 Basel usw.) war das ZKO also gewissermassen ein Nachzügler. Umso beständiger entwickelte es sich während fast fünf epochalen Jahrzehnten unter der Leitung seines Gründers Edmond de Stoutz in zahllosen Konzerten und Konzertreisen: kontinuierlich in der Orchesterqualität und konsequent in der Strategie, durch die Verpflichtung berühmter Solisten die kompakte Kammerformation mit glamourösem Strahlen zu erweitern.

Abb. 6
Was heute Kurznachrichten in Form von SMS oder WhatsApp sind, war früher das Telegramm.

Ein halbes Jahrhundert ist eine Ära, und als solche wurde denn das Wirken des Gründers bei seinem Rücktritt 1996 von den Exponenten des Zürcher Musiklebens auch gewürdigt: Das ZKO war aus der Musiklandschaft «nicht mehr wegzudenken» – eine Etikettierung, die sowohl den eminenten Leistungsausweis anerkennt als auch eine ideale marketingtechnische Situation beschreibt.

Dennoch war es nichts als folgerichtig, dass die Positionierung mit Blick in die Zukunft unter neuer Ägide aufgefrischt wurde. Offensichtlich war dies dem Team mit dem neuen Chefdirigenten Howard Griffiths und Thomas Pfiffner als Geschäftsführer gelungen, jedenfalls konnten die SaisonKlänge beim Rücktritt des de-Stoutz-Nachfolgers festhalten: «Rückblickend wirken die letzten Jahre wie ein einziger sprudelnder Ideenbrunnen: Neue Abo-Reihen, Kinderkonzerte, Crossover-Ausflüge zusammen mit Abdullah Ibrahim, Giora Feidman oder Andreas Vollenweider, Auftritte an ungewöhnlichen Orten (unter denen auch der Zirkus Knie nicht fehlte), unternehmerische Schritte wie die Übernahme des Meisterzyklus Basel, Bern und Zürich, jüngst sogar Buchpublikationen – und schliesslich erfüllte sich auch ein alter Traum: Das Zigeunerdasein zwischen zahllosen Probelokalen fand ein Ende und das ZKO konnte 2002 sein eigenes Haus beziehen … Historische Musizierpraxis ist dem ZKO heute selbstverständlich, und nicht erst seit dem 2001 lancierten Mozart-Fest beweist es seine aktuellen Klassik-Kompetenzen. Selbstverständlich reist man nach wie vor, selbstverständlich geben sich nach wie vor die Stars unter den Solisten die ZKO-Klinke in die Hand (eine Liste, in der sich Namen wie Shaham, Buchbinder, Pletnev, Holliger, Maisky, Gruberová oder Zacharias gleichsam beiläufig finden). Und nach wie vor strahlt das ZKO im ganzen Kreis seiner Aktivitäten jene jugendliche Energie aus, die letztlich nur aus dem vital erfüllten Augenblick gewonnen werden kann: aus dem Musizieren.»[1]

Auf Griffiths folgte Muhai Tang, und nun gab es folgerichtig auch immer wieder einmal chinesische Programmfarben zu hören. Nach Tang kam die nächste neue Selbsterfindung auf der Basis grundsätzlicher Kontinuität, indem mit Roger Norrington ausgerechnet ein Grossmeister der Alte-Musik-Szene das etablierte Ensemble zu prägen begann. Und erneut konsequent erneuerte man nach Norrington unter der Geschäftsführung von Michael Bühler gleich das Leitungsverständnis an sich, indem man statt einer weiteren Pult-Koryphäe zuerst in einem Zwischenjahr Willi Zimmermann und dann eine rundum inspirierende Musikerpersönlichkeit wie den Geigenvirtuosen Daniel Hope zum Chef machte. Dazu sprudelte der Ideenbrunnen weiter mit Krabbel-, Nuggi-, Purzel- und Zirkuskonzerten für den Nachwuchs sowie mit Film- und Theaterauftritten. Und dazu kamen weiterhin das Standardrepertoire, glanzvolle Gästenamen, Tourneen usw.

Das Publikum hat dies honoriert, trotzdem gab es in Marketingfachkreisen weiterhin kritische Stimmen, die forderten, man müsse sich gefälligst für ein Segment entscheiden, um im Wettbewerb überleben zu können. Die Forderung war einigermassen paradox, denn gleichzeitig wurde auch genau diese Segmentierung beklagt, und man träumte vergangenen Zeiten nach, in denen es angeblich noch *eine* Musik und *ein* gleichermassen informiertes Publikum gegeben habe. Abgesehen davon, dass diese Zeiten nie existiert haben, wirkt die damalige Segmentierungs- und Spezialisierungsdebatte rückblickend bizarr. Denn sie bezog sich hauptsächlich auf das, was ganz früher einmal «E-Musik» genannt worden war, und missachtete, dass der allergrösste Teil der Bevölkerung ohnehin längst nach Lust und Laune Musik konsumierte, ohne sich um die erhofften stilistischen Bindungen zu kümmern: Die Zeit der

Abb. 7

Abb. 8

gesellschaftstragenden Kräfte des Konzertabonnements war seit Längerem vorbei, und während die Experten noch klagten, hatte sich das Publikum bereits neu orientiert.

Das Publikum war in jenen Jahren auch nicht kleiner geworden und starb schon gar nicht weg, wie viele Untergangspropheten fortwährend unkten. Es war nur flexibler und damit unberechenbarer geworden. Und es stillte seinen grossen Musikhunger ohne Anleitung längst über alle möglichen Kanäle – ich erinnere nur an die Plattform YouTube, die in den ersten Jahrzehnten des Jahrhunderts sehr populär war. Während die Anbieter sich also um Sparten, Segmente, Spezialisierungen, Profilierungen sorgten und dabei gelegentlich noch immer die «Grenzüberschreitung» als besonders kühnen Akt priesen, bastelten die Leute sich längst ihre kunterbunten Playlists zusammen und hörten ihrer ganz privaten Neugier entlang die Musik einer kreativ spriessenden Vielfalt der Szene.

Der paradoxe Widerspruch zwischen dem in der Realität üppig florierenden Musikleben und dem in den News Posts jener Jahre hartnäckig kolportierten Kulturpessimismus musste sich irgendwann in einem Paradigmenwechsel auflösen. Zu beobachten ist das Paradox etwa an der Art und Weise, wie der Qualitätsschub hervorragend ausgebildeter junger Musikerinnen und Musiker aufgenommen wurde: Während die Hochschulen dank der ersten Globalisierungswellen weltweit junge Leute hervorbrachten, die sich vielseitiger, innovativer, exzellenter und hungriger auf die Musikkunst stürzten als die Generationen zuvor, beklagte die öffentliche Debatte lauthals, dass damit nur «Arbeitslosigkeit» produziert würde – das antiquierte Reiz- und Schreckwort aus den Zeiten vor der Einführung des Grundeinkommens. Aber wo wären wir heute ohne die internationalisierte muntere Generation mit ihrem jugendlich unbekümmerten und ehrgeizigen Gestaltungsdrang, die in so vielen Bereichen der gesellschaftlichen und kulturellen Entwicklungen wesentlich dazu beigetragen hat, dass die diversen Migrationen bisher nicht zum befürchteten Kulturclash führten, sondern so erstaunliche Absorptions- und Transformationsenergien zeitigten?

Und mittendrin das Zürcher Kammerorchester, das solche pluralistischen Tendenzen im Grunde längst vorweggenommen hatte. War es weise Voraussicht? War es einfach Instinkt? Egal. Jedenfalls würden seine Mitglieder dieFrage nach dem Befinden mit einem schlichten «Danke, uns geht es gut» beantworten. Sie haben den Übergang in die neuen Strukturen bestens geschafft, alle haben ohne grosse Widerstände gelernt zu improvisieren, und alle sind selbstverständlich in den Pool of Musicians (PoM) aufgenommen worden, den Zürich praktisch gleichzeitig mit den anderen Kulturstädten der EU eingeführt hat. Auch wenn das Orchester nun kein selbstständiges Kleinunternehmen mehr ist, so bespielt es doch erfolgreich den beliebten ZKO-Track auf der Zürcher Plattform. Dieser hält sich gut, verzeichnet in letzter Zeit zunehmend Abonnenten aus Ostasien und Südamerika und hat mit rund 280 000 Followern eine respektable Stammkundschaft. Sein Creative Team ist mit guten Leuten aus der Musik, aus Visuals, Theater und Tanz besetzt, die erfolgreiche, immer wieder aufsehenerregende Projekte erfinden. Jedenfalls schaffen sie es, ihre neue Musik nicht nur in der globalen Distribution breit zu placieren, sondern auch die Säle bei den beliebten Premiere-Releases zu füllen: Live dabei zu sein, wenn eine neue Produktion lanciert wird, ist zu einem eigentlichen Hype geworden. Natürlich werden diese Events auch durch das Angebot attraktiv, die VR-Tracks als Erste abonnieren und diskutieren zu können. Jene des ZKO sind beliebt und gelten oft als Trendmassstab.

Abb. 7
Abstecher ins U.S. Space & Rocket Center von Huntsville während der zweiten Nordamerika-Tournee.

Abb. 8
Auftritte an ungewöhnlichen Orten wie im Hochspannungslabor der Zürcher Micafil Isoliertechnik waren und sind ein Markenzeichen des ZKO.

Beispielsweise gehörten die ZKO-Leute zu den Ersten, die den afrikanischen Einflüssen Raum gaben, als diese nach dem Ausbruch der Wasserkriege und der einsetzenden grossen Migration zusehends die nördlichen Länder zu elektrisieren begannen. Dass sie dabei die eigene Herkunft und Tradition nicht vergessen und das überlieferte Repertoire mit wissenschaftlichem Aufwand weiterrecherchieren und pflegen, macht sie zudem zu gefragten Experten für die gute alte Musik aus früheren Jahrhunderten.

Innerhalb der Kulturstadt Zürich hat sich somit an der Stellung des ZKO trotz aller tief greifender Reorganisationen erstaunlich wenig geändert. Es steht noch immer neben der grossen Plattform des Tonhalle-Orchesters als agiler Player im Gefüge des Kulturlebens, das sich insgesamt über alle Umbrüche hinweg ziemlich organisch weiterentwickeln und über die Jahrzehnte in alle Richtungen wachsen konnte. Seitdem der Zwang weggefallen ist, jederzeit die grossen Häuser zu füllen, haben sich die experimentellen Kleinformate zeitweise explosionsartig entwickelt; vieles davon ist wieder eingegangen, manches konnte sich zur grossen Plattform entfalten. Jedenfalls hat Zürich seine gute Position im Kulturranking ausbauen können und ist heute in der gleichen Klasse wie etwa Hongkong, Moskau, Berlin und Helsinki anzutreffen. Der Standort Schweiz trägt seinen Teil zur guten Position bei, nicht nur ökonomisch, sondern auch als kultureller Melting Pot. Und wenn die USA sich nächstens endlich erholt haben, wird auch deren Teilhabe an der Kunstwelt wieder über die – durchaus wertvollen – Subkultur-Inputs des letzten Jahrhunderts hinaus fruchtbar werden.

Vieles hat sich geändert seit der Zeit jener CD-Aufnahme, die mir den emotionalen Flashback in frühere Jahre beschert hat. Vieles ist auch geblieben, wie es ja generell ein Kulturphänomen ist, dass alte Formen neben den neu entstandenen einfach weiterleben. Weiterhin gibt es einige alte Jazzklubs. Und das Opernhaus führt noch immer gelegentlich Grossproduktionen im alten Stil auf, auch wenn es seit der Fusion mit Luzern hauptsächlich im Modulsaal produziert, während das alte Haus vor allem für Sponsorenanlässe benutzt wird. Noch immer gibt es kleine Festivals, auf denen die heroische Neue Musik aus der zweiten Hälfte des 20. Jahrhunderts kultiviert wird. Böse Zungen behaupten, sie hätten nur überlebt, weil es niemand gemerkt habe. Doch das ist unfair, gelangen doch auch aus dieser Ecke weiterhin verblüffende Anregungen und Gedanken in den Gesamtkunstkontext. Und tatsächlich treffen sich jährlich noch einige Veteranen, um gerührt auf «Bildschirmen» sogenannte Videos von der letzten «Streetparade» anzusehen. – So altern manche, das Zürcher Kammerorchester aber bleibt jung, und es sei ihm abschliessend im ganz antiken Stil zugerufen: Ad multos annos!

1 Michael Eidenbenz: *SaisonKlänge,* 2005, S. 5.

Abb. 9

Abb. 10

Abb. 9
Prokofieffs *Peter und der Wolf* ist ein Klassiker der Kinderkonzerte, hier in der Tonhalle mit dem bekannten Schweizer Pop-Rock-Musiker Marc Sway als Sprecher (10.4.2016).

Abb. 10
Für die Aufführung der *Pariser Symphonien* von Joseph Haydn setzte Sir Roger ausnahmsweise auf Originalinstrumente wie etwa die Naturtrompeten, gespielt von den Musikern Hanspeter Treichler und Simon Lilly (22.9.2013).

Sinfonia «La variabile»

Susanne Kübler

Wenn die Geschichte des Zürcher Kammerorchesters einen Soundtrack hätte, müsste der klingen wie eine Haydn-Symphonie: Es gab da Überraschungen und Pointen, Fanfarenüberschwang und harsche Dissonanzen – und hin und wieder einen Trugschluss, nach dem man auf neuem Weg zur schönen, logischen Kadenz fand.

Als solche Kadenz wurde im Frühling 2015 die Wahl des südafrikanisch-britischen Geigers Daniel Hope zum neuen Music Director gefeiert, und tatsächlich: So stringent sind Personalentscheide selten. Hope hat das Zürcher Kammerorchester schon als Kind kennengelernt, bei Gastspielen in Gstaad, wo seine Mutter Assistentin von Yehudi Menuhin war. Er hat in allen Phasen mit dem ZKO musiziert: unter Edmond de Stoutz und Howard Griffiths, unter Muhai Tang und Roger Norrington. Und mit seiner Kommunikations- und Experimentierfreude passt er bestens zum Profil, das das Orchester entwickelt hat. Das einzig Überraschende an seiner Wahl war, dass er kein Dirigent ist, dass das ZKO also erstmals seit seiner Gründung keinen Chef auf dem Podium hat: eine Wendung, so kühn und gleichzeitig so folgerichtig, dass selbst ein Fintenspezialist wie Haydn stolz darauf gewesen wäre.

Seither hat Daniel Hope klar gemacht, dass er sich nicht in nostalgischen Erinnerungen verlieren würde. Die Reise, die das ZKO vor einigen Jahren angetreten hat, geht zügig weiter: zwischen Barock und Kinderkonzert, zwischen der Tonhalle und alternativen Orten, zwischen traditionellen Solistenprogrammen und spartenübergreifenden Events. Das Orchester und sein neuer Leiter präsentieren sich heute kammermusikalisch inspiriert, spielfreudig, staubfrei. Und versuchen dabei, den Draht zum Publikum gleichzeitig enger und lockerer zu spannen.

Man erinnert sich: 1996 bat der damals neu angetretene Chefdirigent Howard Griffiths die Musikerinnen und Musiker, sich beim Applaus dem Publikum zuzuwenden; viele empfanden das als Zumutung, als unnötige Show. Zwanzig Jahre später konnte es vorkommen, dass Roger Norrington den Saal nach dem ersten Satz einer Mozart-Symphonie zum Klatschen einlud. Ein Tabubruch ist das längst nicht mehr. Aber ein Zeichen dafür, wie sehr sich das ZKO verändert hat, in seinem Auftritt, seiner Kommunikationshaltung. Und damit auch in seiner Spielweise, seinem Repertoire, seinem Klang.

Andante: con gioia, diminuendo

Unter der Leitung seines Gründers Edmond de Stoutz war das ZKO ein Orchester, das wuchtigen Barock und neue Schweizer Werke spielte, das einen runden, wachen Klang pflegte und eine Energie ausstrahlte, die sich mit der Zeit allerdings verflüchtigte. Das hatte nicht nur mit dem Altern des Dirigenten und der Routine einer jahrzehntelangen Zusammenarbeit zu tun; es war symptomatisch für die Formation Kammerorchester allgemein.

Es waren goldene Zeiten gewesen, als Edmond de Stoutz das ZKO kurz nach dem Ende des Zweiten Weltkriegs gegründet hatte. Das gegenüber dem Symphonieorchester kleinere Ensemble war vielseitig einsetzbar, nicht allzu teuer auf Tournee zu bringen – und es begegnete einem Publikum, das hungrig war nach Musik. Auch die Plattenindustrie war im Aufschwung, und vom Barock bis zur Gegenwart hatte man ein reiches, dank Strawinsky, Britten oder Frank Martin auch im (beinahe) Zeitgenössischen, hörerfreundliches Repertoire zur Verfügung. Das ZKO wurde zur Institution, zum selbstbewussten Selbstläufer mit internationalem Renommee und treuer Zürcher Stammkundschaft.

Aber dann kamen Nikolaus Harnoncourt und andere. Sie erfanden die Barockmusik neu, so gründlich, dass sich Streicher auf Stahlsaiten kaum noch an Bach herantrauten. Und es kamen neue Generationen von Komponisten, die mit dem traditionellen Klangmaterial auch die traditionellen Besetzungen über den Haufen schrieben. Spezialensembles waren nun gefragt fürs Zeitgenössische, flexible Formationen, die mit einem klassischen Klangkörper nicht mehr viel gemeinsam hatten. Von vorne und von hinten wurde so das Kammerorchester-Repertoire angeknabbert, bis nur noch die rund 100 Jahre zwischen Mendelssohn und Britten übrig blieben. Ein Edmond de Stoutz (oder auch ein Räto Tschupp bei der Camerata Zürich) wirkte plötzlich wie ein Überbleibsel einer vergangenen Epoche.

Auch bei der Stadt, der wichtigsten Geldgeberin der beiden Ensembles, sah man das so: 1994 wurde in einem umstrittenen Entwurf fürs städtische Kulturleitbild gefordert, dass eines der Orchester als Barockorchester auf historische Instrumente wechseln solle. ZKO oder Camerata? Beide sträubten sich. Und versuchten, mit neuen Dirigenten ihr Revier zu behaupten.

Vivace: crescendo, accelerando

Beim ZKO war es der Brite Howard Griffiths, der den Anschluss an die veränderte Gegenwart suchte – rasch und ohne falsche Sentimentalitäten. Er wollte die Alte und die Neue Musik zurückerobern und zudem ausschweifen in noch nicht erschlossene Quartiere, zu den Kindern mit speziellen Kinderformaten und in Richtung Jazz und Filmmusik. Flexibilität sei das Schlüsselwort, gab er dem *Tages-Anzeiger* zu Protokoll, «wir müssen bei Barockmusik barock artikulieren und bei neuer Musik auch Vierteltöne spielen können».

Klare Ansage, schwierige Realisierung. Das Tempo, mit dem Griffiths und der damalige Geschäftsführer Thomas Pfiffner die Veränderungen vorantrieben, kam im Orchester nicht nur gut an. Jahrzehntelang hatte man kontinuierlich und mit der Zeit auch etwas gemütlich gearbeitet; damit war es nun vorbei. Viele Ideen wurden umgesetzt, einige auch bald wieder aufgegeben. Dabei fand man neuen Schwung, manchmal auch nur neue Betriebsamkeit.

Musikalisch war das ZKO in jenen Jahren eine Wundertüte. Es gab grandiose Abende, bei denen sich Solisten und Orchester gegenseitig befeuerten; manche der damals geschlossenen Freundschaften – etwa mit dem Pianisten Fazil Say oder mit dem Blockflötisten Maurice Steger – halten bis heute. Die Kinderkonzerte, die de Stoutz eingeführt hatte, wurden zum Publikumsrenner. Auf CD erschienen unter anderem die Symphonien des Beethoven-Zeitgenossen Ferdinand Ries; ein schönes, schlaues Projekt, bei dem man weit weg vom Kerngebiet der Alte-Musik-Spezialisten historische Blasinstrumente und Artikulationen ausprobieren konnte. Es gab aber auch Konzerte, in denen mehr Rauch als Feuer war; in denen spürbar wurde, dass nicht nur in der Vorbereitung, sondern auch in der Grundbefindlichkeit des Ensembles eine gewisse Ruhe fehlte.

Andantino: con grazia, ma furioso

Mit der Ruhe war es tatsächlich vorbei, auch nach Griffiths Rücktritt 2006. Der Chinese Muhai Tang wurde sein Nachfolger, und es begann ein Intermezzo in weit weniger wirbligem Tonfall – eine Kehrtwende ganz im Stil von Haydn, mit dessen Symphonien Tang immer wieder für Sternstunden sorgte. Der Humor, die Freundlichkeit, die melancholisch getönte Leichtigkeit dieser Musik lagen ihm, und das ZKO blühte auf in diesen sorgfältig geprobten Konzerten.

Aber Tang hatte auch ein Flair für Grossprojekte. Zuvor hatte er ausschliesslich im symphonischen Bereich und in der Oper gearbeitet, ein Kammerorchester war ihm letztlich zu eng. In seiner ersten Saison startete er eine Reihe

Abb. 11
Seit der Saison 2016/17 sind Daniel Hope und Willi Zimmermann ein Team (14.4.2016).

mit Beethoven-Symphonien und setzte sich so freiwillig der Konkurrenz des Tonhalle-Orchesters aus, das mit Beethoven international Erfolge feierte – keine gute Idee. Das Publikum machte sich rar, und die vielen Zuzüger, die diese Programme erforderten, brachten das ZKO an den Rand des Ruins.

Von der Hektik, mit der danach rasch wechselnde Geschäftsführer neue Mittel und Sparmassnahmen suchten, liess sich Tang kaum irritieren. Und auch nicht von den Abgängen im Orchester, die teils der Krise, teils der Tatsache geschuldet waren, dass viele von de Stoutz' Musikern nun das Pensionsalter erreichten. Er konzentrierte sich auf die Musik, feilte am lichten Klangbild, integrierte die geschickt ausgewählten Neuzugänge. Und schaffte so mit dem Orchester zumindest auf dem Podium jene Balance, die dahinter fehlte.

Allegro: spiritoso, leggero

Das war entscheidend für die nächste Etappe, die 2011 mit einem Coup begann: Auftritt Sir Roger Norrington, Principal Conductor. Ein Star der historisch informierten Aufführungspraxis, der jedes Ensemble hätte dirigieren können, aber das ZKO wählte, weil er es gut fand und mit ihm machen konnte, was er wollte. Strawinsky zunächst, Britten danach, schliesslich Mozart. Quantitativ war das nicht viel, deshalb hatte Norrington den Titel Chefdirigent abgelehnt; anders als Muhai Tang, der aus Spargründen zuletzt fast alle Konzerte selbst dirigiert hatte, reiste er nur für vier bis fünf Programme pro Saison an.

Aber das reichte, um das ZKO nach seinem Gusto zu formen. Norrington trieb ihm, wie jedem seiner Orchester, das Vibrato aus. Sorgte dafür, dass der gerade Klang nicht steif wirkte, sondern elastisch blieb. Und während er dabei auf Tangs Vorarbeit aufbauen konnte, nahm er in kommunikativer Hinsicht den Faden wieder auf, den sein Landsmann Howard Griffiths gesponnen hatte: Mit britischem Humor und einer unverkrampften, nie anbiedernden Art wandte er sich ans Publikum, erklärte Werke, erzählte Anekdoten, machte sich über die Konzertrituale lustig. Kurz: Sir Roger war ein Glücksfall.

Nicht der einzige in jener Zeit. Zusammen mit Norrington wechselte der erfahrene Konzertmeister und Quartettgeiger Willi Zimmermann vom Musikkollegium Winterthur zum ZKO – ein wichtiger Schritt in der Entwicklung zu einem Orchester, das nun zunehmend ohne Dirigent auftrat. Immer öfter leiteten Solisten die Aufführungen vom Instrument aus; Zimmermann amtete dann jeweils als Ko-Leiter und Pannenhelfer, in den solofreien Werken auch als alleiniger Primus inter Pares.

Damit lag und liegt das ZKO nun plötzlich wieder im Trend. Dirigentenlose Ensembles florieren auch anderswo; das hierarchisch flache, kammermusikalische Zusammenspiel entspricht dem Zeitgeist, dem musikalischen Geschmack und dem Bedürfnis vieler Solisten. Daniel Hope ist bei Weitem nicht der Einzige, dem es nicht mehr ausreicht, nur an seiner Solokarriere herumzubasteln.

Auch sonst befindet sich das Orchester wieder im Einklang mit dem Musikbetrieb. Etwa in Sachen Barock: So strikt die Spezialisierung einst war, so weit sind die Barrieren heute wieder offen. Die Pioniere der historischen Aufführungspraxis (nicht nur Roger Norrington) arbeiten ohne Weiteres mit Stahlsaiten-Orchestern. Umgekehrt spannt das ZKO seit ein paar Jahren gemäss dem längst vergessenen städtischen Kulturleitbild nun doch immer öfter und selbstverständlicher Darmsaiten auf.

Auch an zeitgenössische Werke tastet man sich allmählich wieder heran. So dramatisch das Repertoire einst geschrumpft war, so rasch wächst es nun wieder.

Menuett: con passione

Das Zürcher Kammerorchester, einst als Anachronismus schon fast verabschiedet, ist also wieder da. Flexibler denn je, weil es in der Krise gelernt hat, zu experimentieren. Auf hohem Niveau unterwegs, weil es qualitativ aufdrehen musste, um nicht einzugehen. Und wenn auch die einstige Ruhe in Zeiten des ständigen Spardrucks nach wie vor fehlt, so hat man immerhin das alte Selbstvertrauen wiedergefunden.

Was das musikalisch bedeutet, war in einem Konzert kurz vor Hopes Ernennung zum Music Director zu erleben. Doppelkonzerte von Bach und Vivaldi standen auf dem Programm, in den Solopartien präsentierten sich Hope und Zimmermann als dialogfreudige, aber überaus eigenständige

Abb. 11

Duopartner. So klar und unaufgeregt Zimmermann spielte, so frei und persönlich gestaltete Hope. Er konnte es sich erlauben; das ZKO lässt sich durch einen extravaganten Schnörkel oder ein paar rhythmische Eigenwilligkeiten nicht aus der Spur bringen. «Fokussiert und relaxt» hatte sich Norrington das Orchester gewünscht, fokussiert und relaxt folgte es Hope. Ein Kammerorchester in Hochform, man muss es nur zu nehmen wissen.

Und man muss es pflegen: Die grösste Herausforderung der nächsten Jahre wird sein, auch rein technisch das Niveau zu halten ohne einen eigens dafür angestellten Chefcoach. Es wäre nicht die erste Herausforderung, die das ZKO meistern würde.

Abb. 12

Abb. 13

Abb. 14

Abb. 12
Muhai Tang verantwortete künstlerisch das ZKO von 2006 bis 2011.

Abb. 13
Howard Griffiths übernahm das Orchester von Edmond de Stoutz 1996 und war bis 2006 sein künstlerischer Leiter.

Abb. 14
Edmond de Stoutz gründete das ZKO 1945 und leitete es bis 1996.

Abb. 15
In der Saison 2015/16 leitete der Konzertmeister Willi Zimmermann interimistisch das Orchester vom ersten Pult aus.

Abb. 16
Daniel Hope ist seit der Saison 2016/17 Music Director des ZKO.

Abb. 17
Als Principal Conductor amtete Sir Roger Norrington von 2011 bis 2015 beim ZKO.

Das ZKO und seine künstlerischen Leiter (ab 1996)

Abb. 15

Abb. 16

Abb. 17

Abb. 18
Der Geigenvirtuose Daniel Hope leitet derzeit das ZKO.

Mein musikalisches Programm

Daniel Hope

Das Zürcher Kammerorchester kenne ich seit meiner frühesten Kindheit und somit mein ganzes Leben lang. Die Konzerte des Orchesters unter Edmond de Stoutz und mit Yehudi Menuhin gehören für mich zu den allerersten musikalischen Erlebnissen. Es war Anfang der 1970er-Jahre auf dem Festival in Gstaad, wo ich zusammen mit meiner Familie jeden Sommer hinfuhr, da meine Mutter Sekretärin von Menuhin war und später Leiterin dieses Festivals wurde. Ob Bach, Vivaldi, Mozart, Beethoven oder Frank Martin, wer diese Musik zum ersten Mal in seinem Leben so hören darf wie ich, wird sich ihrer Magie nie mehr entziehen können. Das waren für mich einmalige und bis heute prägende musikalische Grunderfahrungen.

Edmond de Stoutz kam mir damals vor wie ein freundlicher Riese: Seine silbernen Haare glänzten für mich ebenso wie die von ihm geleiteten hochemotionalen Aufführungen. Diese waren auf die ausgezeichnete Akustik der Mauritiuskirche in Saanen ausgerichtet. Das Resultat seiner Dirigate war ein sehr spezieller Klang: warm, gefühlsbetont und zugleich tröstend. Er umarmte einen unmittelbar. Die Kombination de Stoutz, Menuhin und ZKO erfüllte das Publikum auf eine so beglückende Art und Weise, dass man die Konzerte sehr beschwingt verliess. So erging es mir als kleiner Junge und noch lange danach.

Inzwischen durfte ich fast 100 eigene Konzerte zusammen mit dem Zürcher Kammerorchester spielen. In der Saison 2015/16 lud es mich als seinen «Artist in Residence» ein: Der Kontakt unter uns Musikern auf der Bühne, aber auch zum Publikum waren in höchstem Mass inspirierend. Das Spannende am ZKO ist die grosse Vielfalt an klanglichen Prägungen, die jeder Chefdirigent beziehungsweise jeder künstlerische Leiter hinterlassen hat. De Stoutz ist zweifellos der schöne «Zürcher Klang» geschuldet. Dieser und seine kreative Energie machten das Orchester weltberühmt. Sein Nachfolger Howard Griffiths brachte dank seiner Neugier auf Unbekanntes im klassischen und romantischen Repertoire einen völlig neuen, selbstbewussten Klang und Stil hervor. Muhai Tang verlieh dem Orchester eine symphonische Ausrichtung, was den Kontrast zum darauffolgenden Sir Roger Norrington besonders schärfte. Durch Sir Rogers einmalige Art und Weise, einen reinen, vibratolosen Klang mit dem Orchester zu erzielen und damit ein historisch informiertes Ensemble auf höchster Ebene zu erschaffen, beweist, wie unglaublich flexibel dieses Orchester in der Lage ist zu musizieren.

Seit 2016 bin ich Music Director des ZKO, womit sich für mich, nach all diesen Jahren, der Kreis schliesst. Mein Ziel ist es, die verschiedenen gestalterischen Elemente aus der Geschichte des ZKO zusammenzuführen: Dazu gehört es, das reiche Repertoire für Kammerorchester aufzuführen, das das ZKO seit seinen Anfängen bekannt gemacht und mit seiner besonderen Klangkultur geprägt hat. Auf der anderen Seite ist es mir auch ein grosses Anliegen, Freunde und Kollegen zusammenzubringen, die nicht ausschliesslich auf einen klanglichen Aspekt fixiert sind, sondern die universelle Sprache der Musik, wie wir sie im 21. Jahrhundert kennen, verstehen und beherrschen wollen.

Es liegt mir als Music Director des ZKO viel daran, das Orchester erneut zu internationalisieren. Dass uns das bereits nach zwei Jahren gelungen ist, freut mich sehr. Nach mehreren weltweit gefeierten Tourneen durch Asien, Nord- und Südamerika sowie Europa sei das Orchester ein Leuchtturm geworden, der den Namen der Stadt in die Welt trage, hiess es dazu in der *NZZ am Sonntag* treffend.

Der vom ZKO mutig gewählte Paradigmenwechsel vom Chefdirigenten-Modell hin zum sogenannten Play-direct, dem dirigentenlosen Spiel mit einem leitenden Solisten, ist meines Erachtens der geeignete Ansatzpunkt, um die gegenwärtig sechste Phase in der Geschichte des ZKO zu beginnen. Zudem wünsche ich mir, dass wir die helvetische Identität des Orchesters vermehrt betonen. Dazu gehören zum einen mehr Auftritte in der Schweiz, eine Intensivierung der Kontakte über die Nuggi- und Kinderkonzerte zur hiesigen Jugend und eine Erweiterung des Repertoires des ZKO mit vielen, zu Unrecht vergessenen Schweizer Komponisten des 18. und 19. Jahrhunderts. Ausserdem liegt mir sehr daran, das Orchester gemeinsam mit meinen Kolleginnen und Kollegen für die Herausforderungen des 21. Jahrhunderts zu wappnen und in jedem Konzert Kammermusik im grossen Stil aufzuführen.

Abb. 19

Abb. 19
Daniel Hope, Willi Zimmermann und das ZKO in der Tonhalle Zürich (14.4.2016).

Willi Zimmermann: Repertoire und Technik

Peter Révai

Nach Sir Roger Norrington haben Sie in der Saison 2015/16 die künstlerische Verantwortung des ZKO für ein Jahr übernommen. Sie haben es ja bereits zuvor schon öfter vom Pult aus geleitet, seitdem Sie 2008 als Konzertmeister Mitglied des Orchesters geworden sind. Was war Ihr Ziel?

Willi Zimmermann: Die Situation eines Kammerorchesters lässt sich bezüglich der Stimmführungen schlecht mit einem kleinen Symphonieorchester, vielmehr eher mit einem vergrösserten Streichquartett vergleichen. Ich war 21 Jahre Primarius des Amati Quartetts, sodass ich noch heute vierstimmig denke. Obwohl ich präzise Vorstellungen davon habe, wie ein Werk zu interpretieren ist, dirigiere ich als Konzertmeister nie. Vielmehr vertraue ich den Musikerinnen und Musikern des Orchesters wie jenen eines Quartetts, aktiv an einer Interpretation und somit zum Gelingen einer Aufführung beizutragen. So sehe ich meine Aufgabe darin, jede Musik in ihrem eigenen Stil erklingen zu lassen.

Könnten Sie das präzisieren?

Ein Orchesterklang baut sich historisch-kompositorisch auf. Das bedeutet, wir brauchen den Fundus des Barocks, um die Klassik spielen zu können, die Klassik für die Romantik und die Romantik für die Moderne und die Moderne für die Gegenwart. Die ältere Musik dient uns dazu, die aktuellere besser zu verstehen.

Wie verstehen Sie in diesem Zusammenhang die Aufgabe des Kammerorchesters, im Speziellen des ZKO?

Ich tue viel, wenn nicht alles, damit eine Musik sozusagen aus ihrer eigenen Welt klanglich erfahrbar wird. Ideal wäre es natürlich, das ZKO bestünde aus mehreren Ensembles, je einem für jede Epoche. Aber das ist ja nicht nur aus ökonomischen Gründen völlig utopisch.

Wie gehen Sie vor, um Ihre Ansprüche umzusetzen?

Texttreue ist ein zentraler Begriff, der uns durch alle Musikepochen und Musikwerke leitet. Im Gegensatz zur Nachkriegszeit und den 1960er-Jahren ist heutzutage das Notenmaterial anhand originaler Handschriften viel besser erforscht als früher.

Was bedeutet das für Ihr Musizieren?

Das Richtige zu kennen und zu studieren, gibt eine grosse Sicherheit. Dank der umfangreichen Forschungsergebnisse ist es in unserer Zeit bedeutend einfacher geworden, an das ursprüngliche Material zu kommen. Was Texttreue bedeuten kann, ist etwa für barocke Musik am besten in den Lehrbüchern aus der damaligen Zeit nachzulesen, beispielsweise in der Abhandlung *Der vollkommene Capellmeister* des Händel-Freundes Johann Mattheson aus dem Jahr 1737 oder in dem für Friedrich den Grossen von Johann Joachim Quantz verfassten *Versuch einer Anweisung die Flöte traversiere zu spielen* von 1752. Auch wenn die Tempi damals ebenfalls nicht exakt notiert waren, können sie präzis von den damaligen Tänzen abgeleitet werden, wobei Ausgangspunkt stets der menschliche Herzschlag ist.

Könnten Sie das Vorgehen präzisieren?

Nehmen wir die Musik von Bach. Zwei, drei Musiker unseres Ensembles kamen eines Tages mit dem Vorschlag, Barockmusik auf Originalinstrumenten

Abb. 20

spielen zu wollen. Es gab eine konsultative Abstimmung im Ensemble, bei der 18 von 20 Mitgliedern das bejahten. So nutzt das Orchester seit der Saison 2010/11 Barockbögen, Darmsaiten und eine tiefere Stimmung, wenn es Konzertprojekte mit ausschliesslich aus dem Barock stammenden Werken erarbeitet und aufführt. Zu diesen werden jeweils ausgewiesene Spezialisten eingeladen, die das musikalische Denken dieser Zeit kompetent vermitteln können.

Was ist dabei herausgekommen?
Wir nutzen diese Erfahrungen, um das senkrechte, sprich harmonische Denken der barocken Musik besser zu verstehen und besser zum Klingen zu bringen. Das dürfte sich auch für unser Spiel von Werken anderer Epochen auszahlen. Allerdings nutzen wir stets heutiges Equipment, spielen jedoch historisch fundiert.

Was bedeutet das für den «richtigen Klang»?
Wir müssen aufpassen, dass nicht alles pauschal klingt. Denn Mozart soll anders klingen als Bach oder Dvořák. Unser Ziel muss sein, gemeinsam klangliche Organismen zu erschaffen, die den Vorstellungen und Intentionen der Komponisten am ehesten entsprechen.

Wie meinen Sie das?
Um den «richtigen» Klang zu realisieren, berücksichtigen wir weitere Aspekte: Das «Salz und Pfeffer» der Musik von Bach beispielsweise liegt in der Harmonik, die von den Mittelstimmen des Orchesters geliefert wird. Diese haben wir der besseren Ausgeglichenheit und der Durchhörbarkeit willen aufgestockt, zumal vieles gar nicht in den Bach-Partituren notiert ist, beispielsweise dynamische Anweisungen. Die Mittelstimmen etwa fehlen oft bei Mozart, sodass die Eigenständigkeit der Interpreten gefragt ist. Gelernt haben wir von «meinem Vorgänger» Sir Roger Norrington, dass Musik gestaltet werden muss.

Was bedeutet das?
Das hat mit Atmung zu tun. Unser Stammrepertoire ist ja die Klassik. Wenn sie in einer so entspannten und selbstverständlichen Tonsprache wie bei Sir Roger erklingt, muss so geatmet werden, dass sie sich optimal dynamisieren lässt. Ist für die Barockmusik die Rhetorik fundamental, sind für die Klassik die richtige Phrasierung und Artikulation essenziell. Die Musik muss schliesslich menschlich, nicht mechanisch erzeugt werden. Für die Romantik sind übrigens das Sangliche und der Ausdruck zentral.

Was hat das mit dem Fundus zu tun, auf dem das Kammerorchester aufbaut?
Während das Repertoire vor allem der Klassik, aber auch des Barocks wichtig für das ZKO ist, ist die Musik der Romantik, vor allem der Spätromantik oft zu voluminös. Ihr gegenüber bringt die klassische Moderne, aber auch das Zeitgenössische deutlich mehr, sofern das Differenzierte entsprechend gesucht wird.

Wie beeinflusste Sir Roger Norrington das Zürcher Kammerorchester?
Am besten können wir seine Art des Musizierens bei klassischen Werken erleben. Wie gesagt, er ist wie kein anderer in der Lage, sie zu dynamisieren. Ich kann es nicht genug betonen, dass mir sein musikalisches

Sprachverständnis höchst vertraut ist, zumal wir in wesentlichen Dingen völlig übereinstimmen.

Wenn Sie Ihre Arbeit und Haltung mit dem Ihrer Vorgänger vergleichen, was sind die grössten Unterschiede?

Während Edmond de Stoutz und Howard Griffiths stets den schönen Klang anstrebten, geht es uns um den adäquaten Ton, den wir erst im bewussten Umgang, beispielsweise wie etwas zu verzieren ist, realisieren können. Für Sir Roger dagegen war der reine Ton ohne Vibrato ein Statement, das er immer einzuhalten gewillt war. Im Gegensatz zu ihm behandle ich das Vibrato jedoch nicht so rigide und betrachte es durchaus als ein zusätzliches Ausdrucksmittel. Schliesslich nutzt selbst der Belcanto das Vibrato. Ganz im Sinn einer historisch fundierten Interpretation schaffe ich es aber bei Stücken von Tschaikowsky ebenso wenig, darauf zu verzichten, wie bei denen von Dvořák.

Was hat Ihr Zwischenjahr dem ZKO gebracht?

Ich glaube, ohne Bedenken sagen zu dürfen, dass das Orchester auf einem stabilen Fundament aufbauen kann. Es hat sich inzwischen genügend Technik und Know-how erarbeitet, um auf die Spontaneität des derzeitigen Music Director, Daniel Hope, adäquat einzugehen. Wichtig ist, vom eingeschlagenen Weg nicht abzukommen und nicht bequem zu werden.

Abb. 21

Abb. 20
Willi Zimmermann in der Tonhalle Zürich (14.4.2015).

Abb. 21
Sir Roger Norrington mit Willi Zimmermann anlässlich seiner letzten Saison 2014/15 als Principal Conductor des ZKO.

Wie Orchester klingen

Sir Roger Norrington

Bei diesem kurzen Essay handelt es sich weniger um eine wissenschaftliche Abhandlung als um einen «call for papers» für eine imaginäre Konferenz – eine Konferenz, die sich dem Klang von Orchestermusik des 19. und 20. Jahrhunderts widmen sollte. Es beschäftigt und erstaunt mich, dass sich noch kein ernsthafter Musikwissenschafter der Forschung angenommen und ein Buch zu diesem wenig beachteten Thema verfasst hat. Clive Brown hat in seiner ausgezeichneten Untersuchung *Classical and Romantic Performing Practice 1750–1900* (Oxford 1999) festgestellt, dass die Orchester des 19. Jahrhunderts mit wenig oder keinem Vibrato gespielt hätten. Robert Philip erläuterte in seiner nicht weniger faszinierenden Abhandlung *Early Recordings and Musical Style 1900–1950* (Cambridge 1992) die Klanggestaltung durch Solisten des frühen 20. Jahrhunderts. Daniel Koury hat uns in seiner aussergewöhnlichen Arbeit *Orchestral Performance Practices in the Nineteenth Century* (Ann Arbor 1986) die räumliche Aufstellung der Orchester erklärt. Aber noch nie ist die bemerkenswerte Geschichte der Entwicklung des orchestralen Klangs im 20. Jahrhundert erzählt worden. Meinem Eindruck nach wissen 90 Prozent der historisch aufführenden Musikerinnen und Musiker – und natürlich 100 Prozent der modernen – nicht, was jede gute Grammofonsammlung ganz unmittelbar offenbart: Vor den 1930er-Jahren hat kein deutsches Orchester mit Vibrato gespielt.

So soll dieser Essay ein Aufruf an die Forschung sein, ein «cri de coeur» sozusagen, sich mit einem grundlegenden Charakteristikum unseres musikalischen Erbes zu befassen. Wie können wir die musikwissenschaftliche Betrachtung der Orchestermusik des 19. Jahrhunderts weiter voranbringen, wenn wir uns kaum damit beschäftigt haben, wie diese Musik geklungen hat?

Bereits innerhalb der Grenzen, die mir ein recht enger Terminplan als Dirigent gesetzt hat, haben meine Recherchen eine grosse Fülle von Belegaufnahmen zutage gebracht, und ich bin Tim Day und den Mitarbeitern des National Sound Archive der British Library dankbar für ihre Hilfe und Unterstützung. Ich wünsche mir, dass die Forschung von jungen, kompetenten und einfallsreichen Wissenschaftern fortgesetzt wird, die uns verraten, wie es tatsächlich gewesen ist. Es handelt sich um ein faszinierendes Thema für eine Doktorarbeit und um eine wirklich zentrale Frage unserer Musikgeschichte.

Den nachfolgenden Artikel schrieb ich 2003 für die *New York Times*; er wurde einige Wochen später in weiten Teilen im *Guardian* wiederabgedruckt. Er provozierte damals zahlreiche Kommentare und wird hoffentlich noch viele weitere zur Folge haben.

Das Publikum hat sich allmählich an den Gedanken gewöhnt, dass die Musik Monteverdis oder Bachs üblicherweise mit einem reinen (oder schlanken), direkten Ton ohne modernes, durchgehendes Vibrato gespielt beziehungsweise gesungen wird. Orchester mit historischen Instrumenten haben uns diesen Klang nach und nach auch bei Haydn und Mozart – und gelegentlich sogar bei Beethoven – nähergebracht. Mit Beethoven stehen wir jedoch fraglos an der Schwelle zur Romantik, womit Zweifel am reinen Ton aufkommen. Ist er denn nicht bloss ein absonderlicher Spleen puristischer Frühe-Musik-Freaks? Ganz bestimmt machen Orchester doch wohl mindestens seit Hector Berlioz Gebrauch vom Vibrato, wie wir es heute kennen?

Weit gefehlt. Alles andere als ein Charakteristikum der 1830er-Jahre, verbreitete sich das Vibrato in den europäischen oder amerikanischen Orchestern nicht vor den dreissiger Jahren des 20. Jahrhunderts. Wenige unter uns, Zuhörer wie Musiker, waren bereits auf der Welt, als es nach und nach die Orchesterlandschaft befiel; ein Vorgang, den wir erstaunlicherweise einfach vergessen haben. Seitdem haben wir uns offenbar vollständig an einen orchestralen

Klang gewöhnt, den kein einziger der grossen Komponisten beabsichtigt oder sich vorgestellt hat. Als nämlich Berlioz und Schumann, Brahms und Wagner, Bruckner und Mahler, Schönberg und Alban Berg ihre Meisterwerke komponierten, hatten sie eine klare Idee davon, wie diese bei der orchestralen Umsetzung klingen sollten. Sie erwarteten nämlich einen warmen, expressiven, klaren Ton, ohne das uns so vertraute «glamouröse» Vibrato.

«Glamourös» beschreibt deren neuen Klang recht gut und passt in den zeitlichen Rahmen. Schon für das Wort gilt, dass es vor den 1920er-Jahren nicht existierte. Es kam Hand in Hand mit Hollywood, mit Cocktails, windschnittigen Autos, geschminkten Frauen im Strassenbild, dem Radio, mit Ocean-Linern und den ersten Flügen. Es fiel zusammen mit weiteren Neuerungen in der Aufführungspraxis, etwa der, die traditionelle Sitzanordnung des Orchesters mit gegenüberliegenden ersten und zweiten Geigen aufzuheben, mit der Einführung von Stahlsaiten und dem allmählichen Wegfall des Applauses nach den einzelnen Sätzen von Symphonien und Konzerten.

Natürlich haben Solisten, Sänger wie Instrumentalisten, das Vibrato schon immer gekannt. Es war im 18. und 19. Jahrhundert ein ausdrucksstarkes Mittel, um lange Noten zum Schwingen zu bringen oder einzelnen Momenten besondere Leidenschaft zu verleihen. Neu war im 20. Jahrhundert die Vorstellung eines kontinuierlichen Vibratos, das bei jeder noch so kurzen Note angewandt wurde. Es war offenbar der grosse österreichische Geiger Fritz Kreisler, der diese Mode begründete, wobei man beim Anhören alter Kreisler-Aufnahmen beeindruckt ist von der Feinheit seines Vibratos. Es ist viel eher ein sanftes Flirren als die heute häufig zu hörenden forcierten Tonschwankungen.

Trotzdem waren es gerade diese Tonschwankungen, die Generationen von Musiklehrern vor der übertriebenen Verwendung des schmückenden Vibratos hatten warnen lassen. Das Vibrato kann Intonationsprobleme für die Streicher mit sich bringen, aber auch die Transparenz der Akkorde verschleifen. Für manche Ohren mag es dem Klang Glamour verleihen, für andere wird daraus stillose Effekthascherei, die deshalb von einigen früheren Kritikern «Café Vibrato» genannt wurde.

Zweifellos waren es die leichtere Kaffeehausmusik sowie die ungarischen und Zigeuner-Musiker des österreichischen Kaiserreichs, von denen Kreisler das kontinuierliche Vibrato auf die klassischen Konzerte übertrug. Obwohl sich zahlreiche Solisten und alle gelehrten Publikationen dagegen wandten, machte der neue Manierismus bald Schule. Doch es gab auch starken und hartnäckigen Widerstand: in den Orchestern, insbesondere den deutschen. Und faszinierenderweise lässt sich die Entwicklung anhand der damaligen Aufnahmen nachvollziehen. In den ab 1900 entstandenen Aufzeichnungen hören wir grosse Solisten und Orchester zunächst mit dem reinen (schlanken) Ton des vorangegangenen Jahrhunderts spielen und dann nach und nach zu dem Klang wechseln, den wir heute kennen.

Das alles geschah nur allmählich. Als Erste begannen die sinnlichen und unterhaltungsorientierten französischen Musiker mit dem kontinuierlichen Vibrato in den Orchestern zu experimentieren, obwohl sie es in ihrer Begeisterung in allen Instrumentengruppen, einschliesslich der Klarinetten und Hörner, ausprobierten. Die Briten folgten ihrem Beispiel Ende der 1920er-Jahre. Die Deutschen sowie die meisten grossen amerikanischen Orchester widerstanden diesem Trend bis zu den 1930er-Jahren. Von den Berliner Philharmonikern erschien bis 1935 keine Schallplatte mit konsequentem Vibrato, von den Wiener Philharmonikern bis Mai 1940 ebenfalls nicht! Aufnahmen von Violinkonzerten aus der ersten Hälfte des 20. Jahrhunderts lassen zwar seitens der Solisten

Vibrato hören, die besten deutschen Orchester aber spielten mit reinem Ton. Wie es damals offenbar üblich war.

Manche Kritiker fanden die Solisten geschmacklos. Andere hielten die Orchester einfach für altmodisch. Seltsamerweise sind kaum Aussagen von Zeitzeugen dieses folgenreichen Wandels überliefert. Brahms, Tschaikowsky, Bruckner und Mahler lebten freilich nicht mehr. Schönberg jedoch verglich das Vibrato mit dem unschönen Meckern einer Ziege. Und wie erging es Edward Elgar, als seine edle Welt unterging? Und wie all den Dirigenten – Arturo Toscanini, Wilhelm Furtwängler, Felix Weingartner, Otto Klemperer –, die mit einem bestimmten Klang aufgewachsen waren und nun bei den Orchestern, mit denen sie arbeiteten, auf einen anderen stiessen? Wir brauchen dringend weitere Zeugnisse von Komponisten, Dirigenten, Musikern und Kritikern aus dieser Zeit.

Es müssen eine Menge Auseinandersetzungen in den Orchestern der Vereinigten Staaten und Europas stattgefunden haben, wenn zum Beispiel ein in Frankreich ausgebildeter Flötist nach Boston oder Dresden kam und seine neue Spielweise in die Bläsergruppe einbringen wollte. Ich stelle mir vor, dass die Musiker sich intensiver mit den Veränderungen beschäftigten als die Dirigenten. Vor allem die Konzertmeister mussten eine entscheidende Rolle gespielt haben. Eine zentrale Figur in diesem stillen Kampf stellte Arnold Rosé dar, Konzertmeister des Wiener Hofopernorchesters und der Wiener Philharmoniker von 1885 bis 1938. Er leitete die Oper in den Jahren, in denen sein Schwager Gustav Mahler ihre Direktion innehatte, und war darüber hinaus zehn Jahre lang Leiter des Bayreuther Festspielorchesters. Erst 1928 kam es zu seinen ersten Aufnahmen, in denen er allein und mit seinem Quartett zu hören ist, und dies mit beispielhafter Klarheit und Natürlichkeit und völlig frei von allem, was einem modernen Vibrato ähnelt. Die älteren jüdischen Konzertmeister wie Rosé behielten den traditionellen Stil in Deutschland bei, bis die Nazis sie von ihren Posten entfernten.

Wenn also der reine, schlanke Ton für Schumann, Brahms, Wagner, Bruckner, Tschaikowsky und Mahler der richtige war, was fehlt, wenn wir einen modernen, «glamourösen» Orchesterklang hören? Und lässt sich ein solcher Ton ausschliesslich durch Ensembles mit historischen Instrumenten reproduzieren? Viele Jahre bin ich vom Letzteren ausgegangen und verfolgte mit den London Classical Players den reinen Ton, liess aber moderne Orchester nach deren Geschmack spielen. Meine Arbeit mit dem Chamber Orchestra of Europe, St. Luke's in New York und mit der inzwischen aufgelösten Bournemouth Sinfonietta hat mir jedoch den Weg gewiesen. Heute, nach ausgiebigem Experimentieren mit meinen beiden Orchestern in Stuttgart und Salzburg, bin ich überzeugt davon, dass jedes gute moderne Ensemble in der Lage ist, im Stil der älteren Tradition zu spielen. Insbesondere meine Konzerte und Aufnahmen mit dem hervorragenden und aufgeschlossenen Stuttgarter Radio-Sinfonieorchester haben sich für das gesamte Repertoire des 19. Jahrhunderts und tatsächlich bis hin zu Edward Elgar und Vaughan Williams als überaus überzeugend erwiesen.

Ohne «glamouröses Make-up» gewinnt ein Orchesterklang nach meinem Dafürhalten in jeder Hinsicht:
1. Die Textur des Klangs wird transparent; man kann direkt «hineinhören».
2. Die Akkorde sind reicher und sauberer (erfordert eine feine Intonation!).
3. Dissonanzen sind schärfer und straffer.
4. Der Orchesterklang ist eine Einheit, da nicht die Flöten und ersten Geigen mit Vibrato spielen und die Klarinetten ohne. Die grossen Melodien für Celli und Hörner werden klanglich vereinheitlicht, statt ein Durcheinander von unterschiedlichen Toneigenschaften zu bilden.

Abb. 22

Abb. 23

5. An Stelle des glamourösen Klangs tritt zwingend eine klarere Phrasierung. Sie ist in Symphonieorchestern eher schwach ausgeprägt, da sich diese heute eher auf den Ton als auf die Form konzentrieren. Der reine Ton könnte hier für Ausgewogenheit sorgen.
6. Der homogene, geformte Klang kann direkt zu den Zuhörern *sprechen*. Das ist Musik als Sprache, worauf alle grossen Komponisten in der Vergangenheit abzielten.
7. Klang ist nicht das Thema der Musik, sondern nur ihr Material (wie es die Farbe für ein Gemälde ist). Ihre Themen sind Gestus, Farbigkeit, Kontur und Form sowie emotionale Intensität. Der reine Ton befördert dies alles.
8. Der reine Ton stellt die reale grundlegende Eigenschaft der Musik des 19. Jahrhunderts wieder her: ihre *Unschuld*. Wir neigen dazu, ausschliesslich der Barockmusik das Monopol auf Unschuld zuzusprechen. Doch sicherlich gehört diese zu den Merkmalen etwa der Musik Mendelssohns, doch ist sie tatsächlich ebenso wesentlich für Brahms und Tschaikowsky. Wer je das Orchestra of the Age of Enlightenment oder die Stuttgarter die *Pathétique* hat spielen hören, kann bezeugen, wie zutiefst bewegend Musik sein kann, die mit dem charakteristischen Klangstil des späten 19. Jahrhunderts präsentiert wird – edel statt wehklagend oder sogar schwülstig.
9. Reiner Ton und klare Phrasierung fördern die Einheit des gesamten Orchesters. Statt sich gegenseitig mit Zwischentönen zu stören, fühlen sich alle Musiker einbezogen in ein gemeinsames Statement, wenn sie ohne Vibrato spielen. Dabei ist jeder Einzelne verantwortlich für den Klang des Ganzen.

Könnte dieser klare, edle Klang des 19. Jahrhunderts in den Orchesteralltag zurückkehren? Könnten wir die Musik der grossen Meister wieder regelmässig so hören, wie sie sie selber gehört haben? Ich glaubte lange nicht daran, lade aber seit dem Jahr 2000 Orchester ein, es auszuprobieren. Und die Zeit scheint mir jetzt reif zu sein. In der letzten Spielzeit beim Concertgebouw in Amsterdam überredete ich es behutsam, Mendelssohn so zu spielen. Das Leipziger Gewandhaus überzeugte ich von Brahms, die Osloer Philharmonie von Elgar, das Dallas Symphony Orchestra von Berlioz, das Philharmonia Orchestra in London von Schubert und Dvořák sowie das ZKO von Mozart und Elgar. Diese Orchester spielten sämtlich mit reinem Ton und gelangten zu einer leidenschaftlichen Phrasierung und einem wundervollen Klang. Die Ergebnisse waren fabelhaft. In diesem Sinne könnten «moderne» Orchester neben Haydn und Mozart auch wieder Bach und Vivaldi ins Programm nehmen. Schliesslich unterscheiden sich unsere «normalen» Instrumente auch nicht allzu sehr von den «alten». Der sogenannten historischen Aufführungspraxis ging es vielleicht schon immer eher um die Frage, wie man sich der Musik annähert und sie spielt, und nicht mit welchen Instrumenten.

Einige moderne Orchester sind bei ihrer Placierung der Instrumentengruppen bereits zur essenziellen europäischen Aufstellung zurückgekehrt, für die alle grossen Meister komponiert haben (erste und zweite Geige gegenüberliegend, die Bässe in der Mitte hinten). Genauso leicht könnten diese Orchester sich bei ihrem Klang wieder an demjenigen von Mendelssohn, Brahms oder Mahler orientieren. Die Frage der nahen Zukunft ist nicht, ob die Orchester dazu in der Lage sind, sondern ob weitere Dirigenten sich für die Idee erwärmen können. Jeder, der das Stuttgarter Radio-Sinfonieorchester, die Camerata Salzburg oder das ZKO dirigiert, wird nur den Wunsch äussern müssen und eine gänzlich neue Sprache zur Verfügung haben. Jeder wird dabei die Schönheit des reinen Tons selbst entdecken können.

Viele der Kerncharakteristika historisch informierter Praxis (etwa Tempo, räumliche Aufstellung der Gruppen, Strichgeschwindigkeit, Artikulation), die das breite Publikum früher befremdeten, sind heute selbstverständlich geworden. Selbst in Salzburg erlebt man in einer Mozartaufführung nur noch selten ein wirklich langsames Andante. Das letzte grosse Fragezeichen betrifft den Orchester*klang* der Romantik. Für mich steht die Antwort fest. Der traditionelle, reine Ton ist unglaublich aufregend. Ich mache nicht Gebrauch davon, weil er «authentisch», sondern weil er voller Schönheit und expressiver Kraft ist; ich komme gar nicht mehr ohne ihn aus. Doch ist es ein einsames Geschäft, als Einziger auf der Welt eine Idee zu verfolgen. Gibt es noch andere Dirigenten, die mitmachen? Und könnten die Musikwissenschafter wohl endlich ihren Job machen und uns sagen, wie es wirklich war? Das gesamte Repertoire wäre dann als «frühe Musik» spielbar.

Übersetzung aus dem Englischen: Tobias Neumann.

Abb. 24

Abb. 25

Abb. 22 / 23
Sir Roger Norrington musizierte mit dem ZKO an den legendären BBC Proms in der Royal Albert Hall in London (26.7.2014).

Abb. 24
Probenarbeit im ZKO-Haus mit Sir Roger.

Abb. 25
Muhai Tang bei der Arbeit im ZKO-Haus.

Muhai Tang: Mit Haydn in China

Peter Révai

«Als ich 2001 vom ZKO als Gastdirigent eingeladen wurde, befand es sich in einer misslichen Lage bezüglich Probensituation. Wir waren öfter gezwungen, in Kirchgemeindehäuser oder Kirchen auszuweichen, wo wir eine suboptimale Akustik in Kauf nehmen mussten. Die Aufführungen selber fanden jedoch stets in Konzerthäusern statt, in denen eine gute Akustik herrschte. Sobald das ZKO sein Haus im Seefeld beziehen konnte, verbesserte sich die Situation markant. Darin fanden neben den Proben auch Einführungen statt, und es gab genügend Platz, um die gesamte Administration unterzubringen. Das war zumindest für mich sehr praktisch, da sich das ZKO-Haus in der Nähe meiner Wohnung und der Tonhalle befand.

Beim Zürcher Kammerorchester entschloss ich mich, meinen alten Traum zu verwirklichen und sämtliche Orchesterwerke von Joseph Haydn ins Programm aufzunehmen. Ich hatte dies bereits mehrere Male bei anderen Orchestern versucht durchzusetzen, leider vergeblich. Da damit die personellen Kapazitäten eines Symphonieorchesters nie hätten ausgeschöpft werden können und solche Aufführungen somit kommerziell ungünstig gewesen wären, winkten alle angefragten Orchestermanager ab. Doch ein Kammerorchester wie das ZKO eignete sich von der Besetzung her perfekt, um diese Werke aufzuführen. Unsere Konzerte wurden denn auch von der Kritik sehr gut aufgenommen. Mich jedoch gleich zum ‹Haydn-Spezialisten› abzustempeln, wie es einige Kritiker getan haben, war der Sache nicht eben dienlich, zumal ich Barockmusik ebenso mag wie Werke aus der Klassik, der Romantik und der Moderne. Während meiner fünfjährigen Tätigkeit in Zürich kamen neben den orchestralen Werken zudem noch einige Haydn-Opern wie etwa *Die wüste Insel* dazu. Ihre Aufführung bedeutete sowohl für mich als auch für das Orchester Neuland. Es freute mich sehr, dass unsere Aufführung äusserst positiv aufgenommen wurde.

Einen besonders tiefen Eindruck hinterliess bei mir unsere Tournee durch China, wo wir zusammen mit den Zürcher Sängerknaben mit Haydns *Schöpfung* aufgetreten sind. In China hatte man bis dahin stimmlich noch nichts Vergleichbares gehört. Als wir in meiner Heimatstadt Schanghai gastierten, sind alle meine Freunde, darunter auch der berühmte Komponist Tan Dun, ins Konzert gekommen. Sie zeigten sich ebenso wie das übrige Publikum von unseren Auftritten restlos begeistert. Obwohl dieses Werk tief in der christlichen Welt verwurzelt ist, vermittelt es doch universelle Werte, die überall auf der Welt verstanden werden. Schliesslich ist auch in der chinesischen Mythologie von Elementen wie Himmel und Erde oder von Gott und Göttern sowie deren Beziehungen zum Menschen die Rede. Natürlich kennt jede Kultur andere Schöpfungsgeschichten. Für unsere Aufführungen engagierte ich einen Schauspieler, der zuerst aus der Bibel die ganze *Genesis* vorlas. Daran schloss sich unmittelbar Haydns *Oratorium* an. Diese Aufführungen gehören zu den eindrücklichen Momenten in meinem Leben als Musiker. Als jeweils die Musik verklang, konnte ich die gewaltigen Emotionen spüren, die sie beim Publikum hervorgerufen hatte. Musik vermag in der Tat mühelos Grenzen zu überwinden, seien es die der Sprachen, Kulturen, Menschen und Tiere und möglicherweise sogar die Grenze zu Ausserirdischen. Wahrscheinlich sind wir Menschen im Vergleich zu anderen extraterrestrischen Wesen der Galaxie noch auf einem ziemlich niedrigen Entwicklungsstand, weshalb wir uns unbedingt bereits heute intensiv Gedanken machen sollten, wie wir über Musik mit den Aliens kommunizieren könnten.

Die fünfjährige Zusammenarbeit mit dem ZKO gestaltete sich sehr spannend, wir deckten stilistisch ein Spektrum ab, das einen Zeitraum von 300 bis

400 Jahren vom Barock über die Klassik und die Romantik bis zur zeitgenössischen Musik umfasste. Wir erprobten neue Ausdrucksformen, indem wir etwa in Form von Flashmobs in Supermärkten oder Shoppingcentern aufgetreten sind, um unsere Freude an der Klassik mit Kindern und Jugendlichen zu teilen. Zusammenfassend lässt sich sagen, dass die Zusammenarbeit mit dem Zürcher Kammerorchester für mich eine sehr positive und einzigartige Erfahrung darstellte. Dank der Musikerinnen und Musiker und auch dank seines treuen Publikums.»

Abb. 26

Abb. 27

Abb. 28

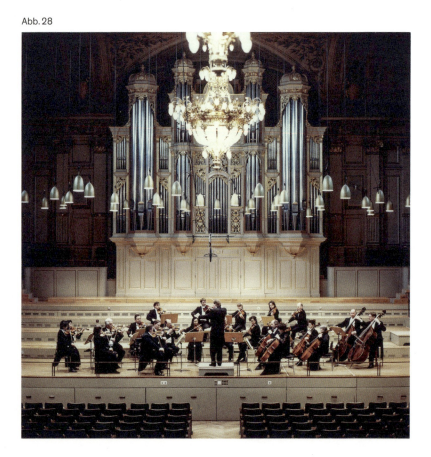

Abb. 26
Muhai Tang im ZKO-Haus anlässlich der Tage der offenen Tür (22./23.9.2007).

Abb. 27
Howard Griffiths mit dem Publizisten und früheren Feuilletonchef der NZZ Martin Meyer.

Abb. 28
Das ZKO in der Tonhalle unter Howard Griffiths in der Saison 1996/97.

Howard Griffiths: Plötzlich ist sie da, die Sternstunde

Martin Meyer

Wie kam das Engagement für das und mit dem Zürcher Kammerorchester zustande?

Mit Zürich war ich seit den 1980er-Jahren verbunden. Meine Frau spielte im Orchester der Zürcher Oper, ich selber dirigierte unter anderen das von mir gegründete Jugendorchester des Zürcher Konservatoriums, konzertierte aber damals bereits auch mit international renommierten Orchestern. Mein erstes Konzert beim Zürcher Kammerorchester gab ich als Gastdirigent am 15. Oktober 1992. Der damalige Chef und Gründer des Orchesters, Edmond de Stoutz, schätzte meine Arbeit und schlug mich schliesslich als seinen Nachfolger vor. Es war ein berührendes Erlebnis für mich, als mir Yehudi Menuhin aus Gstaad freudig erzählte, dass ihm Edmond de Stoutz davon berichtet habe, nach langer Suche einen Nachfolger gefunden zu haben.

Was wussten Sie vor 1992 über dieses Ensemble? Weshalb war die Stelle für Sie interessant?

Ich hörte das Orchester mehrmals und war fasziniert vom Enthusiasmus von Edmond de Stoutz und der verbindenden Philosophie. Für mich war klar, dass dieses Ensemble ein wunderbares Potenzial hat, wenn dies auch mit Herausforderungen verbunden war. Als Dirigent war ich mit dem Kammerorchester-Repertoire besonders gut vertraut.

Berichten Sie von Ihren ersten Erfahrungen und Erlebnissen als Chef des Ensembles.

Es war mir wichtig, neben dem Bewahren der vorhandenen Qualitäten von Anfang an Neues zu wagen und damit auch die musikalische Disziplin anzuheben. De Stoutz war eine sehr starke Persönlichkeit gewesen. Aber für mich galt, das Orchester neu zu motivieren. Das hiess konkret: mehr Vorbereitung für alle Beteiligten, bevor es überhaupt zu Konzertproben kam; mehr zuhören und aufeinander eingehen. Überdies mussten auch die administrativen Dinge besser strukturiert werden. Der Geschäftsleiter, Thomas Pfiffner, half da sehr zielführend. Uns verband stets die Fähigkeit, in Teamarbeit Aussergewöhnliches zu leisten. Schliesslich war gegenüber der Stadt und den Donatoren der Nachweis zu erbringen, dass es dieses Orchester wirklich noch brauchte. Das war damals, 1996, nicht ganz selbstverständlich, weil auch andere Vorstellungen und Wünsche zu kursieren begannen.

Wie weit war der Gründungsdirigent Edmond de Stoutz noch als «spiritus mentor» zu spüren?

Natürlich war er immer noch «da». Er hatte das Orchester gegründet und über 50 Jahre dirigiert – vermutlich ein Rekord! Und er war, insbesondere für die älteren Mitglieder des Orchesters, auch eine Vaterfigur, während ich mehr als «friendly big brother» in Erscheinung trat. De Stoutz bereitete mich peinlich genau vor, was etwa die Eigenheiten des Ensembles betraf. Zugleich war er durchaus willens, auch Neues geschehen zu lassen. Schliesslich erwartete er, dass ich die meisten der Konzerte dirigieren würde, was ich für viele Jahre auch tat. So dirigierte ich in zehn Jahren über 500 Konzerte! Gastdirigenten brachten dann zunehmend auch neue Impulse ein.

Welchen Stellenwert besass das ZKO im Jahr 1996?

Das Orchester hatte damals viele Freunde, war sehr beliebt, ein Teil des städtischen Kulturlebens. Doch die Abonnements- und Besucherzahlen waren ebenso rückläufig wie die Anzahl der Mitglieder der ZKO-Freunde. Es gelang uns, diese Tendenz zu stoppen und einen Turnaround zu bewirken. Über die ganze Ära gesehen waren unsere Konzerte in der Regel sehr gut bis hervorragend besucht. Zur positiven, dynamischen Wahrnehmung trugen die vielfältigen Konzertformate bei, in denen wir die Flexibilität unserer Orchestergrösse und auch die zunehmende stilistische Vielseitigkeit voll ausspielen konnten: Dazu zählten Auftritte im Theater 11, «Spirgarten» oder «Kaufleuten», aber auch bei privaten Firmenevents. Eine neue Ära brach klar bei den Solistinnen und Solisten an. Viele der berühmten früheren ZKO-Solisten wie Arturo Benedetti Michelangeli oder Maurice André standen kaum oder nicht mehr zur Verfügung, und es wurde schwierig, entsprechende Nachfolgepersönlichkeiten zu finden. Ausserdem kamen kaum mehr Anfragen für Konzertengagements im Ausland. Also kurz und gut: Die Lage war spannend, aber auch sehr anspruchsvoll.

Wo hörten Sie die Stärken, wo die Schwächen des ZKO?
Die Stärken lagen zweifellos im Enthusiasmus und der persönlichen Flexibilität, aber auch im Teamgeist der Musikerinnen und Musiker. Sie waren zunehmend bereit, auch musikalisch neue Wege zu gehen. Der Klang des Orchesters war anfänglich doch ziemlich «romantisch», will sagen: eher in die Breite gerichtet. Das ist für das Repertoire der Wiener Klassik aus meiner Sicht nicht allzu förderlich. Ich musste ihn also auflichten und zugleich vermehrt Präzision ins Einzel- und Zusammenspiel bringen. Diese neue Klangkultur aufzubauen, brauchte etwa zwei Jahre, bis sie wirklich in allen Schattierungen trug.

Welche strategischen Ziele legten Sie Ihrer Arbeit zugrunde?
Es gab viel zu tun. Zuerst im Musikalischen: Ich wollte ein genaueres und überlegteres Phrasieren, eine erhöhte Durchsichtigkeit. Hier kam uns zu Hilfe, dass wir vom Freundeskreis eine Reihe von neuen Instrumenten finanziert erhielten: Naturfellpauken, ein neues Cembalo, Trompeten ohne Ventil. Zudem reduzierte ich die Bratschen auf vier; es gab da schon gewissen Widerstand aus dem Orchester. Dann waren die Kontakte nach aussen: Das Orchester sollte sich auch als Teil der Gesellschaft verstehen. Wir machten sehr erfolgreiche Kinderkonzerte, die immer ausverkauft waren. Musikerziehungsprojekte, Projekte mit Musikern aus anderen Genres wie Abdullah Ibrahim, Giora Feidman, Roby Lakatos, Andreas Vollenweider oder das heute so beliebte Format «Livemusik zum Film» haben wir nicht nur in der Tonhalle, sondern auch im Zirkus Knie lanciert. Wichtig waren aber auch die überaus beliebten Amateursolisten-Konzerte und Benefizveranstaltungen, Gastkonzerte und CD-Einspielungen. Wir wollten in allen Bereichen, die künstlerisch Sinn machen und uns auch unternehmerisch weiterbrachten, Projekte mit Vorzeigecharakter realisieren. Gerade in Zusammenarbeit mit dem Geschäftsleiter Thomas Pfiffner entwickelten wir einen gesunden Ehrgeiz, eine auf der Geschichte des ZKO basierende moderne Variante eines vielfältigen Kammerorchesters auf höchstem Niveau zu realisieren.

Was wurde wann und wie unter welchen Bedingungen erreicht?
Ein Orchester ist und bleibt «work in progress». Wir fanden immer mehr Beachtung mit unseren Aktivitäten, was auch durch die Konzerttourneen

ermöglicht wurde. Wir begannen, die Zürcher Konzerte auch in Bern, Basel, Luzern oder Chur zu spielen, veranstalteten dort kleine Konzertserien, gingen sogar in die Vereinigten Staaten, wo wir innerhalb von drei Wochen 18 Konzerte gaben, gastierten in China. Wir entdeckten auch weniger Bekanntes wie die vom Publikum sehr geschätzten, auf CD dokumentierten Symphonien von Ferdinand Ries. Und ich hatte eine neue Gruppe mit herausragenden Solistinnen und Solisten aufzubauen, wozu etwa Mikhail Pletnev, Fazil Say, James Galway, Güher und Süher Pekinel, Julian Rachlin, Joshua Bell oder Maurice Steger gehörten.

Wie spürten Sie die Reaktion im Ensemble, in Zürich und über Zürich hinaus?
Die Reaktionen waren durchweg positiv – auch deshalb, weil die Vielfalt und die Realisation von ungewohnten Projekten überzeugten. Wir spielten etwa Händels *Feuerwerksmusik* auf dem Ledischiff am «Züri-Fäscht» für ein Millionenpublikum direkt vor dem Feuerwerk, spielten im Landesmuseum, im Zürcher Jazz Club Moods oder im Tramdepot. So bewiesen wir immer wieder neu, dass wir ein sehr lebendiges, auch humorbegabtes Orchester waren. Für manche Mitglieder aber war das nicht von Anfang an leicht.

Wie ging die erfolgreiche Internationalisierung des ZKO vonstatten, was waren die treibenden Kräfte?
Eines meiner zentralen Anliegen war die Suche nach einem eigenen Probelokal. Das war für mich unabdingbar, um die Qualität der Vorbereitung zu erhöhen. Zudem: «Ohne Wurzeln kein Auslauf!» Deshalb war es von grosser Bedeutung und ein besonderes Glück, dass wir im Jahr 2002 unser Haus im Zürcher Tiefenbrunnen-Quartier eröffnen konnten. Dort finden seitdem die meisten Proben statt. Der Raum bietet auch Möglichkeiten für kleinere Konzerte, und es hat genügend Platz für die Administration. Das alles half eindeutig mit, die Qualität des Musizierens zu erhöhen und das ZKO als gewichtige Kulturinstitution zu etablieren. Eine neue Ära begann. Passend dazu konnten wir in der Folge zunehmend erfolgreiche Tourneen nach Deutschland, Spanien, Frankreich, in die Türkei oder nach London unternehmen. Schliesslich produzierten wir gegen 30 CDs – erstens das Hauptrepertoire von Bach bis zu Britten; zweitens Entdeckungen kaum bekannter Meister wie Ferdinand Ries, Ignaz Pleyel und Luigi Cherubini; drittens das Repertoire moderner oder zeitgenössischer Schweizer Komponisten wie Othmar Schoeck, Peter Wettstein und Rudolf Kelterborn. Viertens die ebenfalls schon erwähnten Kinderkonzerte mit sieben CDs; auch Produktionen mit jungen Solisten waren mir stets ein Anliegen. Etliche Aufnahmen realisierten wir im ZKO-Haus.

Was zeichnet heute ein gutes Kammerorchester aus, und wie definiert sich seine Zukunftsfähigkeit?
Sehr wichtig dürfte die stilistische Flexibilität, die Flexibilität überhaupt sein, auf Neues zuzugehen oder «Klassisches» mit anderen Ohren und – zum Beispiel – mit alten Instrumenten zu hören und zu spielen. Daneben habe ich persönlich auch Crossovers zum Jazz gepflegt wie zum Beispiel mit Burhan Öçal, Dianne Reeves und Aziza Zadeh. Oder: Wir haben die Erziehung hin zu den Jungen weitergefördert und die Begeisterungsfähigkeit in den Schulen erprobt.

Was bedeuten Ihnen das Musizieren und das Leben in der Schweiz?
　　Mit einem Satz: «I love Switzerland!» Hier ist die Dichte des musikalischen Lebens einmalig, alles ist nah und persönlich und in der Regel überaus freundlich. Wir haben hier schöne alte und tolle neue Konzertsäle, auch gibt es eine lebendige Amateurszene. Kurz: Die Schweiz macht das sehr gut. Umso wichtiger ist es, dieses Niveau zu verteidigen.

Wie beurteilen Sie die Zukunft des Musikbetriebs im Zeitalter der globalisierten Digitalisierung?
　　Riesige Veränderungen finden statt, auf die wir nicht immer genügend vorbereitet sind. Für die Musik: Was auf YouTube heute abrufbar ist, ist enorm – es gibt ganz tolle Dinge, leider auch weniger gute. Dabei muss man die Kompetenz des Unterscheidens haben oder sie sich erwerben. Dann: Vieles wird heute visualisiert. Auch da gibt es positive, doch leider auch negative Aspekte. Als Musikschaffende haben wir den Auftrag, das grosse Erbe lebendig zu halten. Wir sind die Botschafter dieses Erbes und müssen unsere Aufgaben entsprechend seriös und begeistert wahrnehmen.

Ihr schönstes Erlebnis mit dem Zürcher Kammerorchester?
　　Ich kann kein einzelnes herausgreifen, weil es so viele schöne gab! In der Tonhalle oder in einer kleinen Kirche oder in einem berühmten Saal in Wien oder London. Das Schönste in der Musik ist vielleicht wirklich das Unerwartete und Unerwartbare: Plötzlich ist sie da, die Sternstunde.

Abb. 29

Abb. 29
Edmond de Stoutz und Howard Griffiths an der letzten GFZKO-Generalversammlung vor der Stabübergabe (3.6.1996).

Collage 1
Plakat 1
Das vermutlich erste ausgehängte Plakat aus dem Jahr 1946 für das vierte Konzert der Hausorchester-Vereinigung Zürich, das im Grossmünster Zürich durchgeführt wurde.

Plakat 2
Plakat für einen Konzertabend am 17.9.1954 in der Tonhalle Zürich mit moderner und zeitgenössischer Musik.

Plakat 3
Der Zürcher Grafiker Gottlieb Soland entwickelte 1956/57 den Standardtyp der Plakate, der während 40 Jahren beibehalten wurde.

Sandra Goldberg

Die Klangperioden

Nachdem ich die *Chaconne* von Johann Sebastian Bach ohne Unterbruch bis zum Schluss gespielt hatte, klatschte das Publikum, was ja für ein Probespiel ziemlich ungewöhnlich ist. Im Kirchgemeindehaus Oerlikon sassen Edmond de Stoutz, der Manager Cyril Stauffenegger, der Konzertmeister Zbigniew Czapczynski und wahrscheinlich das ganze ZKO. Damals dauerte ein Probespiel 20 Minuten und ohne Vorhang. Ich hatte im Sommer 1984 in der Villa Muraltengut den Meisterkurs von Nathan Milstein besucht. Ein Jahr später war ich wieder in Zürich. Ich hatte mich kurzfristig auf die Stelle «3. Solo Violine» beim ZKO beworben.

1985 war das ZKO mit je sechs ersten und zweiten Geigen, sechs Bratschen, vier Celli und zwei Kontrabässen viel grösser als heute: Insbesondere haben die sechs Bratschen dem ZKO einen reichen, runden warmen Klang verliehen, aber auch Zbigniew Czapczynski spielte die Stradivari-Geige, als ob es um Leben und Tod ginge – intensiv, mit Herz und Seele, mit einem warmen Klang und mit viel Vibrato. Dieser Klang war wie ein Kissen, in das wir uns hineinversenken und in das wir eintauchen konnten. In Konzerten haben wir durch die Anweisungen und den Enthusiasmus von de Stoutz alles gegeben, und das Resultat hat das Publikum stets von Neuem berührt.

Als Howard Griffiths das Orchester übernahm, spürten wir den Einfluss von Nikolaus Harnoncourt: Es wurde Durchsichtigkeit, Klarheit, Disziplin und Präzision verlangt. Um dieses neue Konzept umzusetzen, mussten wir einiges ändern: Statt eines durchgehenden Vibratos mussten wir das Vibrato total abschalten. Manchmal, wenn man eine Gewohnheit korrigieren will, muss man das Gegenteil davon machen. Beim Übertreiben kommt man oft schneller voran. Allerdings war das nicht immer einfach.

Das ZKO wurde kleiner – nun gab es nur vier Bratschen, danach auch nur drei anstatt vier Celli. Der Klang wurde somit durchsichtiger. Anstelle vieler Proben für ein Konzertprogramm, das mehrmals wiederholt wurde, gab es viel Repertoire vorzubereiten. Denn die neue Losung hiess Vielfältigkeit: mehr Tonaufnahmen, mehr Konzerte, mehr Tourneen. Wir sind technisch besser geworden und haben schneller gelernt. Und das Orchester hat auch sehr präzise und durchsichtig gespielt.

Nach Howard Griffiths kam Muhai Tang zum ZKO. Das Ziel waren jetzt «grosse Gefühle». Wir mussten dynamischer, manchmal scharf akzentuiert und mit viel «Sturm und Drang» spielen. Es war mit Tang eine interessante Zeit – vor allem sehr farbig. Auch gab es grosse Projekte. Die Symphonien von Haydn waren besonders lustig und packend, aber auch die Stücke von und mit Tan Dun, dem ersten «Composer in Residence» des ZKO, waren sehr spannend. Das Orchester wurde wieder grösser, obwohl die bis dahin verwaisten Stellen nur mit Zuzügern aufgestockt werden konnten.

Wir hatten in jener Zeit viele Gastdirigenten. Nachdem Czapczynski gestorben war, wurden verschiedene Konzertmeister ausgetestet, bis Willi Zimmermann 2008 Konzertmeister wurde. Wenn kein Dirigent da war, hat er geführt. Das Orchester hat zwischen Muhai Tang, Gastdirigenten und Willi Zimmermann eine grosse Flexibilität entwickelt, sodass der Klang wieder wärmer und voller wurde.

Nach Muhai Tang kam Sir Roger Norrington. Gemäss seinem Wunsch, ein «purity of sound» zu erreichen, wurde das Vibrato erneut verboten. Aber dieses Mal wussten wir bereits, wie und wann man das Vibrato «ab- und einschalten» könnte. Von Sir Roger habe ich vieles gelernt, insbesondere was Phrasierung und Bogenführung betrifft. Jede Phrase hat eine Bedeutung, eine Richtung, ihre eigene Dynamik. In dieser Zeit wurde der Orchesterklang wieder durchsichtiger. Es wurde öfter in kleiner Besetzung gespielt. Das Orchester hat auch zunehmend im Konzert stehend gespielt. Ob das den Orchesterklang wirklich beeinflusst, kann ich nicht beurteilen.

Als sich Sir Roger zurückzog, hat das ZKO zunächst meist unter der Führung von Willi Zimmermann gespielt. Je nach Stil und Besetzung ist der Klang vom Orchester auch sehr anpassungsfähig geworden. Was bei Zimmermann hilfreich ist, ist seine analytische Begabung und wie er in sehr kurzer Zeit ein tolles Konzert zustande bringen kann. Er holt einen runden, warmen Klang aus der Stradivari-Violine und kann die Musik sehr gut gestalten.

Seit der Saison 2016/17 leitet der charismatische Daniel Hope das Zürcher Kammerorchester – voller neuer Ideen und mit viel Energie und Enthusiasmus. Man muss nur auf den Probenplan schauen, was für ein aufwendiges Programm das ZKO hat, mit Tourneen und Aufnahmen, vielen Proben und Konzerten.

Das Orchester ist bei Daniel Hope und Willi Zimmermann in guten Händen. Ich hoffe nur, dass das ZKO für einzelne Konzertprojekte nicht zu häufig schrumpft, denn um einen homogenen, persönlichen Klang zu finden, braucht es eigentlich stets das ganze Orchester!

Abb. 30

Abb. 30
Die amerikanisch-schweizerische Violinistin Sandra Goldberg war von 1985 bis 2017 bei den ersten Geigen des ZKO tätig, zwischen 1999 bis 2003 wirkte sie als stellvertretende Konzertmeisterin.

Abb. 31
Mit Edmond de Stoutz an einer Probe.

Abb. 31

Abb. 32

Abb. 33

Abb. 34

Abb. 32
Probe des ZKO im Stadthof 11 (heute Theater 11) in Zürich Oerlikon (2.12.1980).

Abb. 33
Momentaufnahme aus einem Konzert in den 1980er-Jahren in der Tonhalle Zürich.

Abb. 34
Edmond de Stoutz leitete das von ihm gegründete ZKO über 50 Jahre lang.

Abb. 35
Das ZKO trat als erstes Schweizer Orchester in der ehemaligen Sowjetunion auf, hier die Aufnahme vom Konzert im damaligen Leningrad respektive heutigen St. Petersburg (Dezember 1974).

Abb. 36
Weltberühmte Künstler wie der deutsche Pianist Wilhelm Backhaus sind gern mit dem ZKO unter Edmond de Stoutz aufgetreten (3.11.1963).

Die Ära Edmond de Stoutz (1945–1996)

Abb. 35

Abb. 36

Abb. 37

Abb. 38

Abb. 37 / 38
Probenarbeit mit Edmond de Stoutz.

Wechselbad der Gefühle

Edmond de Stoutz

Als wir das erste Mal im Grossen Tonhalle-Saal spielten, waren wir noch nicht das Zürcher Kammerorchester, sondern eine Gruppe junger Musikstudenten vor dem Abschluss; bevor wir in der Provinz in Orchestergräben verschwinden würden, wollten wir einmal etwas machen, wofür wir voll verantwortlich waren und unsere Freude daran hatten. So kam es zu unserem ersten Konzert im Haus zum Lindengarten. Dort war zufällig die Präsidentin des Zivilen Frauenhilfsdiensts anwesend. Kurz darauf rief sie mich an und fragte mich, ob unser Kammerorchester bei einer grossen Feier, die sie zu organisieren habe, die musikalische Umrahmung übernehmen würde. Es war die Schlussfeier des Zivilen Frauenhilfsdiensts am 11. Dezember 1945.

Im Saal sass lauter Prominenz, der Stadtpräsident, ein Regierungsrat, hohe Militärs. Alle waren gekommen, um der Präsidentin und den vielen Tausend Frauen des Frauenhilfsdiensts zu danken für ihre grossen Leistungen während der Kriegsjahre. Wir spielten, dann hielt die Präsidentin, eine sehr stattliche Dame, ihre Rede. Da diese ein Rückblick war, dauerte sie sehr, sehr lange. Das Rednerpult stand auf einem kleinen Podest, man musste eine Stufe hinaufsteigen.

Als die Rede endlich zu Ende war, gab es begeisterten Applaus, der jedoch jäh verstummte: Die Präsidentin, tief bewegt durch diesen weihevollen Moment, vergass die Stufe, machte einen Salto und landete auf dem Bauch. Einer meiner Musiker sprang sofort auf und half ihr auf die Beine, der Applaus setzte wieder ein, jedermann war erleichtert, dass der Präsidentin nichts passiert war. Dann kam die zweite Rednerin. Klein, schlank und zierlich hüpfte sie die Treppe hinauf und trat ans Rednerpult. Ihr Vortrag war sehr kurz und löste deshalb noch mehr Begeisterung aus. Doch in ihrer Euphorie vergass auch diese Rednerin die Stufe, stürzte und landete ebenfalls auf dem Bauch. Der hilfreiche Musiker war noch schneller zur Stelle, denn diesmal hatte er seine Geige für alle Fälle schon vorher beiseitegelegt.

Ein solches Wechselbad von Stimmungen, zwischen weihevoller Ergriffenheit, Schreck und allgemeiner Heiterkeit, habe ich danach in der Tonhalle nie mehr erlebt. Als Dirigent fühlt man sich ja immer ein wenig wie im Examen, wenn man in diesem ehrwürdigen, mit der Musikgeschichte eines ganzen Jahrhunderts befrachteten Raum auftritt. Doch bei dieser denkwürdigen Feier, die zum Tonhalle-Debüt des Zürcher Kammerorchesters wurde, war von alldem plötzlich nichts mehr zu spüren.[1]

---

1   Aus: *Ein Saal, in dem es herrlich klingt*, hrsg. von René Karlen, Andreas Honegger, Marianne Zelger-Vogt, Zürich 1995, S. 210.

Abb. 39

Edmond de Stoutz: Der Auftrag der Musik. Dirigieren als Mission

Alexandra Kedves

Als Edmond de Stoutz' Vater einst den säumigen Jurastudenten fragte, wie er sich seine Zukunft vorstelle, antwortete der junge Mann mehr aus Übermut denn aus Überzeugung: «Als Musiker.» Später setzte sich Edmond de Stoutz für seine Berufung mit ganzer Kraft ein und kämpfte gegen alle Widerstände für die Verwirklichung seiner musikalischen Visionen.

Edmond de Stoutz: Meinen Weg zur Musik bestimmte der Zufall: Mein Vater arbeitete als Ingenieur in Elsass-Lothringen, das ich bis heute als meine Heimat empfinde. Wir bewohnten «das Schlössel» im sehr grossen Garten eines sehr kleinen Städtchens, Niederbronn, wo der Dirigent Charles Münch ein Haus besass und zwei seiner Tanten mit der Leitung eines neunköpfigen gemischten Chors ihren Lebensabend verbrachten. Mit zweieinhalb begann mein Unterricht bei den alten Damen: Sechs Jahre lang täglich von morgens acht bis zwölf lernte ich dort Klavier und konnte Noten schreiben und lesen, bevor ich das ABC beherrschte. Die eine Münch arbeitete intellektuell, die andere intuitiv. Die Intuitive realisierte ihre Botschaften klanglich und mit menschlicher Zuwendung, die Intellektuelle notierte sie in der Partitur: etwa «Durchbächel»[1] für eine gewisse Geläufigkeit oder «La voix du Seigneur» (das war wie ein erhobener Finger) für den Charakter einer verminderten Septime. Intervallabstände und ähnliche Selbstverständlichkeiten wurden nie erklärt. Solfège wurde nach französisch-italienischer Art sehr streng und jeden Tag geübt, aber nie seine seelischen Bezüge vergessend. Aber die Notizen waren mir noch nach Jahren in hohem Masse nützlich. Sie gingen durch das ganze philosophisch-psychische und soziologisch-mystische Leben hindurch.

Sie haben die Musik also durch Ihre musikalische Früherziehung als umfassendes Medium erfahren, dem eine trockene Terminologie nicht beikommt?
Am Konservatorium Zürich griff als Erstes die Klavierlehrerin mein Musikverständnis an. Mit dem Bleistift schlug sie den Takt und rief: «Takt, Edmond, Takt!» Für mich war ein Takt ein Häuschen auf der Partitur, aber nicht dieses Gehämmer. Ich habe am Konservatorium keine wirklich musikalischen Fortschritte gemacht. Bereits die halbe symphonische Grundliteratur kannte ich, als ich mit neun Jahren nach Zürich kam. Meine musikalische Ausbildung war fast abgeschlossen.

Aber ich hatte dort schon bald ein prägendes Erlebnis: Ein Schülerkonzertnachmittag in der Tonhalle – *Till Eulenspiegel* von Richard Strauss. Dieses Zusammenspiel der beiden Instrumente – des Orchesters und des Menschen – werde ich nie vergessen. Dass diesem Werk auch ein Programm eingeschoben ist, nämlich das Wesen Till Eulenspiegels, tut der Mission seiner Musik keinen Abbruch: Es wurde nicht geschrieben, um Till Eulenspiegel begreiflich zu machen; denn dieser war nur der kleine Vorwand, um Musik zu machen; der Komponist will Lebendigkeit offenbaren.

«Lebendigkeit» ist also der Schlüsselbegriff Ihres Musikverständnisses?
Es gibt kein Gebiet im menschlichen Leben, das nicht in der Musik vorhanden wäre. Musik ist also keine Sprache, sondern eine allen gehörende gleiche Realität. Die Sprache ist limitiert von Volk zu Volk, von Mensch zu Mensch, von Satz zu Satz. An jedem Wörtchen kann herumgedeutet werden. Wenn es dagegen ein Wort gibt, das ich in der Rede über Musik hasse, so ist es «Interpretation». Es gibt kein Interpretieren, sondern

nur ein Realisieren der Werke: sie zum Leben bringen. Denn in einer Musik ist Leben; das ist das Wichtigste ihrer Botschaft – aber nicht das Leben im Sinn von Geborenwerden und Verfall, sondern im Sinn von *Lebendigkeit*: Sie ist das, was den Menschen verpflichtet zu leben.

Wie würden Sie das Verhältnis Musik – Sprache beschreiben?
Ob Schubert, Schumann oder Beethoven – die Lieder sind vom Text bestimmt in all ihren Teilen, mit Ausnahme der Lebendigkeit. Wenn Sie ein Gedicht lesen, dann ist die Lebendigkeit noch nicht ganz gegeben, weil Ihr Nachbar oder Ihr Bruder es anders lesen. Die Musik hat *eine* Lebendigkeit, und die muss – das ist mir sehr wichtig – von einer Gruppe Menschen gewünscht, ausgeführt und wahrgenommen werden. Man sollte im Musikunterricht unbedingt Hausmusik machen, Kammermusik – nicht CD hören oder gar wissenschaftliche Erklärungen lesen. Denn mit dem Wort Erklärung ist von Musik nicht mehr die Rede. Musik braucht den Menschen: in seiner Funktion als *Instrument* – als Leser der Partitur, als Sänger, Instrumentalist und Zuhörer.

Stellen Sie fest, dass der Musik heute im falschen Geist begegnet wird?
Heute bedient man sich meist der Musik, um eine Karriere zu machen, um Geld zu verdienen oder um irgendeinen Gedanken zu finden, den man sonst nicht gehabt hätte; früher hat man der Musik *gedient*. Ich habe viele grosse Solisten kennengelernt – gut 90 Prozent von ihnen bedienen sich der Musik, um sich selbst darzustellen, anstatt dass sie ihr Selbst einsetzen, die Musik zu realisieren, zu verlebendigen.

Dasselbe gilt für Komponisten: Von vielen darf man nicht mehr erwarten als das Zurschaustellen wunderbarer Technik. Sie haben nicht das Empfinden, eine Mission zu erfüllen. Komponieren ist eine Dankbarkeitsbezeugung der Lebendigkeit gegenüber. Wer imstande ist, die Lebendigkeit in all ihren Schattierungen zu erkennen und wiederzugeben – das gilt für jede Kunst –, der ist verpflichtet, das auch zu tun. Es geht nicht darum, das eigene Können herauszustreichen. Die Musik, Kunst und Kultur ist an der Mentalität, am Verhalten zu erkennen und zu ermessen, nicht an einem abgerundeten Schaustück.

Wessen Musik würden Sie als positives Beispiel anführen?
Bruckner, Haydn – nicht lesen, was sie Theoretisches sagen, sondern erleben, was sie erlebt und als Musik notiert haben. Die Erlebnisse sind selbstverständlich an Formen gebunden: Es braucht Symmetrie und Asymmetrie, es braucht harmonische Glaubwürdigkeit oder Unglaubwürdigkeit – alle Elemente, die in unserem Leben vorkommen, sind nur Teile der Lebendigkeit. Es gibt sehr wenige Musiker, die wirklich unabhängig «Reines» schaffen, deren Selbstständigkeit es einem ermöglicht, Schönheit zu empfinden. Bach musste ja aus materiellen Gründen in der Kirche bleiben und Auftragsarbeiten erledigen ebenso wie Mozart am Hof. Die Reinheit ist also ganz dünn gesät. Bei Beethoven habe ich sie noch nicht gefunden, obwohl er unglaublich schöne Elemente hat.

Was verstehen Sie unter «Schönheit»?
Was ist schön? Was ist wahr? Woher kann man behaupten, dass Musik Lebendigkeit ist? Was ist gerecht? Es gibt nur eine Antwort: Die Vorstellung von «gerecht» oder «schön» kommt aus einer Erinnerung an Wahrheit,

Abb. 39
Probe mit dem Flötisten André Jaunet im Hohenbühl, dem Haus der Familie de Stoutz am Kreuzplatz in Zürich (Sommer 1961).

an Schönheit, an Liebe, kommt aus dem Menschheitsgedächtnis. Dessen Existenz beweist bereits, dass wir gelebt haben oder leben werden; denn man kann nichts erkennen, was man nicht schon gesehen hat. Ich sage meinen Schülern oft: «Wenn Sie das schön finden, ist das nicht allein das Verdienst des Komponisten oder Solisten, sondern es ist auch das Verdienst Ihres Auges. Was Sie als schön ansehen, haben Sie schön gewollt und dadurch auch schön gekonnt.» Es nützt nichts, wenn ein Mittler, der Mensch oder die Geige, ganz besonders süss oder tiefsinnig arbeitet. Wenn der andere das nicht erlebt hat, nützt das intellektuelle Nachvollziehen nichts. Ich sage meinen Leuten immer: «Sie müssen die Musik nicht verstehen, Sie müssen sie erleben – dann kommt das ‹Aha›, auf das Sie Ihr Leben lang gewartet haben.» Es liegt an uns, die Schöpfung zu ergänzen. Im Idealfall sind wir nicht nur Nachschöpfer wie gewisse Künstler, sondern *Mitschöpfer.* Wir sind ko-kreativ. Wahre Kreativität bedeutet, einen Auftrag finden, bei dem einem die Erfüllung nicht gegeben ist. Eine Mission, die eine Quittung fordert, ist keine Mission. Eine Mission ist das Mitschöpferische, das Ko-Kreative und hört nicht auf.

Was heisst das für den Orchesterleiter?
Man muss den Leuten geben, was in der Musik ist. Sie brauchen Leben und Lebendigkeit, und das können sie bekommen.

Eine Musik, die perfekt gespielt ist, ist tot. «Perfekt» heisst abgestorben, abgeschlossen, fertig. Wer die Perfektion sucht, sucht Selbsterhöhung. Man muss in Richtung Perfektion ein Ideal festlegen, auf das Ideal zusteuern und oft unterwegs stehen bleiben. Ein erreichbares Ideal ist lediglich ein zu kleines Programm, ein zu kleiner Auftrag. Wer seinen Auftrag zu klein ansetzt, in der Kunst jedenfalls, der produziert Kitsch und nicht Kunst. Denn die Kunst bleibt nach vorne und nach oben offen. Der Kitsch ist perfekt, abgeschlossen. Er gibt genau das, was der Markt erwartet, samt Preiszettel.

Der Dirigent sollte ein Animator, nicht Diktator sein wie 90 Prozent dieser Berufsgruppe. Ein Dirigent muss mehreren, vor allem aber zwei Instanzen dienen: der Musik und dem *Publikum.* Dieses hat er zu berücksichtigen, nicht programmatisch oder im Stil, sondern in dessen Anrecht auf ein Erlebnis; nicht auf Verblüffung und Sensation, sondern auf jenes Erlebnis, das entsteht, wenn eine Neugierde befriedigt und eine weitere geschaffen wird. Die Hilfe des Dirigenten bei der Neugierde ist eine wichtige Aufgabe. Mein Gebet lautet denn auch: «Gib, dass ich immer neugierig bleibe.»

Ihre Leitlinie wäre also nicht, sich strikt an klassisch gewordene Spielweisen eines Stücks zu halten?
Imitation ist gefährlich. Wenn man hingegen auf dem Weg zum unerreichbaren Ideal arbeitet, hat man die Chance, unterwegs Kunstwerke zu schaffen und es vielleicht nicht einmal zu merken. Weiss jeder Künstler, wie gross er ist? Van Gogh, Giacometti …

Staatliche Kunstförderung hätte hier greifen können. Halten Sie diese für eine wichtige Aufgabe?
Nein – wenn sich der Staat dadurch rechtfertigen will. Das Wort Kultur-Departement oder Kultur-Dezernat hat in diesem Kontext gerade noch gefehlt.

Betrachten Sie die Förderung von jungen Musikerinnen und Musikern in der Schweiz als ausreichend?

Es gibt kein Mass. Es kann zu wenig oder zu viel sein. Keiner jedenfalls darf sagen: «Ich kann nicht, man hat mir nicht geholfen.» Das habe ich viel zu oft hören müssen. Dieses Ausruhen auf der Misere – schauen Sie sich doch einmal an, was Schubert geleistet hat.

Finden Sie, dass die Kommerzialisierung der Musik überhandgenommen hat?

Ich kenne die Musikgeschichte schlecht, weil ich kein Wissenschafter bin. Aber mich stören die Konnotationen des Worts Kommerzialisierung. Man muss nun einmal etwas in Geld umsetzen, und wenn die Musik Geld erzeugt, ist das in Ordnung. Musiker zu sein bedeutet nicht, ein Armutsgelübde abzulegen. «Kommerzialisierung» heisst für mich: Es gibt heutzutage zu viele Musikagenten und zu wenige Musikerinnen und Musiker. Deshalb kreieren die Agenten sie einfach – diese typischen Homunculi des Musikbetriebs. Insgesamt glaube ich, dass im Musikleben eher ein stetiger Wandel als ein Verfall stattfindet.

Sind Sie mit der jetzigen Situation des ZKO zufrieden?

Ich bin sehr froh, dass meine Hoffnungen erfüllt wurden: Es entstand eine Übergabe ohne Unterbruch.

Als ich realisiert hatte, dass ich an Krebs erkrankt bin, suchte ich jahrelang einen geeigneten Nachfolger. Ich habe junge Leute als Kandidaten unter dem Etikett Gastdirigent dirigieren lassen – nicht einmal die Musiker wussten, worum es mir ging; meine Krankheit hielt ich bis zum letzten Moment geheim. Endlich fand ich einen, der die meisten meiner Bedingungen erfüllte, und er hat zusammen mit mir ein Übergangskonzept elaboriert. Am Ende waren alle Instanzen – Musiker, Publikum, Vorstände, Medien und Behörden – mit der Wahl von Howard Griffiths einverstanden. Das Abschiedskonzert sollte am 25. August in Einsiedeln stattfinden.

Doch bei der Hauptprobe zu diesem Konzert traf mich mitten in einem Satz von Bruckner sozusagen der «Blitz»: eine Polyarthritis. Daher musste das Konzert ohne richtige Generalprobe und ohne mich stattfinden: Doch es soll grossartig gewesen sein; unsere sorgfältigen Vorbereitungen trugen Früchte. Ich erinnere mich gern an mein letztes Konzert.[2]

1 Elsässer Dialekt für «kleiner Dorfbach».
2 Erschienen in: *Schweizer Monatshefte,* Jahrgang 76/77, Heft 12/1, Dezember–Januar 1996/97, S. 33–35.

Josef Estermann

Sein geistiges Erbe lebt

Die Nachricht vom Tod Edmond de Stoutz' erreichte die Öffentlichkeit mit einer kleinen Verzögerung; denn es war der Wunsch des Verstorbenen, im Familienkreis bestattet zu werden. Ganz abgesehen davon, dass der persönliche Wille eines Verstorbenen zu respektieren ist, zeigt sich darin etwas von der geistigen Grundhaltung von Edmond de Stoutz. Sich als öffentliche Person und seinen Tod als öffentliche Angelegenheit zu verstehen, hätte nicht seiner Einstellung entsprochen. Er war zuerst Privatmann, und Trauer ist eine private Empfindung. Das Leben gehört dem Einzelnen, ihm allein. Ein Werk hingegen wirkt über den engeren Lebenskreis und das eigene Leben hinaus. Auch wenn wir es dem schöpferischen Impetus eines Individuums verdanken, bedarf es zu seiner Realisierung der Gemeinschaft, und bestände diese – neben dem einsamen Musiker, der in seinem Zimmer übt – auch nur aus einem imaginären Hörer, an den die Musik sich richtet. Ist ein Werk einmal da, gehört es allen.

Edmond de Stoutz zuzuhören, wenn er sein Weltbild entfaltete, war faszinierend. Nicht allein, weil da neben dem Vollblutmusiker auch der philosophisch geschulte Kopf, neben dem feurigen Verfechter eines humanen Individualismus auch der Soziologe zum Vorschein kam. Sein Weltbild war in einem guten Sinn aristokratisch.

Aristokratisch war das Bewusstsein, als Musiker ein Privileg zu besitzen, Träger einer Begabung zu sein, die in minderem Mass vielleicht jedem von uns gegeben ist, aber nur wenigen in der richtigen Fülle zur Verfügung steht. Zu diesem Bewusstsein gehörte aber auch die Verpflichtung, ein Privileg nicht egoistisch für sich zu nutzen, sondern es in den Dienst der Gemeinschaft zu stellen.

Die strenge Bipolarität von Privileg und Verantwortung, von begnadetem Schöpfertum und Selbstlosigkeit liess für ein Drittes oder einen Dritten keinen Raum. Der Begriff des Vermittlers existierte in Edmond de Stoutz' Vokabular nicht, denn als solcher hätte er sich zwischen das Kunstwerk und seine Empfänger gestellt. Die Gefahr liegt auf der Hand, dass solche Vermittler sich bald als die Hauptsache begreifen; dass das Medium selbst die Botschaft sein will.

In seinem letzten Gespräch, das Edmond de Stoutz der Journalistin Alexandra Kedves für die auf den Jahreswechsel erschienene Nummer der *Schweizer Monatshefte* (siehe Beitrag Seite 73) gewährte und das nun wie ein Testament wirkt, steht die aufschlussreiche Bemerkung: «Wenn es dagegen ein Wort gibt, das ich in der Rede über Musik hasse, so ist es ‹Interpretation›. Es gibt kein Interpretieren, sondern nur ein Realisieren der Werke: sie zum Leben bringen. Denn in einer Musik ist Leben; das ist das Wichtigste ihrer Botschaft – aber nicht das Leben im Sinn von Geborenwerden und Verfall, sondern im Sinn von Lebendigkeit: Sie ist das, was den Menschen verpflichtet, zu leben.»

Die heute gern gepflegte Heroisierung des Solisten und des autokratischen Dirigenten war Edmond de Stoutz verdächtig. Genauso verwarf er aber die ins Formlose tendierende, romantische Idee des grossen Orchesters. Hier sah er Werte in Gefahr, die zum Fundament nicht nur seiner Ästhetik, sondern auch unseres politischen Zusammenlebens gehörten. Sein Ideal war das musikalisch transparente Klangbild des Kammerorchesters, das er als eine Vergrösserung des Streichquartetts begriff. Wenn Goethe das Streichquartett in seiner berühmten Definition als ein musikalisches Gespräch vernünftiger Leute bezeichnete, so war für Edmond de Stoutz das Kammerorchester die zeitgemässe, dem öffentlichen Konzertwesen adäquate Ausformung der intimen Hausmusik. Die zeitgeschichtliche Provokation war ihm dabei durchaus bewusst, wie etwa das Geleitwort zum Bildband deutlich macht, der zum 25-jährigen

Bestehen des Zürcher Kammerorchesters erschienen war: «Der Diskredit, in den unsere megalomane Zivilisation durch die kriegerischen Kataklysmen der ersten Jahrhunderthälfte vorübergehend geriet», heisst es da, «machte sich auch kulturell bemerkbar. Die spätromantische Hypertrophie des Orchesterwesens erzeugte schliesslich das Bedürfnis nach Kammerorchester-Formationen.» Und weiter: «Die viel menschlicheren Dimensionen des Kammerorchesters vergrössern den Wert des einzelnen Mitglieds. Jeder Musiker wird persönlich unentbehrlich, und sein Einwirken auf das Musizieren des Ensembles ist für ihn wie für den Zuhörer deutlich spürbar.» Edmond de Stoutz' Gespür für die Valeur des Individuums in der Gemeinschaft ging so weit, dass er Wert darauf legte, beide Geschlechter gleich stark in seinem Orchester vertreten zu sehen. Es ging ihm dabei allerdings nicht um abstrakte Quoten, sondern um die Beobachtung, dass «die Andersartigkeit der männlichen und weiblichen Spielweise» besonders bei Streichinstrumenten auffallend sei. Der gleiche Grundsatz galt für die verschiedenen Altersstufen, Nationalitäten, ja Ethnien. Denn – so Edmond de Stoutz in seinem erwähnten Geleitwort – «die Musik will Erfahrung, Phantasie, Hoffnung und Glaube der Menschheit wiedergeben. Am besten wird das einem Orchester gelingen, das als für die Menschheit möglichst repräsentative ‹Miniatur-Gesellschaft› konstituiert ist.»

    Edmond de Stoutz selber verkörperte sein Ideal eines «Homo universalis». Öffentlich bekannt wurde vor allem seine Begabung als Musiker, und oft wurde er als Redner eingeladen, um seine philosophischen Gedankengänge zu entfalten. Ebenso öffentlich war aber auch seine Tätigkeit als Unternehmer: Nur wurde sie kaum vermerkt, weil sie als selbstverständliche Begleiterscheinung der Aktivitäten im Konzertsaal genommen wurde. Edmond de Stoutz war sowohl Dirigent als auch Direktor des Zürcher Kammerorchesters, sein Gründer und sein Spiritus Rector. Und eigentlich war er dem Orchester ein Patron, auch wenn er Wert darauf legte, von den Musikerinnen und Musikern als gleichberechtigter Partner angesehen zu werden. Deshalb muss man letztlich doch sagen: Das Zürcher Kammerorchester war sein Werk. Ein Werk, das wie die Werke der Musik, der Kultur überhaupt, auf Mitschöpfer angewiesen ist. Wir stehen jetzt in der Verpflichtung, die Impulse, die uns Edmond de Stoutz gegeben hat, weiterzutragen und weiter zur Entfaltung zu bringen. Wenn wir diese Verantwortung übernehmen, können wir sagen: Zwar ist er tot, aber sein geistiges Erbe lebt. – Wir wollen es lebendig erhalten.[1]

---

1   Rede anlässlich des Gedenkkonzerts vom 23.2.1997 in der Tonhalle Zürich. Der Text erschien in: GFZKO (Hg.), *GFZKO, Mitteilungen*, Nr. 14, Mai 1997.

Peter Révai

Die Brandenburgischen Konzerte

Die NASA schickte 1977 die interstellaren Weltraumsonden Voyager 1 und Voyager 2 mit der Mission ins All, die Grenzen unseres Sonnensystems und darüber hinaus zu erkunden. Bis heute sind sie unterwegs und senden Funksignale zur Erde. Um im Fall eines Zusammentreffens mit intelligenten ausserirdischen Lebensformen über die Menschheit und die Erde zu informieren, wurde jeder der Satelliten mit einer mit Gold beschichteten kupfernen Datenplatte ausgestattet, die auf eine Haltbarkeit von 500 Millionen Jahren ausgelegt ist und mit diversen Informationen aufwarten kann. Neben unterschiedlichsten Bilddaten sind darauf Grussbotschaften in 55 Sprachen abgespeichert, elementare Geräusche wie Wind und Donner, verschiedenste Tierlaute sowie 27 Musikstücke plus Gebrauchsanweisung, wie sie abzuspielen sind. Findet diese Flaschenpost Adressaten, sollten diese herausfinden können, dass der wichtigste Komponist auf dem blauen Planeten Johann Sebastian Bach gewesen ist. Dessen erster Satz des *Brandenburgischen Konzerts Nr. 2* führt eine universale, 90 Minuten lange, von einer amerikanischen Expertenkommission zusammengestellte Bestenliste mit Stücken und Ausschnitten aus Kunst- und Populärmusik unterschiedlicher Kulturkreise an.[1]

Das Thema des ersten Satzes aus dem *Brandenburgischen Konzert Nr. 2* beschreibt der deutsche Musikwissenschafter und Schenker-Schüler Viktor Zuckerkandl als freudigen, festlichen, lebensbejahenden und kraftvoll überschwänglichen Stimmungs- und Gefühlsausdruck.[2] Auch die übrigen Sätze der 1721 von Bach dem Markgrafen Christian Ludwig von Brandenburg gewidmeten, wahrscheinlich 1719 entstandenen *Six Concerts avec plusieurs instruments* zeugen, so der Musikwissenschafter und Autor Peter Schleunig, von «Munterkeit und Lebensfreude»,[3] und der französische Bachbiograf Luc-André Marcel erklärt sie im Vergleich zu den übrigen Werken des Komponisten zu den kräftigsten, lebhaftesten und fröhlichsten Werken, deren Glanz durch das Vorherrschen der Dur-Tonarten verstärkt würden.[4]

Bis die *Brandenburgischen Konzerte* jedoch Allgemeingut wurden, brauchte es eine Weile. Nach ihren ersten Wiederaufführungen ab 1807 in Berlin unter Carl Friedrich Zeltner, dem Goethe-Freund und Lehrer Felix Mendelssohn Bartholdys, wurden sie auch in den danach folgenden 100 Jahren meist nur im privaten Kreis gespielt. Erst ab den 1920er-Jahren wurden sie vermehrt in öffentlichen Konzerten aufgeführt, wobei sie jedoch sehr auf die Fürsprache Prominenter angewiesen waren. Zu ihrer Popularisierung gab der Komponist Max Reger 1905 eine Bearbeitung für vierhändiges Klavier heraus. Die Frage, ob die *Brandenburgischen Konzerte* überhaupt in einen öffentlichen Konzertsaal gehörten, bejahte etwa der elsässische Organist, Theologe, Tropenarzt und spätere Friedensnobelpreisträger Albert Schweitzer in seiner grossen Bachmonografie 1908 vehement. Er schrieb: «Wer einmal eines davon gehört und die Wirkung auf die Versammlung beobachtet habe, dem werde hierüber kein Zweifel mehr bestehen.»[5] Und in Klammern ergänzte er, dass diese Werke dazu bestimmt seien, in demselben Sinn Volksgut zu werden, wie es die Beethoven'schen Symphonien seien.

Seit den 1920er-Jahren fanden die Konzerte vermehrt Eingang ins Repertoire der Symphonieorchester, auch in Nazi-Deutschland. Nach dem Zweiten Weltkrieg übernahmen zunehmend Kammermusikorchester die Aufgabe, sie aufzuführen. Allen voran das Zürcher Kammerorchester. Noch unter der ursprünglichen Bezeichnung Hausorchester-Vereinigung Zürich spielte es erstmals unter der Leitung von Edmond de Stoutz 1952 das vierte und fünfte Concerto. Der gesamte Zyklus erklang an zwei Abenden im Zunfthaus zur Meisen in der Saison 1952/53. Da die Aufführung aller Konzerte in einem Konzert zu lang war, bevorzugte de Stoutz für die Darbietung des gesamten Zyklus' eine Zweiteilung. Um eine angemessene Konzertdauer zu erzielen, setzte er im ersten Teil, neben den Konzerten eins bis drei, mit den *Dumbarton Oaks* von Igor Strawinsky und im zweiten, neben den Konzerten vier bis sechs, mit Béla Bartóks *Divertimento* auf zwei Werke der klassischen Moderne. In späteren Jahren kamen beispielsweise auch Arthur Honeggers *Streichersymphonie*, Luciano Berios *Concertino für Klarinette, Violine, Celesta, Harfe und Streichorchester* und György Ligetis *Ramifications* dazu. Dem Zürcher Komponisten, Adorno-Schüler und Kritiker Rolf Urs Ringger gestand Edmond de Stoutz in einem Interview 1990, dass er gern ein siebtes und achtes *Brandenburgisches Konzert* bei einem heutigen Komponisten in Auftrag gegeben hätte. Er verzichtete aber darauf, da das Publikum, bedingt durch die Hörerfahrungen mit der kritisch-historischen Aufführungspraxis, mittlerweile eine andere Vorstellung von den *Brandenburgischen Konzerten* hatte als er.[6]

In Zürich setzte Edmond de Stoutz zwischen 1947 und 1996 bis zur Übergabe an Howard Griffiths die *Brandenburgischen Konzerte* in 34 Saisons auf das Programm. 21 Mal führte das ZKO unter seiner Leitung den gesamten Zyklus auf. Diese Art Manie dürfte wohl seiner Einsicht geschuldet sein, man könne Bach nicht endgültig erkennen, man könne ihn immer nur neu erleben. Zum letzten Mal war dies an zwei Abenden im Januar 1996 im Rahmen des 50-Jahr-Jubiläums des ZKO der Fall, und zwar im Zunfthaus zur Meisen, jenem Ort, in dem sein Orchester vor einem halben Jahrhundert debütiert hatte. Im Programmheft schrieb der bereits zitierte Musikwissenschafter und Teilnehmer der jährlichen Jung'schen Eranos-Tagungen, Viktor Zuckerkandl, über die sechs Concerti: «Vor dem Geiste des Musikers, der diese sechs Partiturbilder vor sich sieht, stehen ebenso viele Klangbilder, jedes Wesen für sich vorstellend, ein Klang-Individuum – der Klang ist da offenbar nicht das mehr oder weniger differenzierte Gewand, in das der Komponist seine Gedanken kleidet, der Klang selbst schon ist Gedanke, schöpferischer Einfall. Mit mehr Berechtigung als vor jeder anderen Komposition dürfte man vor diesen Konzerten sagen: Im Anfang war der Klang. Die Musik ist da jedesmal aus einer bestimmten Klangvorstellung heraus erdacht, ist die Verwirklichung einer bestimmten Klang-Idee in tönender Bewegung. ... Nicht bestimmte Gefühle also oder Stimmungen will Bach in den *Brandenburger Konzerten* ausdrücken, er will bestimmte Klangvorstellungen verwirklichen, Klangwelten sich entfalten lassen.»[7]

Für diese letzte Gesamtaufführung bot de Stoutz seinem Publikum mit einem ausführlichen Programmheft die Gelegenheit, die Reflexionen seines präferierten Musikforschers über seine Lieblingswerke mit ihm zu teilen. Ausserdem grenzte sich der ins Alter gekommene Dirigent im Gegensatz zu seinen Anfängen, in denen er von der Presse für sein «stilgerechtes und werktreues Spiel» gelobt worden war, kategorisch von der historisch informierten Aufführungspraxis ab. Dazu meinte er in den «Betrachtungen eines Musikers, der die Brandenburger Konzerte aufführen wird»: «Es gibt kein absolut werktreues Interpretieren seiner [Bachs] Musik. Darum gilt einzig das ehrliche Wiedergeben des eigenen jeweiligen Verstehens der Partitur.» Dass Edmond de Stoutz darunter auch ein aussermusikalisches Vorgehen verstand und mit einschloss, bewiesen die in diesem Programmheft abgebildeten Reproduktionen von sechs, gekonnt in Öl gemalten farbenfrohen Tableaus in konstruktivistischer Manier aus seiner Hand. Denn neben Reiten gehörte das Malen zu seinen bevorzugten Freizeitbeschäftigungen.[8]

Abb. 40
Das konstruktivistische Gestaltungskonzept des Grafikers Gottlieb Soland diente bis 1996 als Grundlage für die ZKO-Plakate wie etwa für dasjenige, das für die Brandenburgischen Konzerte warb.

Abb. 40

1. Claus Spahn: «Ohrenschmaus für Außerirdische», in: *Die Zeit*, Nr. 41, 2008.
2. Viktor Zuckerkandl: «Ist die Musik autonom oder heteronom?», in: Programmheft des Zürcher Kammerorchesters, *Zwei Konzerte wie damals im Zunfthaus zur Meisen*, Januar 1996, S. 10–17.
3. Peter Schleunig: *Johann Sebastian Bach – Die Brandenburger Konzerte*, Kassel, 2003, S. 7.
4. Luc-André Marcel: *J. S. Bach,* aus dem Französischen von Clarita Waege und Hortensia Weiher-Waege, Reinbek bei Hamburg, 1963, S. 68–73.
5. Albert Schweitzer: *Johann Sebastian Bach*, Leipzig, 1908, S. 377.
6. Rolf Urs Ringger: «Für die Würde des Musikerstandes – Ein Gespräch mit Edmond de Stoutz», in: NZZ, 17.12.1990.
7. Programmheft des Zürcher Kammerorchesters, *Zwei Konzerte wie damals im Zunfthaus zur Meisen*, Januar 1996.
8. Ebd.

Abb. 41

Abb. 41
Brandenburgisches Konzert 1
von Edmond de Stoutz (Öl auf
Karton, 60 × 41 cm, 1981–82).

Abb. 42
Das ZKO mit dem Zürcher
Flötisten Peter-Lukas Graf
(24.5.1977).

Auftakt statt Abschlag

Peter-Lukas Graf

In meiner Gymnasialzeit spielte das Schülerorchester der Kantonsschule Zürich eine für angehende Musiker entscheidende Rolle. Als 13-Jähriger schaute ich auf zu Namen, die mir zeitlich vorangegangen waren: Dazu gehörte vor allem Edmond de Stoutz, der damals bereits ein eigenes Orchester dirigierte. Er war es auch, der mir zu meinem ersten solistischen Auftritt in professionellem Rahmen verhalf: Ich durfte mit meinem Lehrer André Jaunet in einem Konzert des ZKO das vierte *Brandenburgische Konzert* spielen. Als noch wenig erfahrener Solist wirkte ich auch in einem Luzerner Konzert mit. Der Dirigent gab einen energischen, aber etwas unkonventionellen Auftakt, den ich als Abschlag missverstand. Zu meiner eigenen und zur Verdutztheit aller begann ich das Stück (ich glaube, es war Bachs *h-Moll-Suite*) ganz allein.

Bei späteren gemeinsamen Auftritten oder Plattenaufnahmen brachte Edmond de Stoutz immer deutlich zum Ausdruck, dass er und sein Orchester sich nicht als Begleitinstrument verstanden. Im Gegenteil: In seinen Konzerten sollte, wie er sich ausdrückte, sein Orchester der Solist sein. Ich deutete dies nie als Eitelkeit, sondern sah und spürte darin sein konsequentes, persönliches Engagement als Musiker und Orchesterleiter, seine Verpflichtung, ja seine Mission, mit der er den Beruf ausübte. Diese nie erlahmende, vorbildliche Haltung strahlte auf Musiker und Publikum aus –, und sie blieb nachhaltig wirksam. Im Gästebuch eines Konzertveranstalters fand ich einmal folgenden, vielleicht spassig gemeinten, aber im erwähnten Sinne bedeutungsvollen Eintrag des Dirigenten: «Edmond de Stoutz war da.»

Als er nicht mehr da war, hatte ich einige Male die Gelegenheit, als Gastdirigent mit dem ZKO zu musizieren. In meiner Erinnerung haben wir immer präzise zusammen angefangen und zusammen aufgehört – und was dazwischen geschah, ist mir in angenehmster Erinnerung.

Abb. 42

Abb. 43

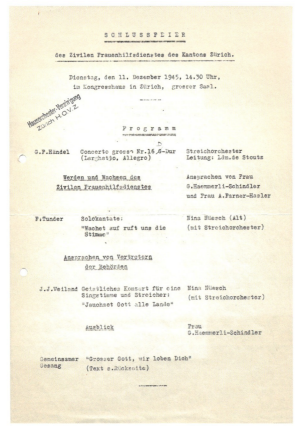

Abb. 44

Abb. 43
Im Schülerorchester des Gymnasiums Zürich von 1936 war der spätere Dirigent Rudolf Baumgartner Konzertmeister, Jacques de Stoutz bei den ersten, Johannes Meili bei den zweiten Geigen und der 15-jährige Edmond de Stoutz bei den Celli.

Abb. 44
Ablaufplan der Veranstaltung des Zivilen Frauenhilfsdienstes des Kantons Zürich, bei der das spätere ZKO erstmals öffentlich auftrat (11.12.1945).

Mein Vater und sein Orchester

Louis de Stoutz

Gegen Ende seines Musikstudiums am Konservatorium Zürich Mitte der 1940er-Jahre traf sich mein Vater regelmässig mit 15 bis 20 Freunden, um gemeinsam zu musizieren. Er selbst spielte Cello, Konzertmeister war der spätere Gründer und Dirigent der Festival Strings Lucerne, Rudolf Baumgartner, den er aus der gemeinsamen Zeit im Schülerorchester (SOG) am Gymnasium kannte. Zu den übrigen Freunden gehörten Studienkollegen, bereits im Beruf stehende Musiker und ein paar talentierte Amateure. Sie wollten, mit der Perspektive eines ernüchternden Berufslebens als Lehrer oder im Orchestergraben konfrontiert, wenigstens in der Freizeit ihren kreativen Idealen nachgehen. Dazu eignete sich die Formation des Kammerorchesters optimal, bei der der Beitrag jedes Einzelnen viel mehr wiegt als in der Anonymität eines Symphonieorchesters und die Literatur reichhaltiger und somit befriedigender ist als etwa für ein Quartett. Rasch fanden die Freunde es zweckmässiger, wenn einer von ihnen sich ganz aufs Dirigieren konzentrierte. Diese Funktion übernahm mein Vater, die er schon ab seinem 16. Altersjahr gelegentlich im Schülerorchester hatte ausüben können.

Das Ensemble nannte sich anfänglich Hausorchester-Vereinigung Zürich. Die nun folgende, von meinem Vater als Inkubationszeit bezeichnete rund fünf Jahre dauernde Periode bestand im Wesentlichen aus Proben von Barockmusik. Das waren zunächst sehr viele Werke von Bach, dann aber auch von Vivaldi sowie weiteren Komponisten wie Henry Purcell, Jean-Babtiste Lully, Tomaso Albinoni, Jean-Philippe Rameau und Händel. Später kamen Werke von Haydn und Mozart dazu. Das Geprobte wurde in jährlich drei bis zehn Konzerten aufgeführt. Mein Vater hatte den grossen Saal des Zunfthauses zur Meisen als Konzertsaal «entdeckt» und zum Aufführungsort des Orchesters erklärt. Die Stühle mussten jeweils gemietet und von den Turnhallen am Pfauen ins Zunfthaus transportiert werden.

Von Beginn an stellte sich eine fröhliche, ungezwungene Art des Konzertierens ein, die von Innigkeit und Erfüllung zeugte. So wie Jahrzehnte später waren schon damals Begeisterung und Lebendigkeit markante Merkmale des Ensembles, wie im *Tages-Anzeiger* über die ersten Bach-Konzerte 1946 hervorgehoben wurde: «Es braucht äusserlich oft nicht viel, weder Reklame noch sonstige Reizmittel, um aus einer für einen intimeren Kreis bestimmten künstlerischen Angelegenheit eine grosse Sache zu machen, um in Musikempfänglichen das zu erwecken, was zum ungetrübten Kunstgenuss gehört: Begeisterung. […] Bach als lebendiges, stets wieder aufs neue zu verwirklichendes Musikgeschehen. Darum auch das spontane Übergreifen der Begeisterung auf die Hörerschaft.»[1]

Wie Edmond de Stoutz zum Musiker wurde

Mein Vater erzählte gern von seiner Kindheit im Elsass. Dort erhielt er ab dem Alter von zweieinhalb Jahren bei den Tanten des Dirigenten Charles Münch täglich privaten Musikunterricht, der ihn für sein ganzes Leben prägte.[2] Nicht nur Klavierspiel und Solfège lernte er bei ihnen, sondern auch Komposition, Orchester- und Chorliteratur, denn die zwei Schwestern, die ausgezeichnete Musikerinnen waren, hatten einen kleinen Kinderchor gegründet, in dem er lange der einzige Tutti-Sopran war. Es wurden Werke der klassischen Literatur wie etwa Bachs *Weihnachtsoratorium* gesungen, aber auch Orchesterpartituren, bei denen jedes Kind eine Instrumentenstimme zu übernehmen hatte. Einer elsässischen Tageszeitung vertraute er an: «Der Schöpfer und die Natur waren wichtig. Nie erklärten sie [die Münch-Schwestern] ein musikalisches Phänomen durch rein technische Analysen. Für sie, wie heute für mich, war die

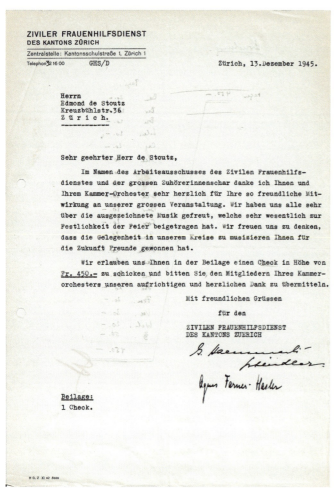

Abb. 45

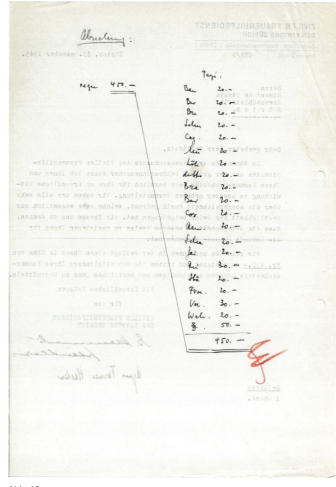

Abb. 46

Abb. 47

Abb. 45
Dankesbrief von Gertrud Haemmerli-Schindler nach dem ersten Konzert (13.12.1945).

Abb. 46
Erste Lohnabrechnung des ZKO (1945).

Abb. 47
Die Tonhalle Zürich 1945.

Musik Teil eines Ganzen. Sie waren meine einzigen Lehrer. Diejenigen, die nachher kamen, haben mir bestenfalls Information vermittelt. Ohne sie wäre ich heute Förster oder Rechtsanwalt. […] Als meine Eltern nach Zürich zurückkehrten, hat man mich zunächst völlig ‹abgekühlt›. Es ging nicht mehr darum, Musik zu machen, sondern die Hände auf eine bestimmte Weise über den Tasten zu halten.»[3]

In Zürich musizierte mein Vater auf dem Cello fast täglich, begleitet von der Mutter am Klavier und dem grossen Bruder auf der Violine. Der Vater misstraute Künstlerkarrieren und verlangte von Edmond, sich nach absolvierter Matura an der Rechtsfakultät einzuschreiben. Nach vier Semestern, immer wieder von längeren Perioden Aktivdienst durchzogen, erhielt Edmond schliesslich die Erlaubnis, das Rechtsstudium abzubrechen und sich ganz der Musik zu widmen. An der Berufsschule des Konservatoriums studierte er Theorie, Musikgeschichte, Kontrapunkt und Komposition bei Paul Müller-Zürich, vertiefte seine Klavierkenntnisse, erhielt das Lehrdiplom für Violoncello und begann auch noch den Lehrgang für Oboe.

Der Weg zum Berufsorchester durch den Sprung ins Ausland

Die «Inkubationszeit» der Hausorchester-Vereinigung nutzte mein Vater zur Weiterbildung: zunächst bei Paul Klecki in Lausanne, dann am Mozarteum in Salzburg und später an der Musikhochschule in Wien, wo er unter anderem Opern- und Chorleitung belegte, ab und zu unterbrochen von Gastdirigaten.

Das Spielen in der Hausorchester-Vereinigung wurde selten entlohnt, und die Einnahmen aus den wenigen Konzerten dienten primär zur Kostendeckung. Dazu gehörten etwa Gagen für Ersatzmusiker, die von den Orchestermitgliedern organisiert werden mussten, um sich von ihren regulären Verpflichtungen zu befreien, sowie Solistengagen und die Saalmiete.

1946 hatte mein Vater den gelernten litauischen Pianisten Alexander Chasen erstmals getroffen. Dieser gründete damals gerade zusammen mit dem Anwalt Leone Ressiga Vacchini die «Settimane Musicale di Ascona». Jedes Jahr wurde das Orchester fortan ins Tessin eingeladen, und im Gegenzug wurde Chasen als Solist für andere Konzerte verpflichtet. Sehr bald betätigte Chasen sich auch als Agent des Orchesters und akquirierte fast mehr Konzertaufträge, als gespielt werden konnten.

Als die Konzertmöglichkeiten im Tessin erschöpft waren, hatte Chasen die Idee, es in Mailand zu versuchen, zumal sich ja die Reisekosten in Grenzen hielten. Es wurden sämtliche Beziehungen aktiviert, um den Schweizer Generalkonsul und die Società Svizzera di Milano zu mobilisieren. Der Plan ging auf: Am 21. Mai 1951 fand das erste Konzert im vollen Piccolo Teatro statt, wobei sich wohl mehr Schweizer als Italiener im Saal befunden haben dürften. An diesem Abend wurden die Weichen für die Zukunft des Orchesters gestellt, das zum ersten Mal als «Zürcher Kammerorchester» respektive «Orchestra da camera di Zurigo» auftrat.[4] Dem Konzert war ein grosser Erfolg beschieden. Drei Tage später schrieb der in Mailand zurückgebliebene Chasen meinem Vater, der für seine Strenge gefürchtete Kritiker Confalonieri des *Tempo di Milano* habe sehr positiv über das Konzert berichtet,[5] und die dortige Konzertagentin Ada Finzi arbeite bereits an einer Tournee durch Norditalien.[6]

Im Büro von Signora Finzi traf Chasen den Pariser Musikagenten Frederick Horwitz, der dem Orchester zwei Bach-Konzerte Anfang April 1952 in der Seine-Metropole vermittelte. Der Erfolg in Paris war so gewaltig, dass sich danach die Kadenz der Einladungen ins europäische Ausland rasch erhöhte. Bei dieser Perspektive war ein Musizieren als Nebenbeschäftigung nicht mehr möglich,

Abb. 48

sodass ein professionelles Kammerorchester gegründet werden musste. Auch Chasen tauschte die Tastatur des Klaviers endgültig gegen diejenige der Schreibmaschine, zog nach Zürich und wurde vollamtlicher Administrator des ZKO.

Doch das Problem der Finanzierung musste gelöst werden: «Wir mussten darauf bedacht sein, unsere ganze Arbeitskraft dem ZKO widmen zu können, also auch unser Auskommen im Rahmen dieser Tätigkeit zu finden. Das Verlassen unserer sicheren Anstellungen, um ins Berufs-ZKO zu wechseln, um 1954, erforderte eine sofortige, minimale Lohngarantie. Wir standen vor *dem* riskierten Entschluss unseres Lebens.»[7]

Unkonventionelle Finanzierungsmethoden

Um aus eigener Kraft rentabel zu sein, benötigte das Orchester rund 100 Konzerte im Jahr. In der Saison 1953/54 war man erst bei der Hälfte. Obwohl ein Konzert damals rund 3000 Franken kostete, war es nicht einfach, alle zu finanzieren. Mein Vater hatte die Idee, Konzertanteile à 300 Franken anzubieten, und jedes Mal, wenn eine Serie von zehn Anteilen verkauft worden war, eine Losziehung zu veranstalten. Der Gewinner durfte innerhalb der folgenden zwölf Monate ein Konzert ausrichten, wo und wann es ihm passte. «Wir versprachen uns davon eine für das Kulturleben günstige Dezentralisierung des Konzertwesens. Tatsächlich wurden so neue Konzertorte in Fabriken, Privathäusern, Lagerhallen, Spitälern, Schulen und Strafanstalten, Kirchen, Gasthofsälen, in Zelten und im Freien gefunden. Die Sache funktionierte, wenigstens so gut, dass uns der Sprung vom Freizeit- zum Berufsorchester gelang.»[8]

Eines dieser Konzerte wurde etwa von der Hero Konservenfabrik in Lenzburg am 8. Juni 1954 in einer Lagerhalle veranstaltet. Die gesamte Belegschaft war zusammen mit ihren Familien und Freunden eingeladen sowie mehrere Schulklassen. Das Ereignis wurde stark mediatisiert: 50 eingeladene Reporter, Berichte in 120 Zeitschriften aller Landesteile, davon mehr als die Hälfte mit ganzen Artikeln und Bildern, und gar die *Schweizer Filmwochenschau* berichtete. Der *Tages-Anzeiger* setzte am Ende seines Berichts ein Fragezeichen: «Ob das Zürcher Kammerorchester auf die Dauer der ungeheuren Aufgabe von 100 Konzerten im Jahr gewachsen sein wird, ohne Konzessionen an das künstlerische Niveau und die Programmgestaltung zu machen, kann erst die Zukunft erweisen.»[9]

Tourneen finanzieren den Alltag

Im Lauf der Saison 1957/58 wurde die Marke von 100 Konzerten erreicht, davon 42 im Ausland. Die Auslandskonzerte und diejenigen ausserhalb Zürichs waren insofern finanziell interessant, als dieselben Programme gespielt wurden, die bereits für zu Hause vorbereitet worden waren. Benötigte ein Programm in Zürich im Mittel 10 bis 15 Proben, so mussten auf Reisen nur noch die Saalprobe und das Konzert selber durchgeführt werden. Zusätzliche Kosten wurden tief gehalten, indem man mit dem Bus reiste, sich während der Fahrten verpflegte und in billigen Hotels übernachtete. Bereits im Kalenderjahr 1958 wurde mit 111 Konzerten die 100er-Marke übertroffen, 1964 waren es mehr als 150. Bis zum Sommer 1996 gab das ZKO rund 4250 Konzerte. Von den rund 2670 Konzerten ausserhalb Zürichs fielen rund 1500 auf das Ausland.

In seinen kulturkritischen Betrachtungen «Stromaufwärts schwimmen»[10] bemerkte mein Vater: «Ein wichtiges Charakteristikum der Musik ist es, nicht wiederholbar zu sein. Jedes Konzert gilt nur hier und jetzt. Das andere muss anders, muss neu sein. So steht ein wirklicher Musiker auch bei Konzerten mit wohlbekannten Werken vor lauter Uraufführungen, und eine

Abb. 48
Konzert in einer Lagerhalle der Hero Konservenfabrik Lenzburg (8.6.1954).

solche schöpferische Aufgabe duldet keine Routine, sondern braucht demütige Begeisterung.»

Diese Einstellung war sicher massgebend für den unerhörten Erfolg, den das Zürcher Kammerorchester ab den 1950er-Jahren im Ausland erntete. Die Rezensionen der deutschen Medien der 1950er- und 1960er-Jahre überschlugen sich: «Ein Kammerorchester von überragender Qualität, Musikalität und erfüllt von dem Schwung einer selbstbescheidenen Begeisterung, die im Bereich der Töne zaubert und verzaubern kann.»[11] «Für das Spiel der Zürcher Gäste kann man nur Worte höchsten Lobes finden.»[12] Selbst in der Musikhochburg Wien zeigte man sich beeindruckt: «Das Zürcher Kammerorchester stellt als Streicherensemble Spitzenklasse dar, und selbst dort wüsste ich nicht, wer ihm den ersten Platz nehmen könnte.»[13]

Freunde in der Not

Trotz dieser Erfolge war die finanzielle Situation prekär. Das ZKO war das einzige Orchester dieses Niveaus, das vollständig auf seine Eigenwirtschaftlichkeit angewiesen war. Um 1960 profitierten in Westeuropa alle Spitzenorchester von staatlicher Unterstützung, was für das ZKO einer doppelten Benachteiligung gleichkam: Einerseits verfälschten die anderen mit unrealistisch tiefen Gagen für ihre Tourneen den Markt, andererseits konnten sie die besseren Musiker höher entlohnen. So verloren die Tourneen mit der Zeit für das ZKO ihre finanzielle Nützlichkeit, denn der Preisdruck der Konkurrenz war zu hoch.

Eine erste Erleichterung brachte die 1963 gegründete Gesellschaft der Freunde des ZKO (GFZKO). Sie wuchs zu einer wichtigen Stütze für das Orchester heran und erreichte eine Grösse bis zu 1600 Mitgliedern. Dank ihr konnte in den Bereichen Personalkosten und Sozialleistungen vieles wettgemacht werden. Auch wurden dadurch grosszügige Mäzene auf das ZKO aufmerksam gemacht, die manchmal ganz gezielt besondere Aktivitäten unterstützen wollten. So erhielt das Orchester während längerer Zeit von einem Gönner jährlich 150 000 Franken mit der Auflage, das Geld sei ausschliesslich zur Deckung von Reisedefiziten zu verwenden. Er wollte mit dem ZKO der Welt zeigen, dass die Schweiz nicht nur Uhren und Käse produziert.[14]

Ende 1969 erkannte schliesslich auch die Stadt Zürich den öffentlichen Nutzen des Orchesters an und unterzeichnete einen Subventionsvertrag. Von da an ging es mit der Annäherung an Tonhalle- und Opernhaus-Verhältnisse voran, obwohl der Rückstand nie wettgemacht werden konnte. Auch heute bleibt das ZKO weiterhin auf seine hohe Eigenwirtschaftlichkeit und auf die Unterstützung durch die Gesellschaft der Freunde und andere Mäzene angewiesen.

Eine besondere Gemeinschaft

Das Zürcher Kammerorchester ist kein verkleinertes Symphonieorchester, sondern ein erweitertes Quartett. Mein Vater betrachtete das Kammerorchester als das grösste Ensemble, mit dem sich noch auf kammermusikalische Art arbeiten lässt. Er empfand es als geradezu unehrlich und für die Musiker degradierend, wenn ein Dirigent monatelang eine Partitur studieren dürfe, um dann in zwei bis drei Proben seine persönliche Sicht einem gut dressierten Orchester aufzuzwingen. Im Gegensatz dazu sah er den Leiter des ZKO als Primus inter Pares und plante zehn bis zwanzig Proben pro Programm ein, damit sich alle gemeinsam in die Werke vertiefen konnten.

Wie war es damals möglich, Musiker zu finden, die bereit waren, für einen niedrigen Lohn bedeutend mehr zu arbeiten als anderswo? Speziell im Ausland stand das Orchester bei Musikern hoch im Kurs. So ist es vorgekommen, dass sich rund 80 Bratschisten um ein Probespiel bewarben, obwohl die Kriterien für eine Anstellung anders waren als bei üblichen Orchestern und nicht immer leicht zu erfüllen: Es wurden Persönlichkeiten gesucht, die vor allem fähig waren, einen lebendigen Austausch mit der Gemeinschaft zu pflegen, sodass instrumentales Können nicht allein im Vordergrund stand. Lorenz Stucki, Autor und erster Präsident der Gesellschaft der Freunde, schrieb über den Selektionsprozess: «Kandidaten für einen vakanten Posten im ZKO müssen ihr Probespiel vor versammeltem Orchester absolvieren. Der letzte Teil der Prüfung, die etwa eine Stunde dauert, spielt sich folgendermassen ab: Edmond de Stoutz gibt dem Kandidaten eine Streichquartettpartitur, die mit einiger Sicherheit weder er noch die Orchestermitglieder kennen; einige Minuten lang darf er den Anfang studieren, dann muss er mit drei Partnern aus dem Orchester die erste Probe beginnen: Missbraucht er nun seine überlegene Partiturkenntnis, um sich auf Kosten der anderen zu profilieren oder nutzt er sie, um den Kollegen zu helfen? Es ist für Ablehnung oder Aufnahme ebenso entscheidend wie sein instrumentales Können.»[15]

Die starke Gewichtung psychologischer und sozialer Aspekte war wesentlich. Das gegenseitige Vertrauen vermittelte ein Gefühl der Sicherheit und Geborgenheit und erlaubte den Musikern, das Arbeitsfeld als einen Lebensraum und nicht als blosse Anstellung zu erfahren. Tatsächlich wurde unter der Leitung meines Vaters nie ein Musiker entlassen, nur weil er den technischen Anforderungen nicht mehr genügte. Die einzigen Gründe, jemandem die Tür zu weisen, waren ethischer oder moralischer Natur, wenn beispielsweise durch ein Verhalten der Zusammenhalt der Gemeinschaft gefährdet war. Die Zahl solcher Fälle in den ersten 50 Jahren des ZKO lässt sich an einer Hand abzählen. Wenn jemand seines Alters wegen nicht mehr so gut spielte wie früher, wurde er einfach ein wenig nach hinten versetzt. So gab es ab und zu Musiker, die auch nach Erreichen des Pensionsalters weiter im Orchester aktiv blieben, denn sie waren der Kitt der ZKO-Gemeinschaft.

Die Aufgabe des Dirigenten

Mein Vater unterstrich immer wieder, dass es die erste Aufgabe des Orchesters sei, nützlich zu sein. Die Musiker sollten nicht den Beruf ausüben, um ihr Dasein zu sichern, sondern ihrer Berufung folgen, um dem Dasein Sinn zu geben. Um die Glaubwürdigkeit und somit die Nützlichkeit der musikalischen Aussage zu garantieren, musste die Einstimmigkeit des Ensembles auf allen Ebenen gewährt sein. Dies war laut ihm nur möglich, wenn die Gesamtverantwortung in den Händen eines Dirigenten lag: «Der Erzieher und künstlerische Leiter des Orchesters muss die Verantwortung für den ganzen Betrieb übernehmen und sowohl das Musikalische wie auch das Administrative kontrollieren, denn obschon sie sich technisch unterscheiden, bedingen beide Wirkungsgebiete einander. So wie die Gestaltung der ersten Töne einer Musik den ganzen Ablauf des Werks beeinflusst, so wirkt auch ein Entschluss im Verwaltungsbüro massgebend bis ans Ende der Symphonie nach.»[16] Die Vitalität, der Erfolg eines Orchesters hänge weniger ab von der technischen Perfektion und der Geschicklichkeit des Managements als vielmehr vom risikofreudigen, unternehmerischen Glauben an die nützliche Gültigkeit seiner musikalischen Leistung. Dieser Glaube sei beim Autor des Produkts, der eine Mission verspüre und sich mit seinem Klangkörper identifiziere, ursprünglicher, auftragsbewusster und begeisterter als bei einem kühl kalkulierenden Geschäftsführer.

Für meinen Vater war das Dirigieren weniger ein Beruf als eine Berufung. Es ging ihm nicht um Karriere oder Befriedigung des Egos, sondern um den Dienst an etwas Höherem. In Vorbereitung auf die Stabsübergabe 1996 beschrieb er die Anforderungen des Dirigenten: «Er wird wissen, dass wenn er mein Nachfolger wird, er ins Kloster geht, genau wie ich. […] Ich erlaube mir keine Seitensprünge, denn ich mache nicht meine Karriere mit dem Mittel des ZKO, sondern ich mache die Karriere des ZKO mit meinen beschränkten Mitteln. Und das muss jeder, der das ZKO übernimmt, wissen, inklusive die Musiker selber.»[17]

Die Aufgabe des Orchesters

«Durch Üben erreicht man Können; beim Weiterüben nähert man sich dem Kennen! Und erst dann wird man zum Autor seines Tuns.» Das Kennen war nicht eine quantitative Steigerung innerhalb des Rahmens musikalischen Könnens, sondern erst hier konnte die eigentliche Arbeit am Werk beginnen und auch dessen übermusikalische Aspekte entdeckt und gezeigt werden. Teil der Philosophie meines Vaters war denn auch die Existenz einer permanenten Schöpfung, in der unsere Welt nur der verschwindend kleine Teil ist, den wir mit unserem Wahrnehmungsvermögen erfassen können.

So bestand für ihn die Aufgabe des Orchesters darin, nicht einfach Werke zu interpretieren, sondern Schöpfungsteile zu realisieren, wobei alle an der Aufführung Beteiligten, Komponist, Musiker und Zuhörer, mit ihren Hoffnungen und Anstrengungen am jeweiligen Schöpfungsakt teilnehmen. Gemäss meinem Vater muss beispielsweise die *g-Moll-Symphonie* schon bestanden haben, bevor Mozart als privilegierter Empfänger sie aufzeichnete. Er war einfach derjenige, der sie uns zeigte. «Wir fühlen mit Recht, dass auch wir an der Kreation dieses Werks vollumfänglich beteiligt sind, denn erst in und mit uns entfaltet es seinen lebendigen Geist in voller Gegenwärtigkeit, wann immer wir ihm begegnen. […] Die Symphonie muss uns gehört haben, bevor wir sie hörten, denn schon als wir ihr erstmals begegneten, haben wir sie gewissermassen wiedererkannt.»[18]

Es ist erfreulich festzustellen, dass sogar der eine oder andere Musikkritiker sich entgegen seinem Habitus nicht verwehren konnte, von der geistigen Dimension der Musik ergriffen zu sein und über sie zu berichten. Nach einem Konzert in Caesarea, 1968, beschrieb ein Rezensent in einer langen Auflistung von Superlativen die klanglichen Qualitäten des Orchesters.[19] Einräumend, dass all dieses Lob dem Gehörten immer noch nicht gerecht werde, schloss er seinen Artikel mit den Worten: «All dies überragend, ist es die Vergeistigung der klanglichen Materie, die sich beim Anhören dieses Orchesters aufzudrängen scheint.» Eine bemerkenswert konzis formulierte Bestätigung, dass das Zürcher Kammerorchester seiner Aufgabe gerecht geworden war.

1 fg., in: *Tages-Anzeiger*, 9.10.1946.
2 Vgl. Interview von Alexandra Kedves mit Edmond de Stoutz in diesem Band, S. 73.
3 Interview mit France Bittendiebel, in: *Dernières Nouvelles d'Alsace*, 9.6.1984.
4 Bevor er 1951 diesen Namenswechsel vornahm, holte Edmond de Stoutz von Alexander Schaichet die Erlaubnis ein, da dieser 1920 ein Orchester mit dem Namen Kammerorchester Zürich gegründet hatte, das 1943 aufgelöst worden war.
5 Giulio Confalonieri, in: *Tempo di Milano*, 22.5.1951.
6 Brief von A. Chasen an E. de Stoutz vom 24.5.1951.
7 Edmond de Stoutz: «Auf Strassen und Buehnen», Ansprache an der Generalversammlung der GFZKO vom 3.7.1965.
8 Ebd.
9 a. s., in: *Tages-Anzeiger*, 11.6.1954.
10 Edmond de Stoutz: «Stromaufwärts schwimmen», Ansprache anlässlich der Verleihung des «Stiftung für abendländische Besinnung»-Preises an ihn am 21.11.1987 in Zürich.
11 H.K., in: *Ulmer Nachrichten*, 23.11.1955.
12 Wolfgang Schlüter, in: *Norddeutsche Zeitung Hannover*, 5.4.1957.
13 Franz Tassié, in: *Morgenexpress* (Wien), 6.5.1966.
14 Edmond de Stoutz an einer Sitzung mit der städtischen Musikkommission am 20.12.1993.
15 Lorenz Stucki: «Interpreten: Edmond de Stoutz und sein Kammerorchester», in: *Schweizerische Musikzeitung*, Nr. 1/1970.
16 Edmond de Stoutz: «Stromaufwärts schwimmen», Ansprache anlässlich der Verleihung des «Stiftung für abendländische Besinnung»-Preises an ihn am 21.11.1987 in Zürich.
17 Edmond de Stoutz an der Vorstandssitzung des Zürcher Kammerorchester Vereins vom 1.3.1994.
18 Edmond de Stoutz: «Schöpfer und Werk», Vortrag an der Hochschule St. Gallen am 8.11.1984.
19 Dan Aronowicz, in: *L'Information* (Israel), 16.8.1968.

Abb. 49

Abb. 49
Daniel Hope und das Orchester gratulieren Inès Heuer-de Stoutz zum Gewinn eines ZKO-Hauskonzerts (14.4.2016).

Erste Reihe, Galerie links

Inês Heuer-de Stoutz

Als jüngstes von vier Kindern erlebte ich in unserem Haus am Kreuzplatz die allerersten Schritte des Orchesters. Meine älteren Brüder musizierten damals gerne und oft zusammen im Trio mit meiner Mutter bei Weihnachtsfeiern und speziellen Anlässen: Meine Mutter spielte Klavier, Jacques, der am Anfang selbst im ZKO tätig war, spielte Violine und Edmond Cello. Es war also vor allem meine Mutter, die die Musik in unser Haus brachte und Edmonds musikalisches Talent förderte. Der Wunsch von meinem Vater war es nämlich, dass mein Bruder nach der Schule ein Jus-Studium in Angriff nimmt. Zunächst folgte Edmond diesem Wunsch, merkte aber schnell, dass ihm diese Studienrichtung überhaupt nicht zusagte. Nach einem Jahr wollte er sein Studium also wieder aufgeben und sich ganz der Musik zuwenden. Mein Vater hatte zunächst überhaupt keine Freude daran, denn er wollte, dass sein Sohn einen «richtigen» Beruf erlernt; Musizieren zählte für ihn nicht dazu. Meine Mutter setzte sich aber für Edmond ein und schlug vor, dass er nun, nachdem er sich mit dem Jus-Studium abgemüht habe, ein Jahr lang Musik studieren dürfe. Mein Vater war damit einverstanden, wodurch Edmonds Karriere seinen Lauf nahm. Natürlich war er es dann auch, der bei den ersten Konzerten des ZKO im Zunfthaus zur Meisen sehr stolz auf seinen Sohn war. Während ich in der Schule war, erlebte ich aus nächster Nähe mit, wie mein Bruder Edmond zusammen mit seinen Freunden aus dem Konservatorium das Zürcher Kammerorchester langsam aufbaute. So mag ich mich gut an das allererste Konzert des Orchesters im Dezember 1945 erinnern. Das ZKO trat damals in der Tonhalle anlässlich der Abschlussfeier des Zivilen Frauenhilfsdiensts auf. Gertrud Haemmerli-Schindler, die vis-à-vis von uns im Hohenbühl wohnte, war die Präsidentin und musste eine lange Rede halten. Nach ihrer Rede vor versammelter Menge, im Saal sass lauter Prominenz, der Stadtpräsident, ein Regierungsrat und hohe Militärs, verpasste sie eine Stufe, machte einen Salto und landete auf dem Bauch. Zusammen mit meiner Familie sass ich auf der Galerie und erlebte diesen Schreckensmoment mit. Frau Haemmerli war aber glücklicherweise nichts weiter passiert, und der Anlass konnte weitergehen. Was wir damals noch nicht wussten: Bis heute sind bei allen Konzerten in der Tonhalle ebendiese Plätze, die Nummern 1 bis 10 der ersten Reihe in der Galerie links, für die Familie reserviert. Auch wenn es keine guten Plätze sind, Edmond wollte beim Dirigieren die «Familien-Reihe» stets in seinem Blickfeld haben. Ich persönlich geniesse neben der Tradition, die mit den Plätzen verbunden ist, vor allem den direkten Kontakt mit dem Orchester und schätze es sehr, wenn die Musiker mir zuwinken, denn sie wissen genau, wo ich sitze. Noch immer besitze ich sowohl das kleine als auch das grosse Abonnement und gehe in jedes Konzert in Zürich; nicht nur in der Tonhalle, auch im ZKO-Haus oder sonst wo. Bis auf einige Jahre, in denen ich im Ausland und in Bern lebte, habe ich fast kein Konzert des ZKO verpasst. Jeweils mit von der Partie ist auch mein Sohn Philipp, bei dem der Funke von Edmonds Begeisterung für Musik ebenfalls übergesprungen ist. Unzählige gemeinsame Mittagessen legten den Grundstein für das grosse musikalische Fachwissen, das er heute besitzt. Seine Wohnung quillt mit Büchern über, die vom grossen Yehudi Menuhin bis zum in Lachen SZ geborenen Komponisten Joseph Joachim Raff reichen, die Regale überborden mit Hunderten von CDs, Schallplatten und Memorabilia, wobei er an prominentester Stelle, quasi als heiligen Gral seiner Sammlung, den alten Dirigentenstab von Edmond aufbewahrt. Dieser ist bei ihm in besten Händen.

Zwischenzeitlich war ich sogar selber fürs ZKO tätig. Mitte der 1950er-Jahre arbeitete ich im Büro, das damals winzig war und sich in meinem Elternhaus befand – hier probte das Orchester auch zwei Mal täglich. Im Büro half ich meinem Chef Alexander Chasen bei administrativen Aufgaben. Ich bereitete dem Orchester aber auch jeden Donnerstagnachmittag Kaffee und Kuchen, denn dann hatte das Orchester jeweils frei, und die Musikerinnen und Musiker durften im Garten unseres Hauses in Ruhe «Käffele». Ausserdem war ich vor den Konzerten für den Billettverkauf verantwortlich. Dadurch kam ich stets äusserst knapp vor Konzertbeginn in den Saal. Edmond wartete jeweils am Bühnenrand, bis ich meinen Platz in der Galerie eingenommen hatte. Wir nahmen Blickkontakt auf, dann erst betrat er die Bühne und begann sogleich das Konzert. Dass man wie heute vor einem Konzert eine Ansprache hält, war damals nicht die Regel; das vermisse ich etwas. Als ich schliesslich drei Jahre nach London ging, musste ich meinen Job beim Kammerorchester aufgeben und war fortan nicht mehr mittendrin. Einmal hatte ich aber dennoch das Orchester «ganz für mich allein». Und zwar trat das ganze ZKO an meiner Hochzeit im Neumünster auf. Ich mag mich noch sehr gut daran erinnern, wie es von Henry Purcell *The Married Beau* spielte. Das werde ich nie vergessen, es war einfach wunderschön.

Umso mehr freue ich mich, dass ich heute mit 85 Jahren noch einmal die Chance bekomme, das Orchester ganz privat zu erleben. Im April 2016 verlosten die Freunde des ZKO nämlich bei der Yehudi-Menuhin-Geburtstagsfeier unter ihren Mitgliedern ein Hauskonzert. Wie es der Zufall wollte, gewann ich dieses Konzert. Obwohl ich mir kaum vorstellen kann, dass bei der Verlosung alles mit rechten Dingen zu- und hergegangen ist, werde ich den Preis gerne nächstens einlösen – wer weiss, vielleicht ja an meinem 90. Geburtstag. Bis dahin freue ich mich auf viele schöne Abende mit dem ZKO und werde hoffentlich immer mit dabei sein, wenn das Orchester in Zürich auftritt – wo ich sitzen werde: klar, in der ersten Reihe, Galerie links.

Abb. 50
Weltberühmte Solisten wie der britische Cellist Steven Isserlis sind dem ZKO stets willkommen.

Steven Isserlis

Pingpong in den Pausen

Länger, als ich mich erinnern kann, trete ich bereits mit dem Zürcher Kammerorchester auf. Erstmals wurde ich von Edmond de Stoutz eingeladen, von dem ich den Eindruck hatte, dass er der Patriarch des Orchesters war. Er war zwar etwas einschüchternd auf den ersten Blick, doch es stellte sich (zu meiner Erleichterung) heraus, dass er doch sehr warmherzig und sympathisch war.

Über seinen Tod hinaus musizierte ich manchmal unter seinen Nachfolgern, und es war jedes Mal eine Freude, nach Zürich zu kommen. Doch erst in den vergangenen Jahren entwickelte ich eine starke und regelmässige Beziehung mit dem ZKO. Dies geniesse ich sehr. Es handelt sich um ein Orchester mit einer individuellen Persönlichkeit, voll von starken Charakteren. Proben mit dem Orchester sind aussergewöhnlich, nicht nur wegen der hohen Qualität des Musikmachens, sondern auch deshalb, weil ich in den Pausen dazu gezwungen werde, Tischtennis zu spielen. Ich bin ein richtig schlechter Spieler, aber glücklicherweise erbarmt sich jeweils der erste Cellist, Nicola Mosca (einer der aussergewöhnlichsten Orchestermitglieder – es gibt weit und breit keinen wie ihn!), mit mir zusammenzuspielen, und er ist ein Ass! Irgendwie sind diese Spiele beispielhaft für das Wesen der Musikerinnen und Musiker: Sie sind natürlich da, um zu arbeiten, und jedes Mitglied gibt dabei sein Bestes, sie sind aber auch da, um Spass zu haben. Genau deshalb ist es eine so grosse Freude, mit diesem Orchester aufzutreten. Das ZKO ist nicht nur eine Gruppe von Musikerinnen und Musikern, die wundervoll spielen, sie lieben es auch, Musik zu machen. Sie bereichern die Musiklandschaft Schweiz und die der ganzen Welt.

Übersetzung aus dem Englischen: Silvano Berti.

Abb. 50

Abb. 51

«Spielen Sie nicht so bürgerlich»

Matthias Ziegler

Zu meinen prägendsten Erinnerungen an Edmond de Stoutz gehören die Proben mit Werken von Joseph Haydn. De Stoutz' Auffassung von der unermüdlichen Erneuerung des musikalisch Bekannten war eine der Quellen seiner musikalischen Arbeit. Unzählige Male konnte er die «Uhr» von Haydn in ihrem Ticken kontrollieren. Es war nicht die Besessenheit der totalen Kontrolle, die ihn antrieb, obwohl wir das in der täglichen Probenarbeit manchmal so empfinden mochten. Vielmehr ging es ihm darum, durch das aufmerksame und präzise Musizieren, wenn sozusagen sämtliche Zahnräder des Orchesteruhrwerks perfekt ineinandergriffen, eine Unmittelbarkeit und Leichtigkeit der Musik zu erleben, als wäre sie soeben aus dem Moment heraus zum ersten Mal entstanden. Es war jedoch eine Überraschung des Erwarteten. Dass die Umsetzung dieses Gedankens manchmal zum Kampf gegen Windmühlen ausarten konnte, war absehbar. In solchen Momenten konnte de Stoutz die Probe unterbrechen und den Musikern zurufen: «Spielen Sie nicht so bürgerlich … wie eine Blasmusik am Sonntagmorgen … Spielen Sie nicht so, wie Sie diese Musik aus dem Radio kennen würden.» Edmond de Stoutz verachtete die Routine, er wollte aus jedem Spiel eine Uraufführung machen. Sein Traum war ein Orchester, das sich in seinem Verständnis für die Musik, die es spielte, in einer gemeinsamen Vision vereinen würde. «Sie müssen nicht *alle* leise spielen, sondern *jede* und *jeder* soll leise spielen» oder «Ganz frei bewegt man sich nur im Massanzug …». Dass das ZKO meist in akustisch problematischen Kirchgemeindehäusern probte, empfand er als Vorteil, denn nur so konnte sich seiner Meinung nach das Orchester optimal auf die unterschiedlichsten Räume während der Tourneen vorbereiten.

Benjamin Yusupov

Als 1994 der aus Tadschikistan stammende Komponist Benjamin Yusupov für die von mir entwickelten Bass- und Kontrabassflöten ein Solokonzert schrieb und ich deshalb Edmond de Stoutz anfragte, ob er das Werk uraufführen wolle, willigte er ohne zu zögern sofort ein, ohne das Werk überhaupt gelesen oder gehört zu haben. De Stoutz hatte keine Probleme damit, Initiativen, die von einem seiner Orchestermusiker kamen, ohne Wenn und Aber zu unterstützen. Durch diese Haltung hatte er die Gewähr, ein Orchester engagierter Musiker vor sich zu haben. Denn er war nicht nur der Dirigent, sondern auch der Patron des ZKO. Er verstand darunter unter anderem, dass es für das Orchester entscheidend war, funktionierende Strukturen zu entwickeln. Dazu gehörte für ihn, dass es traditionellerweise aus einem Arbeitgeber – also ihm selber – und Arbeitnehmern – den Orchestermusikern – bestand und nur aufgrund gegenseitigen Vertrauens funktionieren konnte.

Yusupov hatte ich zuvor in Israel im Rahmen eines Festivals kennengelernt. Er stammt aus Duschanbe, wo er Dirigent des dortigen Symphonieorchesters war. Nach dem Auseinanderbrechen der Sowjetunion wanderte er nach Israel aus und musste, um sich sein Überleben zu sichern, zunächst als Nachtwächter arbeiten. Sein kompositorisches Handwerk hatte er am Moskauer Konservatorium erlernt. Seine Musik weist einen engen Bezug zur Volksmusik Tadschikistans und zur jüdischen Tradition des Klagelieds auf.

Abb. 52

Abb. 53

Abb. 51
Das Hochspannungslabor der Micafil Isoliertechnik diente dem ZKO als Konzertsaal in Zürich-Altstetten (24.1.1969).

Abb. 52
Edmond de Stoutz während einer Probe.

Abb. 53
Edmond de Stoutz in der Tonhalle Zürich bei der Probe für das erste Konzert mit Yehudi Menuhin (30.9.1956).

Edmond de Stoutz

Gottfried Honegger

Dein leben
war
die musik

Du gründetest
für zürich
ein orchester

Du hattest
den mut
Deine vision
hörbar
zu machen

wir alle
brauchten Dich

in einem
konservativen
zürich
hast Du uns
das hören
gelehrt

Deine musik
Deine
gestaltung belegt
dass musik

unsere
kreative lust
weckte
und
befreite[1]

1 Aus Gottfried Honegger: *In Zürich gestorben …
   in Zürich vergessen.* Limmat Verlag, 2013.

Eckpfeiler

Zeitgenössisches

Als Kulturbotschafter
unterwegs

Das Orchester
in der Limmatstadt

Abb. 54

Abb. 55

Abb. 56

Abb. 54
Muhai Tang und der Komponist Tan Dun während dessen Residenz beim ZKO (Mai 2008).

Abb. 55
Als «Composer in Residence» trat der Komponist Philip Glass im Zürcher Kaufleuten als Pianist in Erscheinung (18.5.2011).

Abb. 56
Edmond de Stoutz, Frank Martin und Yehudi Menuhin anlässlich der Aufführung von Polyptyque in Gstaad (2.9.1974).

Abb. 57
Der 1962 von Edmond de Stoutz gegründete Zürcher Konzertchor beim Proben von György Ligetis 16-stimmigem Lux Aeterna (14.6.1972).

Abb. 58
Der estnische Komponist Arvo Pärt beim Empfang des Applauses für seine Symphonie Nr. 4, die er dem im Publikum anwesenden russischen Oppositionellen Michail Chodorkowski gewidmet hat (4.3.2014).

Abb. 57

Abb. 58

Zeitgenössisches

Dédié à Jehudi Menuhin,

au Zürcher Kammerorchester et à son chef Edmond de Stoutz

POLYPTYQVE

pour violon solo

et deux petits orchestres à cordes

À Edmond de Stoutz et à son magnifique Zürcher Kammerorchester, pour qui j'ai écrit en pleine confiance cette partition difficile

Frank Martin

I. Image des Rameaux
II. Image de la Chambre haute
III. Image de Juda
IV. Image de Géthsémané
V. Image du Jugement
VI. Image de la Glorification

Frank Martin
1973

«Nicht allzu sehr, aber doch» – Zeitgenössisches

Peter Révai

Bis heute besteht das Kernrepertoire des ZKO aus Barock und Klassik. Daneben spielt das Orchester regelmässig, wenngleich auch meistens bedeutend weniger romantische, noch weniger moderne und ziemlich selten zeitgenössische Musik. Erstmals kamen von Edmond de Stoutz in Auftrag gegebene Werke in der Saison 1952/53 ins Programm. «Um das Gefühl für die Gegenwart nicht zu verlieren, um nicht der kulturellen Anästhesie zu erliegen, müssen wir uns auch mit zeitgenössischen Werken beschäftigen», erklärte er das für ihn notwendige Einstehen für Gegenwärtiges.[1] Was damals begann, haben bis heute im Prinzip alle künstlerischen Leiter des ZKO, Edmond de Stoutz, Howard Griffiths, Muhai Tang, Sir Roger Norrington, Willi Zimmermann und Daniel Hope schliesslich, einmal mehr, meistens weniger intensiv fortgeführt. Nun soll hier nicht chronologisch vom Ursprung, sondern vom gegenwärtigen zeitlichen Standpunkt aus zurückgeschaut werden, um Einblicke ins diesbezügliche Schaffen zu bieten, ganz nach der Losung des ZKO-Gründers de Stoutz, «stromaufwärts schwimmen».

Vergnügliches am Rande

In den ersten beiden Saisons (2016/17 und 2017/18) unter der künstlerischen Leitung Daniel Hopes gab es eine Uraufführung. Im Rahmen eines Gesprächskonzerts wurde das *Piccolo Concerto Grosso für zwei Bassettklarinetten und Orchester* des Schweizer Klarinettisten und Komponisten Matthias Mueller gegeben. Die vorliegende Einspielung lobte die *NZZ am Sonntag* als «vergnüglich».[2]

Ganz im Zeichen der Polystilistik dieser künstlerischen Intendanz wurde 2017 ein Konzertprogramm unter dem Titel «East meets West & West meets East» in Angriff genommen, das ausschliesslich der Aufführung zeitgenössischer Werke vorbehalten war. Als das einzige im südöstlichen Teil der Stadt domizilierte Berufsensemble fiel dabei dem ZKO die Rolle zu, mit diesem Konzert den Auftakt für die knapp einwöchige Zürcher Veranstaltungsserie «Focus Contemporary: Zürich West» zu machen. An dem Festival beteiligten sich daneben mit dem Tonhalle-Orchester Zürich, dem Collegium Novum, der Zürcher Hochschule der Künste und dem Musikpodium der Stadt Zürich alle wichtigen Zürcher Klangkörper und Institutionen, um sich gemeinsam dem aktuellen Musikschaffen zu widmen. Das Konzert sollte zum einen aufzeigen, mit welcher Art zeitgenössischer Werke sich das ZKO seit seinen Anfängen beschäftigt, und zum anderen, dass viele aktuelle Werke der zeitgenössischen Musik Resultate einer intensiven Auseinandersetzung mit dem Denken und der Musik anderer Kulturen sind. Unter der Leitung von Roland Kluttig wurden die Werke *Company* des früheren ZKO-«Composer in Residence», Philip Glass, aufgeführt, das sich intensiv den Traditionen Indiens widmet, *vier gefässe. staub. licht* des Österreichers Klaus Lang, das sich an der japanischen Kultur Japans reibt, und *Ceremonial Dance* des Japaners Toshio Hosokawa, der europäische und asiatische Traditionen miteinander verschmelzen lässt.[3] Ergänzt wurden sie durch die beiden, vom ZKO 2003 und 2014 uraufgeführten Werke *Un leggero ritorno di cielo* des italienischen Komponisten Stefano Gervasoni (siehe Beitrag Seite 123) und *Contraddizioni per trio ed orchestra d'archi* des Basler Komponisten Rudolf Kelterborn (siehe Beitrag Seite 119).

Wenn keine Moderne, dann Wiener Klassik

In der Ära von Sir Roger Norrington und Willi Zimmermann wurde die Pflege der zeitgenössischen Musik stiefmütterlich behandelt, wenn nicht gar sträflich vernachlässigt. Sir Roger setzte in seiner ersten Saison 2011/12 auf eine

Mischung aus Barock, Klassik und Moderne und somit schwerpunktmässig auf Strawinsky mit Stücken aus dessen klassizistischer Periode, wie es Edmond de Stoutz und Paul Sacher ein halbes Jahrhundert zuvor mit ihren Ensembles vorexerziert hatten. Ein Jahr danach rückte er die Werke seines Landsmanns Benjamin Britten in den Mittelpunkt. Beide Schwerpunkte kamen beim Publikum nicht gut an. Danach konzentrierte sich Sir Roger auf Mozart- und Beethoven-Symphonien, was die Tonhalle zumindest wieder füllte. Mit Ausnahme des bereits erwähnten Werks Kelterborns wurden in dieser Periode nur gerade zwei Werke zur Uraufführung gebracht, wobei beide aus der Feder des Zürcher Musikers Fabian Müller stammten. Ihre Uraufführungen fanden im Oktober 2013 und März 2016 statt. In der früheren Komposition bearbeitete der gelernte Cellist Brahms, Grieg, Mozart, Schubert und Schumann für Klarinette und Kammerorchester. *Canto* für Streichorchester entstand im Auftrag des ZKO und im Rahmen von «oeuvres suisse» der Kulturstiftung Pro Helvetia. Darin werden laut Müller als «idée fixe» immer heftigere Klangwelten eingeführt, bis sie schliesslich in eine Art Katharsis münden. Das Werk begleitete das ZKO auf seiner Tournee durch Südamerika im gleichen Jahr.

Ganz ausser Programm kam das Orchester zu einem erwähnenswerten Erlebnis mit einem Hörer, der sogar Paparazzis für die Klatschspalten der Sonntagspresse in die Tonhalle lockte: Wenige Tage nachdem Michail Chodorkowski, der lange Zeit berühmteste Häftling Russlands, frühere Oligarch und ehemalige Mitbesitzer des Ölkonzerns Yukos sowie damals namhafteste Gegenspieler Wladimir Putins, aus dem sibirischen Straflager ins sankt-gallische Jona exiliert wurde, nutzte das ZKO im Spätwinter 2014 das Angebot des lettischen Starkomponisten Arvo Pärt, seine dem Gefangenen gewidmete *Symphonie Nr. 4* unter der estnischen Dirigentin Anu Tali in der Tonhalle aufzuführen. Chodorkowski kam als Ehrengast, auch der Komponist war anwesend. So konnte sich der eine beim anderen bedanken – für die Kreation, für das Zuhören, für die Freiheit. In seiner Kritik zitierte der *Tages-Anzeiger* Chodorkowski nach dem Konzert mit dem Hinweis, dass «ihm hoffentlich niemand mehr eine Symphonie widmen müsse, weil er im Gefängnis sei», ohne dabei aber aufzuschlüsseln, ob dies der Ehrengast wegen der Eintönigkeit des gehörten Stücks oder des Gefängnislebens wegen meinte. Allerdings wurde nicht vergessen, das Stück als ein «im Ausdruck wenig vielschichtiges» abzukanzeln.[4]

Vier Komponisten im Fokus

Zeitgenössische Musik, reflektierte die NZZ, hätte Muhai Tang mehr aus Verantwortung denn aus Passion gepflegt.[5] In seinen ersten beiden Jahren als künstlerischer Leiter führte Tang sehr vereinzelt chinesische Kompositionen auf, denen allerdings, wie im Fall von *Einleitung, Gesang und Allegro* von Li-Quing Yang, attestiert werden muss, nicht mehr als chinesisches Kolorit abzugeben. Auf Anregung der administrativen ZKO-Leiter Chandler Cudlipp, Aviel Cahn und Michael Bühler wurde versucht, solche Aufführungen zu professionalisieren.[6] Es wurden international bekannte Komponisten für Spezialwochen eingeladen, deren Werke weltweit populär waren, deren Machart aber nicht so kompliziert gestrickt ist.[7] Die Komponisten wurden für «Begegnungswochen» als sogenannte Composer in Residence nach Zürich eingeladen, um ihre Stücke persönlich vorzustellen. Den Anfang dieser Reihe machte in der Saison 2008/09 ein Freund Muhai Tangs, der chinesische Komponist Tan Dun, der in seiner Musik vorwiegend Kindheitserinnerungen in Form volksmusikalischer Elemente mit Komponenten der Peking-Oper und der westlichen Moderne verbindet. In mehreren Konzerten wurde die Brandbreite seines Schaffens aufgezeigt,

Abb. 59
Titelseite der Partitur von *Polyptyque* mit der handschriftlichen Widmung des Komponisten Frank Martin.

wobei er zwei Abende selber dirigierte, etwa seine uraufgeführte *Symphony for String.* Im Auftrag des ZKO bearbeitete er *Eight Colors* für eine Kammermusikversion. 2009/10 war dem «Klarinette spielenden Komponisten» Jörg Widmann reserviert. In einem der Konzerte dirigierte Muhai Tang zunächst Mozarts *A-Dur-Klarinettenkonzert* und anschliessend Widmanns für Kammerorchester neu arrangierte *Ikarische Klage.*[8] Die NZZ zeigte sich von den laufend einander abwechselnden Klangflächen der *Insel der Sirenen* für Solovioline und 19 Streicher ebenso beeindruckt wie vom Spiel der Solistin Isabelle Faust, der dieses Jugendwerk gewidmet ist.[9] Ein Jahr danach stand der Minimal-Komponist Philip Glass im Fokus. Filme wie *Koyaanisqatsi* und die Oper *Einstein on the Beach* haben ihn und seine repetitive, um Popmusik-Elemente angereicherte Minimal Music auch jenseits des «Klassikpublikums» weltberühmt gemacht. Den Komponisten konnte das Publikum persönlich im Gespräch und als Interpreten seiner Klavierstücke live erleben. Dazu kamen noch Aufführungen seiner Soundtracks zu Filmen wie *La Belle et la Bête* und *The Secret Agent,* die vom ZKO unter der Leitung des Glass-Kenners und Pianisten Michael Riesmann im «Kaufleuten» gespielt wurden. Den Abschluss bildete eine Aufführung der Kammeroper *In the Penal Colony,* die auf der Kafka-Erzählung *In der Strafkolonie* aufbaut.

In der Saison 2011/12 wurde die Porträtreihe mit dem Letten Pēteris Vasks fortgesetzt. Er versteht Musik als Seelennahrung. Der Solist Renaud Capuçon umschiffte die Falle, im Violinkonzert *Tala gaisma* alles mit einem ansonsten dazugehörenden Dauer-Espressivo zu übertünchen, sodass er für seinen schlanken Ton zwischen erregten und ruhigen Texturen grosses Lob einheimste, wogegen Kritiker sich von einer langen halben Stunde Spieldauer reizen liessen.[10] Da das Zürcher Publikum von Schönklang und spiritueller Botschaft die Nase voll zu haben schien und deshalb kaum diese Spezialkonzerte besucht hatte, stellte Bühler die Reihe mangels Erfolg, allerdings sehr zum Bedauern der Medien, sang- und klanglos ein.

Kompositionsaufträge aus Dokumentalistenpflicht

Im Vergleich zu den übrigen künstlerischen Leitern des ZKO war die «Ausbeute» von Howard Griffiths zwischen 1996 und 2006 am ergiebigsten: In den zehn Jahren unter seiner Leitung vergab er knapp 20 Kompositionsaufträge für Werke, die er auch alle uraufführte. Da im ersten Jahr keine aufgeführt wurden, entspricht sein Schnitt rund zwei Werken pro Jahr. Seine Absicht war pragmatisch: Da die klanglichen Möglichkeiten eines Streichorchesters im traditionellen Repertoire relativ beschränkt sind, suchte er nach tauglichen Auswegen aus dieser Einschränkung. Er glaubte, dieses Dilemma mit zeitgenössischen Kompositionen zu lösen, da der Klang noch nie zuvor in der Geschichte spezifischer und individueller gestaltet wurde als in der gegenwärtigen Periode. So sah er es als seine zentrale Aufgabe als Orchesterleiter an, systematisch zusammen mit dem Ensemble neue Werke in Form von Kompositionsaufträgen direkt zu fördern und bekannt zu machen. Damit habe er vor allem Schweizer Werke verstanden, stellt die Autorin und Kritikerin Susanne Kübler fest.[11] Die Liste der helvetischen Tonschöpfer, deren Werke vom ZKO in Auftrag gegeben und erstmals auch öffentlich gespielt wurden, umfasste 15 Namen. Sie reichte von Walter Baer bis Peter Wettstein, enthielt mit Mischa Käser und Christoph Neidhöfer zwei damals als «interessant» gehandelte junge Komponisten und bot einen repräsentativen Querschnitt durch die gegenwärtige Musikkreation.[12] Kompositorische Schwergewichte von Weltruf waren keine darunter, und bekanntere Stimmen wie etwa Heinz Holliger, Klaus Huber und Jürg Wyttenbach fehlten. Leute wie Rudolf Kelterborn und die Sándor-Veress-Schüler Heinz Marti und Roland Moser zählen heute nach wie vor zur nationalen Prominenz.

Dass Griffiths und das ZKO ihr Vorgehen exemplarisch dokumentieren liessen, war jedoch eine nicht genug zu schätzende Pioniertat, wie der überaus sorgfältig edierte Band *Frequenzen #02*[13] bezeugt. Darin sind mit Rudolf Kelterborn, Rolf Urs Ringger und Peter Wettstein drei beauftragte Komponisten fotografisch und textlich in bester feuilletonistischer Manier porträtiert. Komplettiert werden sie mit Ernst Pfiffner, dessen Werk zwar auch durch das ZKO uraufgeführt, aber nicht in Auftrag gegeben wurde, da es bereits mehrere Jahre zuvor entstanden ist. Dem Buch ist eine CD mit Aufnahmen der beauftragten Stücke beigelegt, die von leicht lesbaren Höranalysen von Griffiths ergänzt werden. Alle vier Porträtierten gehörten derselben Generation an und auf ihre Stücke habe das Publikum in der Schweiz wie im Ausland stets positiv reagiert, begründet Griffiths die Auswahl.

Weniger didaktisch, dafür in einer äusserst festlichen Umgebung erfolgte 2003 die Uraufführung der «sinnfälligen» *Phototaxis* der in Basel lebenden Polin Bettina Skrzypczak und diejenige der «spannungsreichen, dissonanten», bereits oben erwähnten Komposition *Un leggero ritorno di cielo* des Italieners Stefano Gervasoni durch das ZKO unter Griffiths. Die beiden hatten einen Kompositionsauftrag der Internationalen Balzan Stiftung erhalten, der auch eine Aufführung zum 50. Todestag des Stifters gleichen Namens beinhaltete. Die Stiftung des Gründers und Besitzers der Mailänder Zeitung *Corriere della Sera* mit Sitz in Mailand und Zürich prämiert seit 1961 weltweit herausragende Persönlichkeiten aus den Bereichen Geistes- und Naturwissenschaft sowie Kunst und Kultur; dazu gehörten etwa Paul Hindemith, György Ligeti und Jorge Luis Borges.[14]

Aus dem Glauben zum Neuen

Zwischen 1953 und 1990 dirigierte Edmond de Stoutz 43 Uraufführungen. Die Aufträge ergingen mehrheitlich an Schweizer Komponisten. Zu den zeitlich zuerst geförderten zählten Paul Müller-Zürich und Peter Mieg aus dem innersten Freundeskreis von de Stoutz. Danach wurden auch Aufträge erteilt an Jean Balissat, Klaus Huber, Rudolf Kelterborn, Norbert Moret und den in der Schweiz lebenden russischen Komponisten Wladimir Vogel sowie an Ulrich Stranz und Frank Martin. Finanziert wurden sie in der Regel von Gönnern der Freunde des ZKO, wobei die Aufträge fast immer an Schweizer gingen. Mit der Zeit begann de Stoutz, auch avancierte Avantgarde-Musik aufzuführen. Dies jedoch «nicht allzu sehr, aber doch», wie etwa der Musikschriftsteller und ebenfalls von de Stoutz uraufgeführte Zürcher Komponist Rolf Urs Ringger die Intensität dieser Pflege umriss. Ringger vermutet, dass dies eher aus Pflichtgefühl denn aus einem inneren Bedürfnis erfolgte.[15] Wenn jemand de Stoutz speziell animierte oder aus dem Kreis seiner Musiker ihn jemand dazu drängte, war ihm jedoch keine Hürde zu hoch, um sich für Avantgardistisches zu engagieren, da für ihn das gegenseitige Vertrauen mit Musikern des ZKO eine Basis zum gemeinsamen Schaffen darstellte (vgl. die Beiträge von Matthias Ziegler, Daniel Fueter und Werner Bärtschi auf den Seiten 99, 115, 117).

Besonders hervorzuheben gilt jedoch, dass von den vier musikalisch spektakulärsten Projekten im Bereich der Neuen Musik, die Edmond de Stoutz mit dem ZKO realisierte, alle einen geistigen, wenn nicht gar religiösen Hintergrund aufweisen. Der Glaube zieht sich wie ein roter Faden durch alle diese Stücke. Dazu gehörten die 1965 am Yehudi Menuhin Festival Gstaad erstmals gespielten *Cantio – Moteti – Interventiones* des Schweizers Klaus Huber, die

1969 in Zürich aufgeführte, zwischen 1962 und 1965 entstandene *Lukas-Passion* des polnischen Komponisten Krzysztof Penderecki, die damals als das weltweit erfolgreichste und bekannteste Werk der zeitgenössischen Musik galt, die 1960/61 entstandene *Glossolalie,* eines der aussergewöhnlichsten avantgardistischen Experimente des deutschen Komponisten, Theologen und Philosophen Dieter Schnebel, die 1971 in der Zürcher Tonhalle als schweizerische Erstaufführung gespielt wurde, sowie die 1973 Yehudi Menuhin, Edmond de Stoutz und dem ZKO gewidmete Passion *Polyptyque* des um eine Generation älteren Frank Martins. Das unbedingte Engagement von de Stoutz dürfte sich aus seiner These herleiten, dass Materie heilig, Materialismus dagegen Sünde sei, und aus seiner Überzeugung, dass Gott nicht «allen», sondern «jedem» die Welt und die Menschen anvertraut habe,[16] und nicht zuletzt auch aus dem Willen, «etwas Neues kennenzulernen, um uns und dem Neuen weiterzuhelfen».[17]

Als Edmond de Stoutz im Sommer 1963 bei Klaus Huber ein Werk für das ZKO bestellte, schlug dieser eine Bearbeitung von Teilen seines ersten Streichquartetts *Moteti – Cantiones* vor, das er im Auftrag der Tonhalle komponiert hatte. Antrieb der Anfrage dürfte wohl Hubers besonderer Sinn für Streicher gewesen sein. Er hatte schliesslich Geige bei der bekannten Stefi Geyer am Zürcher Konservatorium studiert, der etwa Béla Bartók sein *Violinkonzert* gewidmet und das sie uraufgeführt hatte. Für das mehrteilige Stück liess Huber den ersten Part weg und überarbeitete die beiden *Interventiones.* Im Werkkommentar bemerkte er, dass gerade diese beiden in der Streicherfassung klanglich dazugewinnen konnten.[18] Das Streichquartett und somit auch dieses Werk ist die Folge seiner Auseinandersetzung mit der seriellen Technik Anton Weberns, der Figuralität Igor Strawinskys und den Formgebungen des englischen Gamben-Consorts des 17. Jahrhunderts. Hinter der abstrakten Machart jedoch ist eine spirituelle Grundierung auszumachen,[19] wobei gewisse Kenner Hubers Werk dem Religiösen zurechnen.[20] Die Uraufführung erfolgte auf dem Festival in Gstaad 1965. Sie wurde von der Kritik begeistert aufgenommen wie etwa vom *Berner Bund,* der das «Werkganze eindrucksvoll, gehaltreich und gereift, auf Grund einer sicher gewählten, angenehm klingenden Harmonik, spannungsgeladenen Dynamik, unverdorbenen Erfindungsgabe und nervigen Vitalität» beurteilte und vor allem davon ausging, dass die Komposition in ihrer Konzentriertheit zum Bleibenden modernen Musikschaffens gezählt werden müsse.[21] Ein besonderes Lob ereilte die Musiker und deren Chef durch das *Zürcher Volksrecht:* «Das Musizieren des Zürcher Kammerorchesters erreichte einen Höhepunkt an Intensität. Was wir nicht zuletzt auf den ebenso leidenschaftlichen wie subtilen Einsatz des Dirigenten zurückführen.»[22] Dies war den stets sorgfältigen und intensiven Proben geschuldet, die de Stoutz stets allen Werken zukommen liess, die er aufführte.

Glossolalie meint Zungenrede oder Zungenlallen, womit in frühchristlichen Zeiten das in der Regel unverständliche Gebetsgebrabbel gemeint ist. Die Sprache bleibt oft undifferenziert und ist nicht als Sinnträger determiniert, was aber paradoxerweise wie im Pfingstereignis letztlich doch zur Erkenntnis und Wahrheitsfindung verhelfen soll. Schnebel, der sich selbst einen Experimentator nannte, bezeichnete das Werk als kompositorische Realisation der Definition einer Musik für Sprecher und Instrumentalisten. In diesem musiktheatralischen Projekt für Solisten (Sprecher) und Orchester strebt er nichts anderes als die Musikalisierung der Sprache respektive die Versprachlichung der Musik an, wobei Letzteres aufgrund serieller Vorordnungen der benutzten Objekte.[23] Insgesamt kommen 43 verschiedene Sprachen mit vereinzelten Sätzen und stimmlichen Lauten wie Schnalzen und Grunzen klanglich mit allem zur Geltung, wozu Stimmorgan und Mundwerkzeug fähig sind. Man hört Passagen von Stammtischgesprächen, oder es wird «13. August Berlin» ins Publikum hinausgeschrien, das Datum des Berliner Mauerbaus. Das Ganze wird begleitet durch Gebärden, Gesten und Bewegung. Sozusagen in direkter Nachfolge der Dadaisten und des US-amerikanischen Avantgardisten John Cage werden Urformen menschlichen Ausdrucks und der Kommunikation verhandelt, um Möglichkeiten zu schaffen, Musik und Sprache auf neue, sozusagen politisch entschlackte Art wieder nutzbar zu machen. Um das Publikum an das Ungewohnte heranzuführen, erschien zur Aufführung ein recht umfangreiches Begleitheft der Initiatoren und Projektmitwirkenden Werner Bärtschi und Daniel Fueter.[24] Die Schweizer Erstaufführung erfolgte in der Tonhalle, wobei insbesondere die ausgezeichnete Einstudierung von der Kritik lobend vermerkt wurde.[25] Denn ausgiebige Proben waren für de Stoutz unabdingbar: «Durch Üben erreicht man Können; beim Weiterüben nähert man sich dem Kennen! Und erst dann wird man zum Autor seines Tuns.»[26]

Die *Lukas-Passion* entstand 1963 bis 1966. Die lateinischen Texte stammen aus der Vulgata und sind ergänzt durch Auszüge aus dem Johannes-Evangelium. Wie in den Passionen Johann Sebastian Bachs übernimmt der Evangelist die Rolle des Erzählers, hier allerdings als Sprecher. Auch sonst folgt Penderecki einer der Tradition verpflichteten musikalischen Dramaturgie, allerdings mit zahlreichen Mitteln der aktuellen Klangkomposition, aber nicht ohne diese für Wohlklänge umzubiegen. Die Wirkung war beabsichtigt. Salopp erklärte es der *Spiegel* so: «Der gemarterte Gottessohn klagt zwölftönig und seriell, das Volk verspottet ihn mit Stereowirkung, und der Anmarsch der Polizeitruppe im Garten Gethsemane wird mit Schlagzeugwirbel angezeigt. Mit dieser im Auftrag des Westdeutschen Rundfunks komponierten, im Dom zu Münster uraufgeführten *Passio et Mors Domini Nostri Jesu Christi secundum Lucam* übertönt die ‹bedeutendste Stimme Europas in der modernen Musik› – so die *Time* über Penderecki – vorderhand die gesamte westliche Komponisten-Avantgarde.»[27] Dadurch fand Penderecki wie kein Zweiter zu seiner Zeit in den Kreisen traditionsorientierter Musikkultur weltweit grosse Anerkennung, die ihm die Avantgarde aber fortan versagte. Auch in Zürich waren Publikum und Medien aus allen Landesteilen in Scharen gekommen und unisono begeistert vom Gebotenen. Auch der legendäre Zürcher Journalist und damalige Redaktor der *Weltwoche,* Jürg Ramspeck, war in die Tonhalle gekommen. Er lobte: «Und in der Tat: Seit der Uraufführung von Schönbergs *Moses und Aron* im Stadttheater [Anm. des Autors: 1957 im heutigen Opernhaus], die der Initiative Hans Rosbauds zu verdanken war, habe es in Zürich keine musikalische Willensleistung im Range der *Lukas-Passion* mehr gegeben.»[28]

In seiner ganzen Geschichte hat das ZKO keine grössere «Kiste» gestemmt als mit der Aufführung von Pendereckis *Lukas-Passion* im Fraumünster an drei Abenden im Rahmen der «Internationalen Juni-Festwochen Zürich» 1969. Das betraf sowohl die Anzahl Musiker und Sänger, die Kosten und den zeitlichen Aufwand für Proben. Das Oratorium gab es nur zu Superlativen, denn die Besetzung verlangt drei Gesangssolisten für Sopran, Alt und Bass, einen Sprecher, einen Knabenchor, drei gemischte Chöre und Orchester sowie eine Orgel. Die Besetzung des ZKO musste verdoppelt werden, der Zürcher Kammerchor erfuhr eine Erweiterung aus St. Gallen, sodass Edmond de Stoutz einen Klangkörper zu dirigieren hatte, der aus 260 Instrumentalmusikern, Chorsängern und Solisten bestand. Während die ersten Proben mit den rund 200 Sängerinnen und Sängern des Zürcher Konzertchors, des St. Galler Kammerchors unter Werner Heim und des aus Bewerbern aus der Stadt Zürich ad hoc zusammengestellten Knabenchors unter der Leitung des Pianisten Werner Bärtschi ein halbes Jahr vorher im Januar begannen, nahm der auch in pekuniären Dingen gewiefte de Stoutz die Suche nach Geldgebern für das 200 000-Franken-Budget schon viel früher auf. Zum Glück. Obwohl ursprünglich der damalige Stadtpräsident und gelernte Historiker Sigi Widmer die Anregung gab, vermehrt Zürichs Kirchenbauten ins städtische Musikleben zu integrieren, erhielt de Stoutz zumindest von kirchlichen und staatlichen Stellen zunächst keine Gelder. Erst ein Jahr später bekam er zumindest eine ausreichende Defizitgarantie. Seine Gage blieb ein offener Posten, und ein Fehlbetrag von 30 000 Franken wurde schliesslich durch die Freunde des Zürcher Kammerorchesters in «Bittstellungen» zu 100 Franken zusammengebracht.

Vier Jahre später fand de Stoutz mit einer anderen, diesmal von ihm und dem ZKO zur Uraufführung gebrachten Passion erneut ausserordentlich grosse Anerkennung, diesmal sogar auch auf internationaler Ebene. Es handelte sich um die Aufführungen von *Polyptyque* für Violine und zwei Streichorchester von Frank Martin, dem Altmeister der Schweizer Moderne. Dieser hatte es auf Anregung von Yehudi Menuhin und Edmond de Stoutz zum 25-jährigen Bestehen des Internationalen Musikrats im Auftrag der GFZKO geschrieben und dem Geiger, dem Dirigenten und dem Zürcher Kammerorchester gewidmet. Die Widmungsträger stellten es im September 1973 zusammen mit dem Menuhin-Orchester an der entsprechenden Feier in Lausanne erstmals vor. Ein Jahr später wurde es an mehreren Orten in der Schweiz in gleicher Besetzung, danach auch in Städten wie Wien und London gespielt. Laut überwiegender Mehrheit der Medien traf diese geistliche Programmmusik überall beim Publikum auf dieselbe Reaktion: Begeisterung.

Zum Stück inspiriert worden sei er durch das ursprünglich aus 40 Einzelbildern bestehende Altarbild *Maestà* von Duccio di Buoninsegna aus dem Beginn des 14. Jahrhunderts, explizit durch drei kleine Gemälde, als er sie im Dom-Museum in Siena gesehen habe, schreibt der Komponist in seinem Widmungstext an de Stoutz und das ZKO.[29] Über die Entstehung seines *Tafelbilds* berichtet er, dass es ihm nach den Werken Johann Sebastian Bachs kaum mehr möglich schien, ein Violinkonzert zu schreiben, so dass er sich für eine Suite von relativ kurzen Stücken entschlossen habe. Die geistliche Komposition umfasst sechs durchaus als programmatisch aufzufassende Teile «Palmsonntag», «Abendmahl,» «Judas», «Gethsemane», «Gericht» und «Verherrlichung» aus der Passionsgeschichte. Darin sei keine Entwicklung nachgezeichnet, sondern es seien herauskristallisierte Momentaufnahmen dargestellt.[30] Plastizität und heftige Empfindungen stehen wechselweise neben kontemplativer Stille und schneidender Aggressivität, die der Hörer, durch deren Reiz und den Ernst ergriffen oder zumindest beeindruckt, zur Kenntnis nehmen müsse, meint Walter Labhart.[31] Während die Sologeige Jesus Christus fünfmal repräsentiere und im dritten «Bild» den verzweifelten Judas, würden die beiden Orchester je zweimal das Volk und die Jünger und zuletzt die himmlischen Heerscharen vertreten, schreibt der Martin-Spezialist Bernhard Billeter. «Wenn ich das *Polyptyque* von Frank Martin spiele, spüre ich das gleiche Verantwortungsbewusstsein und die gleiche Erhöhung des Gemüts wie bei der *Chaconne* Bachs», zitiert Frank Martins Verlagshaus Universal Edition auf seiner Webseite Menuhins Kommentar.[32] Seiner handwerklichen Machart, klanglichen Transparenz und Ausdrucksdichte wegen zählt die NZZ die Zürcher Erstaufführung von *Polyptyque* zum musikalisch Schönsten und Ergreifendsten, was Frank Martin bisher geschaffen habe.[33] Billeter schliesst, dass der Komponist ganz am

Ende seines Lebens mit diesem Werk die Kluft zwischen weltlicher und geistlicher Musik, das Erbe aus dem 19. Jahrhundert, überwunden habe, was ganz im Sinn von Edmond de Stoutz gewesen sein dürfte.

1. Edmond de Stoutz im Vorwort des Programmhefts zu *Glossolalie,* 1971.
2. Christian Berzins, in: *NZZ am Sonntag,* 14.4.2018, S. 22.
3. Peter Révai, «Wenn der Osten auf den Westen trifft und umgekehrt», in: Programmheft *Focus Contemporary: Zürich West,* 7.–12. November 2017, S. 12 f.
4. Tom Hellat: «Chodorkowski in der Tonhalle», in: *Tages-Anzeiger,* 6.3.2014, S. 25.
5. Thomas Schacher: «Blick nach China – Muhai Tang als Kulturvermittler», in: NZZ, 16.9.2006, S. 56.
6. Chandler Cudlipp und Avri Cahn gaben beide jeweils ihre Stellen innert Jahresfrist wieder auf, Ersterer 2007 wegen Budgetproblemen, Letzterer, um 2009 die Intendanz der Flämischen Oper in Antwerpen zu übernehmen. Michael Bühler ist bis heute als Intendant und Managing Director des ZKO tätig.
7. Thomas Schacher: «Intermezzo mit Kleinformation – Chefdirigent Muhai Tang verabschiedet sich vom Zürcher Kammerorchester», in: NZZ, 10.6.2011, S. 23.
8. Michelle Ziegler: «Flugsimulation – Jörg Widmann in der Tonhalle», in: NZZ, 21.5.2010, S. 21.
9. Michelle Ziegler: «Blendende Sirenen – Isabelle Faust beim Zürcher Kammerorchester», in: NZZ, 10.4.2010, S. 21.
10. Jürg Huber: «Seelennahrung – Roland Capouçon in der Zürcher Tonhalle», in: NZZ, 29.3.2011, S. 15.
11. Susanne Kübler, *Frequenzen #02,* 2005, S. 13.
12. Patrick Müller: «Unter Griffiths auf Vielseitigkeit gesetzt – Rückblick auf die erste Saison des ZKO unter neuer Leitung», in: NZZ, 17.7.1997, S. 44.
13. Susanne Kübler, Rudolf Kelterborn, Rudolf Ringger, Peter Wettstein, Ernst Pfiffner (Hg.): *Frequenzen #02.* Die Buchreihe mit CD. Rudolf Kelterborn, Rolf Urs Ringger, Peter Wettstein, Ernst Pfiffner: «‹Der Anfang ist das Leichteste› – ‹Der Anfang ist das Schwierigste›», Zürich 2005.
14. Thomas Schachner: «Gegenbewegungen – zwei Uraufführungen des Zürcher Kammerorchesters», in: NZZ, 7.7.2003, S. 22.
15. Rolf Urs Ringger: «Ein Weltmann und Musikant – Edmond de Stoutz ist gestorben», in: NZZ, 31.1.1997, S. 47.
16. Edmond de Stoutz: «Unvorhergesehenes – Zufall? Absicht?», 1978.
17. Edmond de Stoutz, ebd.
18. Klaus Huber: «Werkkommentar»: https://www.klaushuber.com/pagina.php?2,2,94,26,0,0, [12.2.2018].
19. Brian Ferneyhough: «‹per speculum in aenigmate› – Zu Klaus Hubers ‹Moteti – Cantiones›», in: *Musik-Konzepte 137/138,* «Klaus Huber», hrsg. von Ulrich Tadday, 2007, S. 31–39.
20. Hansjörg Pauli: «Die frühen Werke», in: *Klaus Huber – Dossier Musik 2,* 1989, S. 63.
21. *Berner Bund,* Abendausgabe, 31.8.1965, S. 15.
22. «Sprung über zwei Jahrhunderte», in: *Zürcher Volksrecht,* 19.11.1965.
23. Hermann Danuser: *Die Musik des 20. Jahrhunderts,* 1984, S. 380.
24. Werner Bärtschi und Daniel Fueter: Programmheft zu *Glossolalie,* 1971.
25. Jürg L. Steinacher: «Alttestamentarisches Esperanto», in: *Sonntags Journal,* 13.1.1971, S. 23 ff.
26. Edmond de Stoutz: *Stromaufwärts schwimmen – kulturkritische Betrachtungen,* 1988, S. 23.
27. «Penderecki – befreiter Klang», in: *Der Spiegel,* 27.2.1967, S. 135–137.
28. Jürg Ramspeck, zit. nach *Weltwoche,* in: «Nichts ist unmöglich», *Evangelische Musikzeitung,* September 1969.
29. Frank Martin, handschriftlicher Brief, Sammlung de Stoutz, 1973.
30. Bernhard Billeter: *Frank Martin: Werdegang und Musiksprache seiner Werke,* 1999, S. 198.
31. Walter Labhart: «Frank Martin und Brahms», in: *Zürichsee-Zeitung,* 12.9.1974, S. 6.
32. Vgl.: https://www.universaledition.com/de/komponisten-und-werke/frank-martin-456/werke/polyptyque-4223 [20.3.2018].
33. mr.: «Zürcher Kammerorchester», in: NZZ, Morgenausgabe, 11.9.1974.

Das Besteck im Flügel

Daniel Fueter

Auch wenn der Name Edmond de Stoutz selten im Zusammenhang mit Neuer Musik genannt wird, ist meine Erinnerung an ihn geprägt durch das Erlebnis einer Einstudierung der *Glossolalie* von Dieter Schnebel unter seiner Leitung. Dieter Dyk, Schlagzeuger der Tonhalle Zürich, die Pianisten Georges Martin und Werner Bärtschi, die Sprecherin Margrit Müller, der Sprecher Peter Schweiger und ich selbst – als frisch gebackener Sprecher – bildeten das Ensemble. Diese Arbeit liegt über 40 Jahre zurück, und manches Detail mag das verklärende Gedächtnis neu erfunden, viele Einzelheiten die zunehmende Vergesslichkeit getilgt haben.

Was mir noch lebhaft in Erinnerung ist: mit welcher Begeisterung, Offenheit und Neugier Edmond de Stoutz die Arbeit an Schnebels Werk anging, das selbst für damalige Begriffe wahrhaftig «avantgardistisch» war. Werner Bärtschi, der bereits als Solist mit dem Zürcher Kammerorchester aufgetreten war und für de Stoutz auch Chorproben korrepetierte, hatte diesen auf das Werk aufmerksam gemacht. Da das erwähnte Sextett tagsüber keine gemeinsamen Probentermine fand, wurde zumeist nachts zwischen 22.30 und 2 Uhr morgens gearbeitet. Und es waren an die 40 Proben!

Das Terrain der zeitgenössischen Musik bedeutete für uns alle damals mehr oder weniger Neuland. Und Edmond de Stoutz war der Erste, der eingestand, sich auf Terra incognita zu bewegen. Umso phänomenaler war es, dass er, der zweifellos nie die Saiten seines Flügels mit Blechbüchsen, Pingpongbällen, Besteck oder sonstigem Werkzeug traktiert hatte, Georges Martin und Werner Bärtschi mit pragmatischen Ideen zu ganz bestimmten Wurftechniken inspirierte. Seine überbordende Klangphantasie zeigte sich also nicht nur in seiner Spielfreude, dem dramaturgischen Gespür und Perfektionswillen, sondern war ebenso «handgreiflich» zu erleben.

Schon als Gymnasiast war ich durch das ZKO in Berührung mit beschwingt und klangprächtig interpretierter Barockmusik gekommen. Mein Vater war im Freundeskreis des Orchesters und hatte als Filmproduzent mit Edmond de Stoutz Tourismusfilme mit Musik von Vivaldi und Rossini produziert.

Dank des Kammerorchesters hatte ich als Klavierstudent eine der seltenen Begegnungen mit Arturo Benedetti Michelangeli. Auch bleibt mir im Gedächtnis haften, dass die Grösse des von solistischen Bläsern verstärkten Orchesters – der Klang entfaltete sich, ohne an den Wänden anzustossen – mir für den Grossen Tonhalle-Saal ideal erschien. Endlich durfte ich als Korrepetitor der jungen Martina Bovet, die Mozarts *Exultate jubilate* singen sollte, Zeuge sein des ermunternden, charmanten und inspirierenden Umgangs Edmond de Stoutz' mit Solistinnen und Solisten.

Eine weitere Erinnerung: Die von Edmond de Stoutz geleitete Zürcher Erstaufführung der *Lukas-Passion* des polnischen Komponisten Krzysztof Penderecki, bei der ich den Orchesterklavierpart übernahm. Die Beschränkung meiner Aufgaben auf 13 Klangereignisse liess mir Zeit, die Probenarbeit zu verfolgen. So bestaunte ich einerseits das Gehör des Chefs, der treffsicher Intonationstrübungen im dichtesten Clusterstimmengewirr der Chöre ortete und korrigierte. Andererseits bewunderte ich seine charismatische Fähigkeit, seine Begeisterung für das Werk auf alle Beteiligten, insbesondere auf die geforderten Choristinnen und Choristen des Zürcher Konzertchors – ein hochstehendes Laienensemble – zu übertragen. Dabei spielte es keine Rolle, ob sich sein Enthusiasmus von selbst eingestellt hatte, hart erarbeitet worden war oder gar auf kluger Selbstüberlistung beruhte.

Bis heute vorbildlich geblieben ist aber die *Glossolalie*-Aufführung. De Stoutz' Hingabe und sein Optimismus, seine Grosszügigkeit und beinahe kindliche Neugier waren wunderbare Voraussetzungen für die Arbeit an Neuer Musik.

Peter Schweiger kann sich erinnern, was Edmond de Stoutz über das Kritisieren sagte: «Niemals mit einem ‹Das ist nicht richtig›, sondern mit einem ‹Es müsste möglichst so sein› beginnen.» Er lebte seine Maxime stets in der Probenarbeit vor. Der als musikalisch konservativ geltende Mann war an den Proben jedem Experiment zugetan. Es war nicht einmal der Hauch eines Schattens zu spüren, über den er hätte springen müssen.

Ich muss zugeben, dass eine solche Offenheit in meinem Musikerleben nicht die Regel war. Sie blieb aber für mich ein Massstab. Und die Gültigkeit des Massstabs zeigte sich, als wir Glossolalie schliesslich zur Aufführung brachten. Der überwältigende Applaus des Publikums – treue Abonnentinnen und Abonnenten – erzwang eine Zugabe. Ein Vorkommnis mit Seltenheitswert, wenn es um die Aufführung Neuer Musik geht.

Abb. 60

Abb. 60
Im Schloss Lenzburg
(12.5.1957).

Werner Bärtschi

Edmond de Stoutz

Ich war noch Gymnasiast, als mein Klavierlehrer um einen Korrepetitor angefragt wurde. Er empfahl mich, und so lernte ich Edmond de Stoutz als Dirigenten des Zürcher Konzertchors kennen. Alles war neu für mich: eine Chorprobe, Bachs *Johannes-Passion,* deren Klavierauszug, die ungewohnte Aufgabe, ihn zu spielen (so fasste ich meine Rolle auf), und vor allem «ER», dieser Dirigent, den ich nicht gekannt hatte, wie er probte, sprach, mitsang, inspirierte, die Musik zum Leben und Klingen brachte. Ich war begeistert und warf in Ermangelung jeglicher Erfahrung all meinen jugendlichen Eifer in die Aufgabe. Das muss ihm gefallen haben, denn er begann mich zu fördern und gab mir auch Aufgaben in den Konzerten seines Zürcher Kammerorchesters. Wichtig wurde bald ein grosses Projekt, das er damals vorzubereiten begann: die *Lukas-Passion* von Krzysztof Penderecki. Die Einstudierung der Chöre erstreckte sich über eineinhalb Jahre, und da er mit dem Orchester immer wieder auf Reisen war, machte er mich zu seinem Generalassistenten und nach Bedarf zum Stellvertreter. Ich hatte auch den Kinderchor einzustudieren und als Subdirigent in den Aufführungen zu betreuen.

    Der Erfolg beflügelte, und ich, Feuer und Flamme für die neueste Avantgarde, schlug de Stoutz vor, in Zürich Dieter Schnebels *Glossolalie* aufzuführen. Er war einverstanden, und wir haben in etwa 40 Proben eine ideal gelungene Aufführung vorbereitet. Wenn de Stoutz etwas machte, war er stets 100-prozentig bei der Sache, sein Einsatz kannte keine Grenzen. Wir probten im Kirchgemeindehaus eines Zürcher Aussenquartiers. Der Saal wurde tagsüber und auch abends gebraucht. So begannen wir unsere Proben jeweils um 22 Uhr. Das umfangreiche, teils sperrige, teils kleinteilige Material musste jedes Mal aus einem Depot im Keller in den Saal hochgetragen und am Ende der Probe wieder weggeräumt werden. Bis wir fertig waren, war es meist 2 Uhr morgens, und Edmond de Stoutz fuhr mich noch nach Hause. Die Regel ist einfach: Je mehr wir für eine Sache hergeben, umso mehr gibt sie uns zurück. Ich bin überzeugt, dass keiner der Mitwirkenden diese *Glossolalie* je vergessen hat.

    Viele Male durfte ich mit ihm schöne Projekte realisieren und habe ihn dabei als den künstlerischsten, engagiertesten und zugleich bescheidensten Menschen kennengelernt. Ich weiss kein höheres Kompliment für ihn, als dass er Musik als Amateur, als Liebender betrieb. Er liebte Musik, und er liebte die Menschen, mit denen er musizierte. Ein grosses und vielseitiges Talent war ihm geschenkt worden, doch er machte daraus etwas weitaus Grösseres, indem er nie aufhörte, als staunender Anfänger zu arbeiten. Er hörte nie auf, unvoreingenommen zuzuhören, er hörte nie auf, die Perspektive ständig zu wechseln. Er hatte etwas, was die Zenmeister fordern: den niemals endenden Anfängergeist. Ihn gekannt und mit ihm zusammengearbeitet zu haben, hat mein Verständnis und meinen Umgang mit Musik geprägt. Ich bin ihm zutiefst dankbar.

Abb. 61
Der Komponist Rudolf Kelterborn und Howard Griffiths gemeinsam bei der Probe im Wiener Goldenen Musikvereinssaal, wo Kelterborns *Passions – Musik in einem Satz für Streichorchester* uraufgeführt wurde (4.10.1999).

Erinnerungen – Reflexionen – Fragen

Rudolf Kelterborn

1963 – ich war an der Nordwestdeutschen Musikakademie Detmold tätig – erhielt ich von Edmond de Stoutz einen Kompositionsauftrag für ein Werk für Streichorchester. Daraus wurde meine *Kammersymphonie II*, die das ZKO beim Yehudi Menuhin Festival 1964 uraufführte und danach mehr als 30 Mal in aller Welt gespielt hat – einige der Aufführungen waren ausgezeichnet. In den Zürcher ZKO-Programmen erschienen später hin und wieder auch andere Stücke von mir. Zum Beispiel *Nuovi Canti für Flöte und Kammerorchester*, die ich 1973 für Aurèle Nicolet und das Münchener Kammerorchester komponiert hatte – hier besteht das Orchester aus fünf Bläsern und 15 Streichern.

Wie kommt ein zeitgenössischer Komponist dazu, Musik für altvertraute, historische Besetzungen zu komponieren – Musik für Streichquartette, Streichorchester, klassische und romantische Orchesterformationen? Natürlich kann ich diese Fragen nur aus meiner eigenen Perspektive beantworten. In meinem Werkkatalog finden sich einerseits ganz und gar «zeitgemässe» Besetzungen: Ich habe mehrere Stücke für Instrumentalgruppen (oder Orchester) und Elektronik geschrieben. In meiner jüngeren Komposition *Musica Profana* für drei im Raum verteilte Ensembles besteht zum Beispiel das eine aus Flöte, Saxofon, Akkordeon, zwei Gitarren und einer Sängerin. Auf der anderen Seite hat es mich immer wieder gereizt, für «konventionelle» Besetzungen zu schreiben: Klaviertrio, Bläserquintett, Streichquartett, konventionelle Orchesterbesetzungen usw. Durch den Einbezug neuer Spieltechniken, die Erfindung von Formabläufen und durch neuartige Aufteilungen und Gruppierungen der Instrumente eines (Streich-)Orchesters gibt es viele Möglichkeiten der Erweiterung. «Erweiterung» heisst für mich aber nicht, einfach alte Spieltechniken durch neue zu ersetzen, sondern die musikalische Sprache vielfältiger zu machen, sie anzureichern.

«Kammersymphonie», «Kammerorchester» – welche Besetzungen sind damit gemeint? Die meisten Kammerorchester, die mir einen Kompositionsauftrag erteilten, wollten reine Streicherbesetzungen (allenfalls mit einem Soloinstrument). Die Besetzungen variierten zwischen elf und 21 Streichern. Es gab aber auch andere Wünsche: Die London Mozart Players etwa bestellten ein Werk für die klassische Besetzung zwei Oboen, zwei Hörner und Streicher *(Four Movements for classical orchestra).* Für Paul Sachers Collegium Musicum Zürich schrieb ich *Vier Nachtstücke* für zwei Klarinetten, zwei Hörner und Streicher sowie später *Traummusik* für kleines Orchester und *Gesänge zur Nacht* für Sopran und Kammerorchester. Diese Ensembles hatten in ihren Basisbesetzungen immer auch Bläser.

Passions – Musik in einem Satz für Streichorchester war das zweite Werk, das ich für das ZKO schreiben durfte (1998 im Auftrag der Stadt Zürich). Howard Griffiths dirigierte die Uraufführung 1999 in Wien, weitere Aufführungen folgten in Salzburg, Zürich, Lausanne und Basel. Auch mit diesem Werk hatte ich beim ZKO Glück: Es wurde hervorragend gespielt. Später wurde diese Komposition auch von anderen Orchestern aufgeführt.

Die Programme, in die meine Auftragswerke für Streichorchester jeweils eingefügt wurden, waren immer gemischt, umfassten also Neue und Alte Musik, worunter ich in diesem Zusammenhang Musik vom Barock bis zur Spätromantik verstehe. Als Komponist, aber auch als Konzertbesucher bevorzuge ich diese Art der Konzertgestaltung. Neue Musik fördert beim aufmerksamen, neugierigen Publikum die Sensibilität für das Besondere in historischen Werken – und umgekehrt! Dass ein neues Stück auch «durchfallen» kann, ist selbstverständlich: Es gibt schlechte, langweilige, absurde zeitgenössische Kompositionen – genauso wie es langweilige, phantasielose alte Werke gibt ...

Die Entwicklung der Konzertprogramme tendiert jedoch seit Längerem in eine andere Richtung: Altes und Neues wird strikt voneinander getrennt. Auf der einen Seite werden von den meisten institutionellen (Kammer-)Orchestern nur noch vereinzelt neue Werke aufgeführt. Dazu kommt, dass es sich dabei häufig um Uraufführungen handelt, weil nur dann die Chance auf eine gewisse Medienresonanz besteht. Bei den traditionellen Orchestern dominieren Konzerte mit ausschliesslich historischer Musik. Ausnahmen bestätigen jedoch die Regel. Auf der anderen Seite gibt es immer mehr Ensembles, die nur Musik des späten 20. und des 21. Jahrhunderts aufführen.

«Œuvres suisses» heisst ein Projekt, das die Stiftung Pro Helvetia gemeinsam mit elf Schweizer Orchestern lanciert hatte. Die Beteiligten verpflichteten sich, zwischen 2014 und 2016 jährlich einen Kompositionsauftrag zu erteilen und die Werke uraufzuführen. Im Gegenzug unterstützte Pro Helvetia internationale Tourneen und Vermittlungsprojekte der Orchester – unabhängig von ihrem Programm. So sehr diese Förderung zu begrüssen ist, mich beschleicht dabei doch ein leises Unbehagen: Ist da wirklich ein neues Orchesterrepertoire entstanden, wie es auf der entsprechenden Website heisst (http://oeuvressuisses.ch) oder dürfte nicht vielmehr ein grosser Teil dieser Werke nach ihrer Uraufführung rasch wieder in der Versenkung verschwinden? Welches (Kammer-)Orchester sollte nach diesem Grossprojekt noch eigene Aufträge erteilen, oder – und das wäre ja so wichtig – aus diesem umfangreichen Repertoire bereits uraufgeführte Stücke erneut aufführen?

Mein Beitrag zu «oeuvres suisses»: *Contraddizioni per trio ed orchestra d'archi,* der dritte Kompositionsauftrag des ZKO. Nach der Ablieferung der Partitur gab es zunächst ein Problem: Das Stück war nicht in eines der vorgesehenen Konzerte (mit Dirigent) einzufügen. Die Lösung: Der Konzertmeister Willi Zimmermann übernimmt die Leitung vom ersten Pult aus. Ein Glücksfall! Zunächst verspürte ich einige Nervosität bei der Intendanz: Kommen genug Leute? Wie kommt dieses doch recht moderne Stück beim Publikum an? Nun, der Saal war fast voll. Und das Publikum reagierte fast begeistert – man sollte die Hörerinnen und Hörer nie unterschätzen … Was Willi Zimmermann mit dem ZKO dargeboten hat, war eine wunderbare, vom ganzen Ensemble und den drei Solisten intensiv gestaltete, auch technisch exzellente Uraufführung. Ich jedenfalls fuhr am 9. Dezember 2014 sehr glücklich nach Hause.

Bettina Skrzypczak

Mit Phototaxis zu Gast in Mailand

Es gibt Ereignisse und Begegnungen, die lange im Gedächtnis haften bleiben. Dazu gehört für mich die Zusammenarbeit mit dem Zürcher Kammerorchester im Jahr 2003, die dank der Initiative der Internationalen Balzan Stiftung zustande kam. Zum Anlass des 50. Todesjahrs von Eugenio Balzan, dem bedeutenden italienischen Publizisten und Mitherausgeber der Tageszeitung *Corriere della Sera,* erteilte mir, neben Stefano Gervasoni, die Stiftung mit Sitz in Mailand und Zürich einen Kompositionsauftrag für Streichorchester. Er inspirierte mich zur Wahl eines relativ unkonventionellen Themas für meine Komposition; es betraf das Phänomen der Phototaxis, das mit der Wirkung einer Lichtquelle auf die Zellen bestimmter Organismen zusammenhängt, wobei durch die Lichtwahrnehmung eine Bewegung hin zum oder weg vom Licht erfolgt.

Je mehr ich mich in die naturwissenschaftliche Gedankenwelt vertiefte, desto mehr wuchs in mir die Lust, in Analogie zum Phänomen der Phototaxis eine Klangwelt zu entwickeln, in der es einen engen Zusammenhang zwischen der durch die musikalischen Prozesse dargestellten Bewegung und der Klangerscheinung gibt. In meiner Phantasie hörte ich schon die komplexen Klänge und die harmonischen Strukturen der Streicher, die, wie mir schon damals klar war, nur durch eine sehr präzise und sensible Aufführung richtig zur Entfaltung kommen könnten. Auf die Aufführung freute ich mich von Anfang an, und um die spezifische Klangästhetik des ZKO besser kennenzulernen, hörte ich mir damals zahlreiche Aufnahmen des Orchesters mit ganz unterschiedlichen Werken an.

Schliesslich war *Phototaxis* geboren. Die Komposition stellte einen hohen Anspruch an die Interpreten, und ich war gespannt auf die Proben, die unter der Leitung von Howard Griffiths stattfinden sollten. Sie bestätigten, wie erwartet, das herausragende Niveau des Orchesters. Auch wenn die Zeit der Proben relativ beschränkt war, brachten die Musikerinnen und Musiker die komplexen Texturen meiner Komposition mit grossem Engagement zum Klingen. In Erinnerung geblieben sind mir insbesondere die Gespräche mit dem Kontrabassisten Andreas Cincera. Seine sehr konkreten Bemerkungen und Fragen zum Werk liessen erkennen, wie genau er sich mit dem Stück auseinandergesetzt hatte. Das gehört zu den erfreulichen Erfahrungen im Leben einer Komponistin, denn in solchen Momenten spürt man, dass die musikalischen Botschaften ankommen.

Die Uraufführung fand am 4. Juli 2003 in der Tonhalle Zürich statt, und am 24. September wurde das Konzert in Mailand im Auditorium di Milano wiederholt. Die zweite Aufführung bedeutete für mich eine Steigerung, was das Verständnis des Orchesters für das Stück angeht. Das ganze Mailänder Konzert mit den Werken von Paul Hindemith, György Ligeti, Stefano Gervasoni und meiner *Phototaxis* klingt bis heute in meinen Ohren nach.

Abb. 62

Abb. 62
Der italienische Komponist Stefano Gervasoni bei der Arbeit.

Un leggero ritorno di cielo

Stefano Gervasoni

Un leggero ritorno di cielo habe ich für das Zürcher Kammerorchester im Auftrag der Internationalen Balzan Stiftung komponiert. Das Stück wurde am 4. Juli 2003 unter der Leitung von Howard Griffiths in der Zürcher Tonhalle uraufgeführt und ist in 22 unterschiedlich dichte Teile strukturiert. Der Aufbau folgt dem Formmodell der *Metamorphosen* von Richard Strauss, verfügt aber über ein aktualisiertes «Vokabular», das ich zeitgenössischen Komponisten wie Helmut Lachenmann, Salvatore Sciarrino, Klaus Huber, Heinz Holliger und Gérard Grisey entliehen habe, deren Arbeiten ich sehr bewundere.

Da in diesem Stück jede Stimme auch solistisch eingesetzt wird, resultiert daraus eine hochvirtuose Komposition. Dabei wechseln die Musikerinnen und Musiker ständig zwischen solistischen und orchestralen Parts, sodass die Stimmen mit allen anderen Instrumenten hervor- und zurücktreten, bis sie schliesslich miteinander verschmelzen. Im Vordergrund steht keine herkömmliche Virtuosität, sondern eine Art Verinnerlichung anhand individueller Gesten, die sich erst im Kollektiv verfeinern. Das Einander-Zuhören ist hier unabdingbar.

Das Orchester passiert ein dunkles Labyrinth auf der Suche nach Licht, es durchquert einen nebulösen Smog, der durch Rauch, Kohlendioxid und feinen Staub unwirtlich geworden ist. Nicht um eine überirdische Offenbarung geht es also, sondern um eine musikalische Himmelfahrt in eine(r) Luft, die endlich wieder durchsichtig, sauber und hell wird und damit Raum gibt, um menschliche Hoffnungen sicht- und hörbar werden zu lassen.

Ich glaube an Zivilisationen, die in der Lage sind, miteinander auszukommen und sich gegenseitig zu unterstützen. Es braucht Kultur und Musik, um das geltend zu machen.

Auch 25 Jahre nachdem dieses Stück uraufgeführt wurde und angesichts der heutigen klimatischen Umwälzungen und ungeheuerlichen Migrationsströme liegt es mir immer noch am Herzen, das in meinen Kompositionen auszudrücken. Ich bin davon überzeugt, dass Musik hilft, die Schmerzen der Welt zu lindern, damit wir uns von der Gravitation lösen können, ohne uns selber zu betäuben und unsere Gehirnzellen mit Denkelementen anzuregen. Ich bin dem ZKO sehr dankbar, dass es damals dem Publikum die Möglichkeit bot, sich auf diese besondere Herausforderung einzulassen.

Übersetzung aus dem Italienischen und Bearbeitung:
Valentina de Marchi.

Abb. 63

Abb. 64

Abb. 65

Abb. 63
Am Fuss des Mont-Saint-Michel in der Normandie während einer Frankreich-Tour (Oktober 1958).

Abb. 64
Im barocken Kaisersaal der Residenz Würzburg (9.5.1980).

Abb. 65
1985 trat das ZKO bereits zum sechsten Mal im Athener Amphitheater Odeon des Herodes Atticus auf (4.9.1985).

Abb. 66
Während einer Asien-Tournee vor einem Tempel im Park des Thailand Cultural Centre in Bangkok (6.10.2014).

Abb. 67
Der Abschluss der Deutschland-Tournee 2016 erfolgte im Konzerthaus Berlin (29.2.1016).

Abb. 68
Bei den BBC Proms in der Londoner Royal Albert Hall (26.7.2014).

Als Kulturbotschafter unterwegs

Abb. 66

Abb. 67

Abb. 68

Abb. 69

Über Tourneen des Zürcher Kammerorchesters

Silvano Berti

Zehn Jahre, zwei Monate und acht Tage: Zählt man die frühesten Kindheitsjahre ab, befand sich Wolfgang Amadeus Mozart rund ein Drittel seines Lebens auf Reisen. Damit gehört der berühmte Salzburger Komponist nicht nur zu den bekanntesten, sondern auch zu den meistgereisten Personen des 18. Jahrhunderts.[1]

Etwa gleich oft begab sich das Zürcher Kammerorchester seit seiner Gründung 1945 auf Tournee: In seiner 73-jährigen Geschichte gab das Orchester bisher rund 6000 Konzerte, von denen 1800 im Ausland stattfanden.[2] Ähnlich wie Mozart gehört das ZKO somit zu den meistgereisten Berufsorchestern der Welt.

Auch in der Saison 2017/18 spielte das Zürcher Kammerorchester rund einen Drittel seiner Konzerte im Ausland. Dort blieb es jedoch lange still um das Zürcher Kammerorchester. Erst seit der Saison 2015/16, als bekannt wurde, dass Daniel Hope der neue Music Director des Orchesters werden sollte, ist beim ZKO bezüglich Gastspiele und Auslandstourneen ein Aufwärtstrend zu erkennen. Das Ensemble gibt sich zunehmend internationaler. Bereits in der ersten Saison unter Hopes Leitung (2016/17) spielte das Orchester mehr als doppelt so viele Auslandskonzerte als in der letzten Saison unter seinem Vorgänger Sir Roger Norrington (2014/15). Dieser Trend blieb nicht unbemerkt. So schrieb die *NZZ am Sonntag*: «Das Zürcher Kammerorchester ist dank des künstlerischen Leiters Daniel Hope ein Leuchtturm geworden, der den Namen der Stadt [Zürich] in die Welt trägt.»[3] Die Aussage hat durchaus ihre Berechtigung. Ein Blick in die Geschichte des Orchesters zeigt aber, dass sich das Zürcher Kammerorchester nicht erst, sondern *erst wieder* unter Hopes Leitung zu einem kulturellen Aushängeschild der Stadt gemausert hat.

Vom Haus- zum Reiseorchester (1950er-Jahre)

An Auslandskonzerte war für die Hausorchester-Vereinigung Zürich in den Anfangsjahren noch nicht zu denken.[4] Neben regelmässigen Konzerten in Zürich, waren bald auch Gastspiele ausserhalb des Kantons Bestandteil der Konzerttätigkeit. Das Ensemble trat vor allem regelmässig im Tessin auf. Hierher hatte man dank Alexander Chasen, der damals oft als Pianist mit dem ZKO auftrat und später erster Geschäftsführer des Orchesters wurde, erstklassige Kontakte. Chasen war Mitbegründer der Musikfestwochen Ascona und ermöglichte dort dem Ensemble seine ersten Auftritte. In den nächsten Jahren kamen Konzerte in Locarno, Lugano und Bellinzona hinzu – der Schritt über die Grenze nach Italien war nicht mehr weit. 1951 folgte, beinahe als logische Konsequenz, das erste Auslandskonzert. Dieses fand am 21. Mai 1951 im Piccolo Teatro in Mailand statt, wobei man zum ersten Mal unter dem neuen Namen Zürcher Kammerorchester respektive Orchestra da Camera di Zurigo auftrat. Mit einem reinen Bach-Programm gelang es, das Mailänder Publikum zu überzeugen. Am nächsten Tag war im *Tempo di Milano* zu lesen: «Das Zürcher Kammerorchester, sein ausgezeichneter Leiter und seine vortrefflichen Komponenten errangen einen aussergewöhnlich warmen Beifall. Es würde uns freuen, diesem symphatischen Ensemble wiederzubegegnen.»[5] Glücklicherweise mussten italienische Konzertfreunde auf eine Wiederbegegnung nicht lange warten. In den nächsten vier Jahren folgten sechs zum Teil mehrwöchige Italien-Tourneen. Durch eine zufällige Begegnung zwischen Alexander Chasen und dem Pariser Agenten Frederick Horwitz nach dem ersten Auslandskonzert in Mailand kam es ein Jahr danach zu den ersten Konzerten in Frankreich. Erneut mit einem abwechslungsreichen Bach-Programm im Gepäck, trat das Orchestre de Chambre de Zurich Anfang April zwei Mal

Abb. 70

Abb. 71

Abb. 72

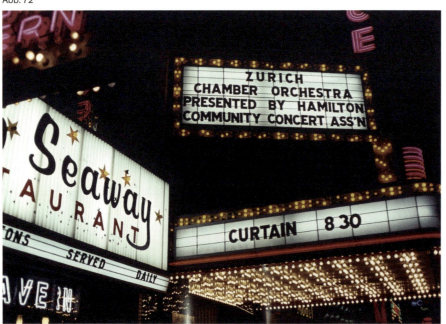

Abb. 69
Mit Fahnen wurde 2009 die Rückkehr des in Shanghai geborenen Muhai Tang für das Konzert in der dortigen Concert Hall gefeiert.

Abb. 70
Programmblatt des ersten Auslandskonzerts des ZKO im Piccolo Teatro in Mailand (21.3.1951).

Abb. 71
Affiche der ersten Konzerte in Frankreich im Salle Gaveau in Paris (1./3.4.1952).

Abb. 72
Leuchtreklame für das Zurich Chamber Orchestra in Hamilton, Ontario, wo das ZKO während seiner zweiten Nordamerika-Tournee auftrat (22.1.1964).

im «Salle Gaveau» in Paris auf. Wiederum war das Konzert ein voller Erfolg, aber das ZKO ruhte sich nicht auf seinen Lorbeeren aus. Wie man zum Beispiel im ausführlichen Briefwechsel zwischen Chasen und Horwitz vor dem Pariser Debüt erkennen kann, war man stets darum bemüht, neue Auftritte im Ausland an Land zu ziehen. Chasen schrieb: «Und noch eine Frage: glauben Sie, dass es Ihnen möglich wäre […] etwas für unser Orchester im übrigen Europa (Belgien, Spanien, Beneluxstaaten, Skandinavische Staaten, Deutschland) zu erreichen?»[6] Chasens Bemühungen zahlten sich aus. Mithilfe von solchen und ähnlichen Kontakten, guten Zeitungskritiken und Mundpropaganda gelang es dem ZKO allmählich, sich in Europa einen Namen zu machen. Ab 1953 spielte das Orchester bis Ende der 1950er-Jahre mehr als die Hälfte seiner Konzerte ausserhalb der Schweiz. Durch die starke Beanspruchung im Ausland musste das Ensemble in der Saison 1954/55 sogar die Anzahl der Abonnements- und Extrakonzerte in Zürich von elf auf acht reduzieren.[7] Der Fokus des ZKO lag nun also klar im Ausland, und das vormalige Hausorchester entwickelte sich, begünstigt durch seine im Vergleich zu einem Symphonieorchester deutlich geringere Grösse, zu einem flexiblen Reiseorchester. Jährliche Tourneen durch Deutschland, Frankreich, Italien oder Spanien waren dabei die Regel, Konzerte in Ländern wie Algerien (1954), Schweden (1958), Dänemark (1958) oder Holland (1958) willkommene Ausnahmen und Reisen zu Festivals wie dem Festival de Musique de Menton (1953/1960) unvergessliche Erlebnisse. Letzteres ist auch Ida Lindauer, einer langjährigen Cellistin des Orchesters, im Gedächtnis haften geblieben. An die aussergewöhnlichen Probenverhältnisse erinnert sie sich wie folgt: «Einmal erlebten wir zehn fröhliche Sommertage in Valbonne, einem versteckten kleinen Städtchen in Südfrankreich. […] Wir wohnten in einem Landgasthof, morgens wurde gearbeitet an moderner und alter Musik für ein Festivalkonzert in Menton. Das ganze Städtchen nahm teil an unseren Proben, denn sie fanden auf dem herrlich kühlen Dorfplatz statt, unter einem Schattendach von uralten Platanen und zwischen den Arkaden der alten Häuser, die den schönen Platz einrahmen.»[8] Schilderungen wie diese finden sich viele. Auch wenn jedem Orchestermitglied ein anderes Erlebnis besonders in Erinnerung geblieben ist, als Highlight der Anfangszeit sticht unbestritten die erste Nordamerika-Tournee des Orchesters heraus.

Als «Zurich Little Symphony» in Nordamerika (1956)

Die *Schweizer Filmwochenschau* berichtete am 29. Dezember 1955: «Im Flughafen Zürich Kloten ist vor Kurzem das Motorengebrumm Klängen Bach'scher Musik gewichen. Das Zürcher Kammerorchester unter der Leitung von Edmond de Stoutz hat ein Abschiedskonzert gegeben.»[9] Im ersten Fernsehauftritt des ZKO wurde aber nicht etwa über seine Auflösung berichtet, sondern über ein Konzert, das das Ensemble kurz vor seinem Abflug nach New York in der grossen Halle des Flughafens spielte. Als erstes Schweizer Orchester begab es sich auf eine Nordamerika-Tournee. Während gut zwei Monaten tourte das ZKO mit dem Bus durch die Vereinigten Staaten und Kanada und gab 38 Konzerte in 19 Staaten. Ausgangspunkt der Tournee war Seattle, von wo aus man die gesamte Westküste bis nach Pacific Grove hinunterfuhr. Nachdem man wieder nach New York geflogen war, bespielte das Ensemble die Ostküste bis ins nördliche Québec, durchquerte anschliessend die amerikanische Prärie und gab schliesslich in Tiffin (Ohio) sein letztes Konzert. Angekündigt wurde das Orchester jeweils als «Zurich Little Symphony». Ein New Yorker Agent hatte für diese Tournee extra den Namen geändert, da dieser leichter verständlich und dementsprechend besser zu verkaufen war.[10] Überall eilte «Europe's most

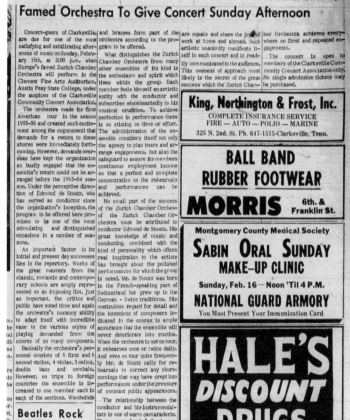

Abb. 73
Nicht nur über die Beatles, die im Washington Coliseum ihren ersten Auftritt in den USA hatten, berichtete der *Leaf Chronicle*, sondern auch über das ZKO-Konzert in Clarksville, Tennessee.

popular small orchestra»[11] und Edmond de Stoutz, der als «best known representative of his generation of conductors in Switzerland»[12] vorgestellt wurde, ihr Ruf voraus. Diesem konnte das Orchester auch gerecht werden und wurde äusserst positiv aufgenommen. In den Headlines der amerikanischen Tagespresse war zu lesen: «Glorious Concert By Zurich Group Thrills Crowd»,[13] «Reviewer Praises Symphony; Clamied ‹Phenomenal Group»»[14] oder «All-String Zurich Orchestra Provides Rare Concert Treat».[15] Leise Kritik war einzig bezüglich des eher konservativen Programms zu vernehmen,[16] das jedoch neben Bach, Händel oder Mozart auch Werke von Béla Bartók und das erst 1955 vom ZKO uraufgeführte *Concerto veneziano* des Schweizer Komponisten Peter Mieg enthielt. Dass das positive Gelingen solch einer Tournee einem kleinen Wunder glich, erstaunt kaum. Pannen gab es erstaunlich wenige, und wenn doch einmal etwas schiefging, wurde aus der Not eine Tugend gemacht. Wie Edmond de Stoutz' Sohn Louis später berichtete, gab es diesbezüglich einen besonders denkwürdigen Abend. Er erzählt: «Fast jeden Abend führte das Orchester das Divertimento von Béla Bartók auf. In der Mitte einer dieser Aufführungen setzte plötzlich die Stromversorgung des Konzertsaals aus. In der fast totalen Finsternis – ein paar Notausgangsbeschriftungen gaben noch ein schwächliches Licht ab – konnten die Musiker nur gerade die weissen Manschetten des Dirigenten erahnen, an ein Notenlesen war nicht zu denken. Dennoch wurde das nicht gerade leichte *Divertimento* im dunklen Saal fast besser als sonst zu Ende gespielt und erhielt somit den wohl grössten Applaus seiner Geschichte.»

Neben unerwarteten Stromausfällen hatte das ZKO aber vor allem mit dem Wetter zu kämpfen. Schneestürme, Nebel und rutschige Strassen sind im Januar und Februar auch im Land der unbegrenzten Möglichkeiten keine Seltenheit, weswegen das ZKO öfter nur knapp vor Konzertbeginn im Konzertsaal eintraf. Ausser dass die sonst übliche Vorprobe entfiel und die Nahrungsaufnahme äusserst knapp ausfallen musste, hatte dies aber keine weiteren Konsequenzen. Louis de Stoutz berichtet in diesem Zusammenhang auch von der bemerkenswerten Gastfreundschaft, die dem Ensemble entgegengebracht wurde: «Wegen eines Schneesturms kam das Orchester erst gegen Mitternacht in einer kleinen Stadt an. Anstatt nach Hause zu gehen, war das ganze Publikum im Saal geblieben und hatte die Wartezeit mit dem Singen von Kirchenliedern und Ähnlichem verbracht. Als das Orchester endlich eintraf und mit dem Konzert unverzüglich beginnen wollte, wurde es zuerst ins Foyer geführt und mit warmem Tee und Sandwiches verpflegt. Erst als die Gastgeber sich vergewissert hatten, dass alle Musiker wohlauf waren, durften sie mit dem Konzert beginnen.»

Durch solche Erlebnisse war das Fazit der Tournee ein überwiegend positives, und die unzähligen Stunden im Bus, insgesamt durchquerte das Orchester 39 Staaten und legte 24 000 Kilometer zurück,[17] oder Übernachtungen in heruntergekommenen Motels wurden gerne in Kauf genommen. Ans Ausruhen oder an Sightseeing war aber selbst nach einer solch langen und kräftezehrenden Tour nicht zu denken. Im Anschluss an das letzte Konzert der Tournee flog das Ensemble unverzüglich nach Zürich zurück, um am Tag nach der Rückkehr ein nächstes Konzert zu geben.[18]

Über steinige Strassen auf die Bühnen der Welt (1960–1996)

Die Erfolge, die das ZKO in den Vereinigten Staaten und Kanada feierte, blieben nicht unbemerkt. War man zwar bisher in vielen mitteleuropäischen Ländern aufgetreten, folgten nun Engagements aus der ganzen Welt. In den 1960er-Jahren gab das Orchester durchschnittlich 60 Auslandskonzerte

Abb. 74

pro Jahr, und bis 1996 blieb die Auslandstätigkeit des ZKO äusserst hoch. Fünf weitere Tourneen durch Nordamerika (1964, 1967, 1970, 1980, 1987), drei Tourneen durch Griechenland mit Auftritten im altehrwürdigen Herodes Attikus Theater (1964, 1977, 1985), ein Auftritt auf der riesigen Bühne des antiken Caesarea im heutigen Israel (1968), drei Tourneen durch ganz Südamerika (1969, 1983, 1991), vier Tourneen durch Asien und Ozeanien (1971, 1975, 1989, 1994) und zwei Tourneen durch die UdSSR (1974, 1985), wo das ZKO als erstes Schweizer Orchester konzertierte, sind nur einige Höhepunkte der restlichen Ära de Stoutz. Zum «business as usual» gehörten weiterhin Tourneen durch Italien, Spanien, Frankreich, Österreich und besonders Deutschland. Dort tourte das Orchester weit über 50 Mal, oft während mehrerer Wochen, womit sich Deutschland, wo die Hälfte aller Auslandskonzerte stattfand, neben der Schweiz zum meistbespielten Land des ZKO herausbildete. Nur schwer lässt sich veranschaulichen, wie oft sich das Orchester in der Ära de Stoutz auf Tournee befand. Dennoch drängen sich dazu primär zwei Fragen auf: Was waren die Gründe für die vielen Konzerte im Ausland, und wie wurden diese finanziert?

Die erste Frage lässt sich relativ leicht beantworten. Trotz aller Erlebnisse und Erfolge, die das ZKO auf seinen Tourneen feierte, wurden die Konzerte nicht zum reinen Vergnügen gegeben. Für das Ensemble waren sie lebensnotwendig. Ab 1954 wurde das Zürcher Kammerorchester ein reines Berufsorchester und musste deshalb in der Lage sein, den Musikerinnen und Musikern einen minimalen Lohn zu garantieren.[19] Mit dem erst 1985 voneinander getrennten Tonhalle- und Theaterorchester gab es in Zürich bereits einen etablierten Klangkörper, weswegen das ZKO einen wesentlichen Teil seiner Einkünfte aus Engagements ausserhalb Zürichs beziehen musste.[20] Zudem besass das ZKO schon früh ein gewisses Sendungsbewusstsein. Edmond de Stoutz war sich der Bedeutung der Konzerttourneen bewusst, da das Orchester nicht nur mit Kunst von erstklassiger Qualität, sondern auch mit dem Namen der Stadt Zürich assoziiert und als deren Repräsentant wahrgenommen wurde. Er berichtete später: «Überall wo wir hinkommen, heisst es ‹Die Zürcher kommen›, es heisst nicht ‹Das Zürcher Kammerorchester kommt.›»[21] Dabei hatte das ZKO in seiner Anfangszeit gegenüber anderen Orchestern ein grosses Manko, womit wir bei der zweiten Frage und der Finanzierung der Reisen angelangt wären. Bis 1969 war das Zürcher Kammerorchester das einzige international tätige Ensemble, das sowohl ohne Subventionen lebte als auch ohne Subventionen reisen musste. Bei einer Ansprache 1965 erinnerte sich Edmond de Stoutz an die politische Situation der Anfangsjahre. Die meisten Staaten erkannten bereits kurz nach Ende des Zweiten Weltkriegs den Wert der Exportware «Kunst» zu Goodwill- und Propagandazwecken und subventionierten ihre Künstler dementsprechend; nicht so in der Schweiz. Hier verhinderte, so de Stoutz, vor allem die Bundesverfassung die Subventionierung von Auslandsreisen: «Bei uns sind die Kantone für kulturelle Dinge zuständig, und dem Bund stehen deshalb keine Mittel für Musik zur Verfügung. Da der Kanton aber keine Aussenpolitik betreibt, so hat er kein direktes Interesse an musikalischer Auslandstätigkeit, und da der Bund keine finanziellen Mittel für Musik besitzt, so kann er die Aussenpolitik nicht durch Musikexport unterstützen.» Damit war das ZKO stark benachteiligt. Konkret erinnert sich de Stoutz an ein Engagement in Bordeaux Mitte der 1950er-Jahre. Der Vertrag war mit einer Gage von 3000 Franken bereits abgeschlossen, die Konzertveranstalter sagten dem Orchester jedoch kurzfristig ab. Später erfuhr man, dass anstelle des ZKO die subventionierten Berliner Philharmoniker für 300 Mark engagiert worden waren.[22]

Abb. 75

Abb. 76

Abb. 77

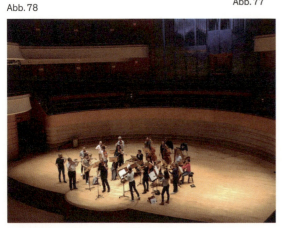

Abb. 78

Abb. 74
Während der zweiten Griechenland-Tournee gab das ZKO auch vor der magischen Kulisse des berühmten delphischen Orakels ein Konzert (16.7.1966).

Abb. 75
Tosender Applaus der vielen Tausend Besucher in der Royal Albert Hall in London (26.7.2014).

Abb. 76
Mit Sir Roger Norrington in der Basilica di San Pietro in Perugia (28.6.2017).

Abb. 77
Selbst die dem berühmten Baumeister Balthasar Neumann zugeschriebene Prunktreppe im Schloss Augustusburg in Brühl diente dem ZKO als Konzertplattform (19.8.2008).

Abb. 78
Orchesterprobe im Segerstrom Center for the Arts in Costa Mesa, USA (21.3.2018).

Bis Ende der 1960er-Jahre wurde dieser Nachteil allein durch eine sparsame Lebensweise und durch harte Arbeit wettgemacht. Lange erhielten die Musikerinnen und Musiker nur eine geringe Gage, Edmond de Stoutz bezog überhaupt kein Gehalt.[23] Das Reisen in der Holzklasse gehörte genauso zum Alltag wie Übernachtungen in einfachen Bleiben, und Marathonprogramme mit täglichen Konzerten in jeweils anderen Orten waren keine Seltenheit. Befand man sich einmal «on tour», musste bei der Reise auch möglichst viel herausspringen. Bereits 1965 hatte das Orchester 1291 Konzerte gegeben, davon 629 im Ausland.[24]

Einen wertvollen Partner erhielt das ZKO mit der Gesellschaft der Freunde des Zürcher Kammerorchesters (GFZKO), die 1963 gegründet wurde. Der GFZKO war der Wert der «Kulturpropaganda» bewusst und sie bedeutete für das Orchester sowohl ideell als auch finanziell eine wichtige Stütze. Die GFZKO sicherte dem ZKO nicht nur sein Überleben, sondern unterstützte das Ensemble gerade auch hinsichtlich seiner Tourneetätigkeiten.

Am leichten Rückgang der Auslandsengagements ab Mitte der 1970er-Jahre konnte das Zürcher Kammerorchester aber trotz des Rückhalts der ZKO-Freunde und der Subventionen nichts ändern. Der Rückgang lag einzig an Veränderungen im Musikgeschäft, wofür es folgende Gründe gab: Erstens mussten Konzertveranstalter im Ausland ihr Geld für ihre «eigenen» Kulturinstitutionen ausgeben, wodurch «Fremde» zunehmend weniger oft engagiert werden konnten.[25] Zweitens liess die Faszination an Kammerorchestern, die in der Nachkriegszeit gross in Mode waren, allmählich nach. Drittens war Livemusik im Vergleich zur Anfangszeit des ZKO leichter zugänglich geworden, und «jede» kleine Stadt besass inzwischen ihr eigenes Orchester. Viertens wurden die Kosten, die eine Auslandsreise verursachten, zunehmend höher.[26] Über die gesamte Ära de Stoutz gesehen, hatten diese Veränderungen aber nur kleine Auswirkungen auf die Auslandstätigkeit des Ensembles. Bis 1996 blieb sie hoch, und der «Leuchtturm-ZKO» strahlte bis zum Ende der Ära hell. Wie in Edmond de Stoutz' Nekrolog zu lesen ist, dürfte «für viele Konzertbesucher zwischen Lissabon und Helsinki, zwischen Kanada und Japan […] Zürich fast synonym sein mit dem Zürcher Kammerorchester».[27] Begründet durch die erste Nordamerika-Tournee hatte sich das ZKO in über 1600 Auslandskonzerten in fast allen europäischen Staaten und in allen Kontinenten den Ruf als «eines der hervorragendsten Kammerorchester der Welt erspielt».[28]

Aufbruch zu neuen Ufern (1996–2015)

Als Howard Griffiths 1996 das Zepter von Edmond de Stoutz übernahm, wehte ein frischer Wind durch Zürich. Im Ausland spürte man davon allerdings nur wenig, denn den regen Auslandstätigkeit des Orchesters wurde der Wind aus den Segeln genommen. In der ersten Saison unter Griffiths 1996/97 spielte das ZKO kein einziges Auslandskonzert. Von seiner einstmaligen Präsenz auf den Bühnen der Welt war scheinbar schlagartig nichts mehr zu spüren.

Dabei lag dies nicht etwa an einer Aversion Howard Griffiths' gegenüber Konzerten im Ausland, sondern hatte vielschichtige Gründe. Zum einen lag der Fokus des ZKO vorerst nicht im Ausland. In der Schweiz versuchte man mit der Konzertreihe «Klassik im Quartier», mit Familienkonzerten oder der Übernahme des Meisterzyklus' einerseits das angestammte Zürcher Publikum zu behalten und andererseits ein neues dazuzugewinnen. Vermehrt wurden ausserdem CDs aufgenommen oder Crossover-Projekte veranstaltet.[29] Zum anderen zeigten sich nun vollends die Auswirkungen der oben kurz dargelegten Veränderungen im Musikgeschäft. Dies musste auch der neue Geschäftsleiter

Thomas Pfiffner feststellen: «Heute muss man Tourneen ganz anders organisieren: Jahre im Voraus gilt es, mit Veranstaltern und Agenturen Erfolg versprechende Konzepte zu erarbeiten, Sponsoren zu suchen und Promotionsmaterial zu erstellen.»[30] Begründet durch die Wechsel auch hinter den Kulissen des ZKO, die mit dem Amtsantritt von Howard Griffiths stattfanden, gab es kaum mehr Anfragen für Konzertengagements im Ausland.[31] Die Früchte von Pfiffners Arbeit mussten erst noch reifen, bevor sie geerntet werden konnten.

Lange musste man sich im Ausland jedoch nicht gedulden. Die erste Tournee des Zürcher Kammerorchesters unter Howard Griffiths fand bereits im Juni 1998 statt. Diese führte das Orchester gleich nach China, Manila und Singapur, wo das Orchester insgesamt sieben Konzerte spielte. Fortan fanden wieder jede Saison durchschnittlich zehn Konzerte im Ausland statt, und das Zürcher Kammerorchester blieb nach wie vor das Schweizer Berufsorchester, das am häufigsten im Ausland spielte.[32] Weitere Höhepunkte waren regelmässige Auftritte in Griffiths vormaliger Heimat, der Türkei, sowie zwei grosse Abschiedstourneen durch die Vereinigten Staaten (2005) und China (2006). Auch wenn diese Tourneen jeweils in den Medien ein lebhaftes Echo auslösten und künstlerisch ein Erfolg waren, deckten sie im Gegensatz zur Ära de Stoutz die Kosten nur knapp und konnten keine Gewinne erzielen. Für das Renommee Zürichs als Kulturstadt waren sie aber weiterhin von Bedeutung. So war die China-Tournee besonders der Initiative des alt Stadtpräsidenten und Präsidenten der Schweizerisch-Chinesischen Gesellschaft Thomas Wagner zu verdanken, der seine Rolle als Botschafter spielen liess. Seit sich das Reich der Mitte zur Grossmacht in der Weltwirtschaft entwickelte, wurden Chinas Grossstädte vom internationalen Kulturangebot überschwemmt. Wagner erkannte die Wichtigkeit, dass ein Kleinstaat wie die Schweiz hier Flagge zeigen sollte. Obwohl diese Tournee äusserst aufwendig war, sowohl für die Musikerinnen und Musiker, die trotz Jetlag noch am selben Abend ihrer Ankunft einen der beiden Auftritte in der Hauptstadt Peking zu absolvieren hatten, als auch für die Sponsoren, so war sie «zum Wohle Zürichs und der Schweiz jedoch alle Anstrengungen wert».[33]

Ähnlich wie bei Griffiths sah es bei seinen Nachfolgern Muhai Tang und Sir Roger Norrington aus. Auch wenn sich das Zürcher Kammerorchester regelmässig auf Tournee begab und seine Rolle als kultureller Botschafter und Aushängeschild der Stadt durchaus wahrnahm, herrschte im Vergleich zur Ära de Stoutz Flaute, was das Tourneewesen des ZKO anbelangte. Der Fokus des Orchesters lag klar auf Zürich und der Schweiz.

Wie bei Griffiths spielte auch bei Muhai Tang vor allem die östliche Hemisphäre eine herausragende Rolle in Bezug auf Auslandskonzerte, insbesondere China. Aufgrund von Tangs Herkunft fand der Kulturaustausch mit dem Land der Mitte dabei beidseitig statt. Das Ensemble der Jiangsu Province Kunqu Opera war 2007 mit der schweizerischen Erstaufführung des *Pfirsichblütenfächers* zu Gast in der Schweiz, im Gegenzug begab sich das Zürcher Kammerorchester zwei Jahre später erneut auf grosse China-Tournee.

Highlights unter Sir Roger Norrington, der in der Saison 2011/12 die Leitung des Orchesters übernahm, waren neben zwei Südafrika-Tourneen (2013, 2015) und einer weiteren Asien-Tournee mit Auftritten in Südkorea, Japan, China und Thailand (2014) zweifellos die beiden Auftritte bei den BBC Proms im Juli 2014. Das Zürcher Kammerorchester führte in der voll besetzten Royal Albert Hall in London die Bach'sche *Johannes-Passion* vor Tausenden begeisterter Konzertbesucher auf. Das Konzert wurde von der

BBC in die ganze Welt übertragen, womit das Zürcher Kammerorchester erstmals seit der Ära de Stoutz wieder eine weltweite Medienpräsenz erlangte.

Die Reise geht weiter (2015–2018)

Der Auftritt bei den BBC Proms kann als erster Funke für die fortan wieder zunehmende Auslandtätigkeit des Orchesters betrachtet werden. Die Initialzündung erfolgte dann ein Jahr später mit der Verpflichtung von Daniel Hope als neuem Music Director. Die Zeichen waren klar: Der Fokus des Orchesters sollte nun wieder aufs Ausland gerichtet werden.

Bereits in der Interimssaison 2015/16 unter der Leitung von Willi Zimmermann war diese Tendenz spürbar. Abgesehen von Howard Griffiths' Abschiedssaison fanden zum ersten Mal seit der Ära de Stoutz wieder mehr als 20 Konzerte in einer Saison im Ausland statt.

Als Daniel Hope in der Saison 2016/17 die Leitung des Orchesters übernahm, machte er es zu seinem erklärten Ziel, das Profil des Orchesters zu internationalisieren.[34] Bis heute scheint Hope dazu auf dem besten Weg zu sein. In seinen ersten beiden Saisons wurde die Konzertanzahl im Ausland noch einmal deutlich gesteigert. Seit 2004 selbst als Organisator des Savannah Music Festivals tätig, begleitete Hope das ZKO nach seinem Amtsantritt zu zahlreichen Festivals in ganz Europa. Mehrwöchige Tourneen führten das Orchester nach Südkorea (2016), England (2016), Südamerika (2017), Deutschland (2018), die Vereinigten Staaten (2018) und trugen dazu bei, dass das Zürcher Kammerorchester und der Name der Stadt Zürich heute wieder in aller Munde sind. Was für einen hohen Status das ZKO unter Hopes Leitung gegenwärtig im Ausland geniesst, zeigt der Tourabschluss der letzten Deutschlandtournee. Bereits zum dritten Mal(!) spielte das ZKO in der erst im Januar 2017 eröffneten Elbphilharmonie in Hamburg, dem wohl modernsten Konzerthaus der Welt. Dass man hier gleich auch die Vertragsverlängerung mit Daniel Hope bis zur Saison 2021/22 bekannt gab, überrascht wenig. Die Reise des Zürcher Kammerorchesters geht also weiter. Wohin? Das wird sich zeigen.

---

1 Vgl. Anja Morgenstern: «Wenn ich werde nach Berlin ver=Reisen – Wolfgang Amadé Mozarts Reise nach Leipzig und Berlin (1789)», in: Christoph-Hellmuth Mahlin (Hg.), *Musiker auf Reisen. Beiträge zum Kulturtransfer im 18. und 19. Jahrhundert*, Augsburg 2011, S. 68.

2 Wenn nicht anders erwähnt, beruht folgender Text auf der «Konzertliste des ZKO» aus dem Archiv de Stoutz und den Geschäftsberichten der Jahre 1995–2017.

3 Christian Berzins: «Corine Mauch im Kultur-Check», in: *NZZ am Sonntag*, 25.2.2018, S. 65.

4 Vgl. Edmond de Stoutz: «Auf Strassen und Buehnen. Ansprache anlässlich der Generalversammlung der GFZKO», Zürich 1965, S. 2 (unveröffentlicht).

5 g. conf.: «Musiche di Bach al Piccolo Teatro», in: *Tempo*, 22.5.1951.

6 Archiv Edmond de Stoutz, 1951 06 02 ACh Hor t, Briefwechsel Chasen – Horwitz.

7 Vgl. Archiv Edmond de Stoutz, GP54/55, Generalprogramm der Saison 1954/55.

8 Ida Lindauer: «Reisen mit dem Zürcher Kammerorchester», in: Gesellschaft der Freunde des Zürcher Kammerorchesters (Hg.): *25 Jahre Zürcher Kammerorchester. Ein Porträt*, Zürich 1978, S. 57.

9 Vgl. ohne Verf.: «Musik auf Reisen», in: *Schweizer Radio DRS, Schweizer Filmwochenschau*, 6.1.1956.

10 Vgl. Joanne Williams: «Artists find joy in work», in: *Wausau Daily Herald*, 1.11.1987, S. 1E.

11 Ohne Verf.: «Zurich Little Symphony Plays Here Jan. 29», in: *The Jacksonville Daily Journal*, 22.1.1956, S. 5.

12 Ohne Verf.: «Stoutz, Symphony To Appear At Tempe», in: *The Arizona Republic*, 12.2.1956, S. 15.

13 Ohne Verf.: «Glorious Concert By Zurich Group Thrills Crowd», in: *Wausau Daily Herald*, 28.1.1956, S. 5.

14 John E. Drysdale: «Reviewer Praises Symphony; Clamied ‹Phenomenal Group›», in: *Medford Mail Tribune*, 8.1.1956, S. 6.

15 Phil Harmonic: «All-String Zurich Orchestra», in: *Corvallis Gazette Times*, 5.6.1956, S. 8.

16 Vgl. Clifford Gessler: «Swiss Orchestra Lauded in Concert», in: *Oakland Tribune*, 9.1.1956, S. 27.

17 Vgl. ohne Verf.: «Edmond de Stoutz zum Gedenken. Dirigent, Musiker und Philosoph», in: Gesellschaft der Freunde des Zürcher Kammerorchesters (Hg.): *Mitteilungen der Gesellschaft der Freunde des Zürcher Kammerorchesters 14*, Zürich 1997, S. 2.

18 Vgl. ohne Verf.: «Swiss Musicians Battle Snow To Reach Salina», in: *The Salina Journal*, 9.2.1956, S. 2.

19 Vgl. Edmond de Stoutz: «Auf Strassen und Buehnen. Ansprache anlässlich der Generalversammlung der GFZKO», Zürich 1965, S. 9 (unveröffentlicht).
20 Vgl. Josef Estermann, Martin Brunner: «Zürcher Kammerorchester, Erhöhung des jährlichen Beitrags», in: Weisung des Stadtrates an den Gemeinderat Nr. 2000/320, 5.7.2000.
21 Archiv Edmond de Stoutz, 1993 12 20 Gesprächsrunde, Niederschrift einer Gesprächsrunde zwischen dem ZKO und der Musikkommission, S. 21.
22 Vgl. für den ganzen Abschnitt Edmond de Stoutz: «Auf Strassen und Buehnen. Ansprache anlässlich der Generalversammlung der GFZKO», Zürich 1965, S. 15 f. (unveröffentlicht).
23 Vgl. Archiv Edmond de Stoutz, 1963 01 GrGFZKO Info, Gründungsschreiben GFZKO.
24 Vgl. Edmond de Stoutz: «Auf Strassen und Buehnen. Ansprache anlässlich der Generalversammlung der GFZKO», Zürich 1965, S. 10 f. (unveröffentlicht).
25 Vgl. Archiv Edmond de Stoutz, 1993 12 20 Gesprächsrunde, Niederschrift einer Gesprächsrunde zwischen dem ZKO und der Musikkommission, S. 3.
26 Nina Toepfer: «ZKO-Jubiläumstournee», in: NZZ, 29./30.10.2005, S. 52.
27 Vgl. Rolf Urs Ringger: «Ein Weltmann und Musikant», in: NZZ, 31.1.1997, S. 46.
28 Johannes Meili: «Die Ära Edmond de Stoutz», in: Zürcher Chronik, Jahrgang 66, Bd. 3, Zürich 1998, S. 10.
29 Vgl. Alfred Zimmerlin: «Ein Prozess, den das Orchester noch nie erlebt hat», in: NZZ, 8.7.2004, S. 52.
30 Ohne Verf.: «Musiker sind Reisende», in: Frehner Consulting AG (Hg.), ZKO stellt sich vor, St. Gallen 2004.
31 Vgl. Beitrag von Martin Meyer in diesem Band, S. 53.
32 Ohne Verf.: «Musiker sind Reisende», in: Frehner Consulting AG (Hg.), ZKO stellt sich vor, St. Gallen 2004.
33 Urs Schoettli: «Das Zürcher Kammerorchester in China», in: NZZ, 24.5.2006, S. 52.
34 Moritz Weber: «Hopes Welt und Norringtons Geist», in: NZZ, 29.9.2016, S. 44.

Abb. 79

Abb. 79
Warten auf das Schiff in Stockholm (29.10.1961).

Silvano Berti, Peter Marschel

Nomadenalltag

«Wenn wir im Hotel ankommen, ist die erste Frage: ‹Gibt's Post?›»[1] Als die Cellistin Ida Lindauer mit dem Zürcher Kammerorchester ab den 1950er-Jahren regelmässig auf Tournee ging, stellte sie diese Frage Dutzende Male. An Smartphones, Facebook und Co. war noch nicht zu denken, die Kommunikation mit den Liebsten zu Hause fand ausschliesslich über Briefe, Ferngespräche oder Telegramme statt. Keine Frage: In den knapp 70 Jahren, in denen das ZKO durch die Welt tourt, hat sich viel verändert.

In der Anfangszeit des Orchesters lautete die Devise vor allem sparen, wo man kann. Auf Reisen bedeutete dies deshalb oftmals den Verzicht auf teure Restaurants, und in vielen Hotels, wenn man sich diesen Luxus überhaupt leistete, machte man lieber nicht das Licht an. Am eigenen Leib erlebte dies Inès Heuer-de Stoutz, die als langjährige Orchestermitarbeiterin und Schwester von Edmond de Stoutz das ZKO auf vielen Tourneen begleitete: «Um zu sparen, übernachteten wir auf dem Weg in die nächste Stadt im Bus. Meist assen wir darin Sandwiches oder picknickten im Freien. Alexander Chasen machte manchmal ein Feuer, um zu grillieren, oder er kochte Kaffee am Strassenrand.» Es gab eine «Birchermüesli-Equipe», die ihre Koffer so ausrüstete, dass sich darin raffinierte Abteile für Schälchen, Löffel, eine grosse Schüssel und Vorräte, die aus heimischen Reformhäusern mitgebracht wurden, befanden.[2] Dabei konnten sogar heute alltägliche Dinge zum Erlebnis werden: «Bei der ersten Amerika-Tournee kauften wir, um Essenszeit zu sparen, oft in Supermarkets ein, die uns, da man sie hier in Europa noch nicht kannte, sehr beeindruckten.»[3]

Wenn es ging, reiste das ZKO mit dem Bus. Dieser gehörte jedoch nicht dem Orchester, sondern musste jeweils gemietet werden. Das Schild aussen am Bus, auf dem der Name «Zürcher Kammerorchester» zu lesen war, wurde immer wieder von Neuem angebracht. Bei Wegstrecken von 600 Kilometern pro Tag, wie das bei der ersten Nordamerika-Tournee öfter der Fall war, zusammengepfercht auf engstem Raum über unzählige Stunden hinweg und kaum Bewegungsmöglichkeiten, wurde das Reisen im Bus schnell zur Odyssee. Die Zeit vertrieb man sich mit Lesen, Stricken und Schachspiel, man löste Kreuzworträtsel, philosophierte oder versuchte, auf seinem Instrument zu üben.[4]

Manchmal reiste das ZKO auch mit dem Flugzeug oder, wie zu Festivals, mit dem Zug. Der Materialtransport wurde immer vom Orchester selbst vorgenommen. Dass Gepäckstücke verloren gingen, war keine Seltenheit: «Beim Umsteigen in Frankreich hatten wir einmal so wenig Zeit, dass Koffer auf dem Bahnsteig stehen blieben und unser riesiger Bassist in einem viel zu kleinen Frack aus dem Leihhaus spielen musste.»[5] Mit wie viel Gepäck das Orchester reiste, zeigt auch folgende Anekdote: «In Sizilien füllten wir einen Luxuszug, der nur zwei Wagen mitführte, derart mit unserem vielen Gepäck, dass der Konduktuer tatsächlich keine Möglichkeit mehr hatte, sich durch den Gang zu quetschen.»[6]

Zu kämpfen hatte das Orchester aber nicht nur mit seinen eigenen Instrumenten. Gerade bei Werken, bei denen Tasteninstrumente verlangt werden, war man auf fremde Instrumente angewiesen, wobei man öfter auf Probleme stiess. Louis de Stoutz erzählt: «Zur Zeit als das ZKO des Öfteren das Bach-*Konzert für vier Klaviere* aufführte, kamen die Musikerinnen und Musiker an einem Wochenende am Nachmittag in einer italienischen Stadt an und fanden im Saal nur einen Flügel vor! Etwas in der Kommunikation war schiefgelaufen. Es mussten also innerhalb weniger Stunden noch drei weitere Flügel organisiert werden. Die Stadt war aber klein, und alle Geschäfte waren zu. Schliesslich schaffte es der Organisator, die halbe Bevölkerung zu mobilisieren und

Abb. 80

Abb. 82   Abb. 81

Abb. 80
Auf der Südamerika-Tournee wurden für den rechtzeitigen Transport des Orchesters zwei argentinische Militärflugzeuge gechartert (9.5.1969).

Abb. 81
Umstieg mit viel Gepäck im Hafen von Stockholm (29.10.1961).

Abb. 82
Gruppenfoto in Jerusalem (13.8.1968).

drei Instrumente aufzutreiben; eines davon war ein Standklavier, das von einer Klavierlehrerin zur Verfügung gestellt wurde.»

Trotz all dieser Strapazen und Unannehmlichkeiten (oder gerade auch deshalb) entwickelte das Orchester in seiner Anfangszeit ein starkes Zusammengehörigkeitsgefühl: «In Car, Eisenbahn oder Flugzeug sind wir auf der Tournee eine Gemeinschaft von 25 Individualisten, meistens in ausgezeichneter Stimmung. Wir lachen viel und gerne, wir lästern auch und ärgern einander, aber wir vertragen uns immer wieder, und es ist bestimmt kein schlechtes Zeichen, dass wir ohne ernsthaften Streit wochenlang so eng zusammenleben können. Besonders die beiden Amerika-Tourneen haben bewiesen, dass wir eine gute Gemeinschaft bilden. Wir leben wie eine Familie.»[7]

Allein durch diesen Zusammenhalt war es möglich, den strengen Tagesablauf zu bewältigen. Auf der Höhe der Tourneetätigkeit, Mitte der 1960er-Jahre, sah dieser für Edmond de Stoutz und das ZKO wie folgt aus: «6.30 Tagwacht, 7.15 Koffer im Bus, 7.30 Abfahrt, 10.30 notwendiger Unterbruch im Freien oder in einem Gasthaus, 12.30 Ankunft am Konzertort, 13.00 Mittagessen, nachher Koffer auspacken. 15.00 Probe bis 18.00. Dann zurück ins Hotel, Nachtessen 18.30, umziehen, 20.00 Konzert. 22.00 Beginn der Zugabe, 22.45 nach-dem-Konzert-Zusammensitzen-mit-den-Veranstaltern, denn alle Veranstalter sitzen von 22.45 bis, je nach Temperament, Mitternacht oder 2.00 morgens mit den Künstlern zusammen. 2.00 morgens ins Bett, 6.30 Tagwacht.»[8]

Für die Sehenswürdigkeiten der jeweiligen Stadt oder für Freizeitbeschäftigung blieb nur wenig Zeit. Selten gab es Freitage, an denen man im heissen Juli einige Stunden am Sandstrand von Griechenland die Zeit verdösen oder in der warmen Märzsonne am Elbufer in Blankenese bei Hamburg im Liegestuhl den Dampfern bei ihrem Treiben zusehen konnte.[9] Auch auf Reisen versuchte Edmond de Stoutz, täglich eine Probe durchzuführen. Es galt nicht nur die Akustik, das Licht, die Grösse der Bühne oder den Platz zum Sitzen und Spielen kennenzulernen. Selbst wenn das Orchester, wie auf Tourneen üblich, das gleiche Programm wie am Abend zuvor spielte, war die Arbeit nie beendet. De Stoutz war der Ansicht, dass gerade dann eine Probe notwendig ist: «Nie ist ein Programm so probebedürftig wie nach seiner Aufführung.»[10]

Die Entschädigung für all diese Mühen und Strapazen folgten im Konzert. Nicht nur der tosende Applaus in imposanten Sälen wie der Carnegie Hall in New York (1967, 1980) oder dem Sydney Opera House (1975), auch die Beziehung zwischen Musiker und Zuhörer war alle Arbeit wert. Vielerorts trat das Zürcher Kammerorchester mehrere Jahre hintereinander auf, wodurch sich Bekanntschaften mit Ortsansässigen entwickelten. Beim ersten Festivalauftritt des ZKO in Menton musste das Orchester aus Mangel eines Probelokals auf dem Dorfplatz im wenige Kilometer entfernten Valbonne proben. Wie sich Ida Lindauer erinnerte, war hier auch ein schwer vom Krieg verletzter Fliegeroffizier anwesend, «der sich so sehr über unsere Musik freute, dass er alle Partituren kaufte und sich aus Cannes extra ein Mietklavier in sein Häuschen kommen liess, um die Stücke immer noch besser kennenzulernen».[11] Der Fliegeroffizier lud später alle Valbonner ins Festivalkonzert ein, und als das Orchester später in Nizza und wieder in Menton spielte, war er immer da und beschenkte alle mit riesigen Nelken-Bouquets.[12]

Obwohl sich mittlerweile das Rad der Zeit gedreht hat, dürfte vieles, was man damals erlebt hatte, den heutigen Musikerinnen und Musikern bekannt vorkommen:

Abb. 83

Abb. 84

Abb. 85

Abb. 86

Abb. 83
Probe mit Blick aufs Meer in Menton (5.8.1953).

Abb. 84
Die Hauptprobe für einen Auftritt beim Festival Menton in Südfrankreich fand auf dem Dorfplatz des 55 Kilometer entfernten Valbonne statt (August 1953).

Abb. 85
Um zu sparen wird auf den Tourneen in den 1950er-Jahren selber gekocht wie hier Teewasser von Geschäftsführer Alexander Chasen.

Abb. 86
Zeit für ein Gruppenfoto in der Ära Griffiths.

Immer noch verbringen die Mitglieder des ZKO unzählige, kräftezehrende Stunden «on the road». Öfter als früher reist man heute mit dem Flugzeug. Anders wären, wie bei der Asien-Tournee im Oktober 2014, sechs Konzerte in vier Ländern und 35 000 Meilen in sieben Tagen nicht zu schaffen.[13]

Immer noch ist man dabei als Gemeinschaft unterwegs. Zwar spricht man heute nicht mehr unbedingt von «Familie», nach wie vor sind Tourneen aber für das Orchester eine exzellente Chance zur Teambildung.[14]

Immer noch ist das Leben auf Tour nach einem strengen Tagesrhythmus geregelt: Flughafen, Flug, Flughafen, Bus, Hotel, Konzertsaal, Hotel, Bus, Flughafen usw. Tägliche Vorproben gehören dabei genauso dazu wie seltene, unbeschwerte Stunden an einem freien Tag.

Immer noch hat man die Plackerei mit dem Gepäck. Zur Vereinfachung wurden jüngst sogar extra Reisekontrabässe in Auftrag gegeben, die sich für den Transport zusammenklappen lassen.

Immer noch hat das ZKO mit fremden Instrumenten zu kämpfen, wenn sich in einem Ort wie Kunming (2006) der Konzertflügel in einem derart desolaten Zustand befindet, dass einzelne Tasten ständig hängen bleiben oder gar nicht funktionieren.[15]

Immer noch ist eine Tournee für das Orchester eine Chance, ein Programm mehrfach hintereinander zu spielen, ein Repertoire aufzubauen und die Marke ZKO zu entwickeln.[16]

Und immer noch sind es neben dem Applaus die Begegnungen mit Menschen, die die Musikerinnen und Musiker für all ihre Strapazen entschädigen. Unvergessen bleiben Konzerte wie dasjenige für Menschen mit Behinderungen in Bangkok (2014), bei dem ein blinder thailändischer Junge das ZKO dirigieren durfte, oder dann die Konzerte in China (2006), bei denen kurzerhand der äusserst populäre chinesische Schlager *Good news from Beijing* aufgetrieben, eingeübt und vor einem mitsingenden Publikum aufgeführt wurde.[17]

Auch wenn Übernachtungen im Bus der Vergangenheit angehören und den Orchestermitgliedern mittlerweile ein festgelegter Betrag für die eigene Verpflegung zur Verfügung steht, zeigt sich, dass sich das Tourleben nicht wesentlich verändert hat.

1 Ida Lindauer: «Reisen mit dem Zürcher Kammerorchester», in: Gesellschaft der Freunde des Zürcher Kammerorchesters (Hg.), *25 Jahre Zürcher Kammerorchester. Ein Porträt*, Zürich 1978, S. 57.
2 Ebd., S. 58.
3 Ebd., S. 59.
4 Ebd., S. 58.
5 Ebd., S. 59.
6 Ebd., S. 58 f.
7 Ebd., S. 57.
8 Edmond de Stoutz: «Auf Strassen und Buehnen», Ansprache anlässlich der Generalversammlung der GFZKO, Zürich 1965, S. 12 (unveröffentlicht).
9 Vgl. Ida Lindauer: «Reisen mit dem Zürcher Kammerorchester», in: Gesellschaft der Freunde des Zürcher Kammerorchesters (Hg.), *25 Jahre Zürcher Kammerorchester. Ein Porträt*, Zürich 1978, S. 57.
10 Edmond de Stoutz: «Auf Strassen und Buehnen», Ansprache anlässlich der Generalversammlung der GFZKO, Zürich 1965, S. 13. (unveröffentlicht).
11 Ida Lindauer: «Reisen mit dem Zürcher Kammerorchester», in: Gesellschaft der Freunde des Zürcher Kammerorchesters (Hg.), *25 Jahre Zürcher Kammerorchester. Ein Porträt*, Zürich 1978, S. 61.
12 Vgl. ebd., S. 61.
13 Vgl. Peter Marschel: «Reisebericht Asien», in: Gesellschaft der Freunde des Zürcher Kammerorchesters (Hg.), *Mitteilungen der Gesellschaft der Freunde des Zürcher Kammerorchesters Januar 2015*, Zürich 2015, S. 2.
14 Vgl. ebd., S. 2.
15 Vgl. Barbara Honegger: «Das ZKO zu Gast im Reich der Mitte», in: Jecklin, Meisterzyklus, ZKO (Hg.), *SaisonKlänge 23*, Zürich 2006, S. 14.
16 Vgl. Peter Marschel: «Reisebericht Asien», in: Gesellschaft der Freunde des Zürcher Kammerorchesters (Hg.), *Mitteilungen der Gesellschaft der Freunde des Zürcher Kammerorchesters Januar 2015*, Zürich 2015, S. 2.
17 Vgl. Barbara Honegger: «Das ZKO zu Gast im Reich der Mitte», in: Jecklin, Meisterzyklus, ZKO (Hg.), *SaisonKlänge 23,* Zürich 2006, S. 14, sowie Peter Marschel: «Reisebericht Asien», in: Gesellschaft der Freunde des Zürcher Kammerorchesters (Hg.), *Mitteilungen der Gesellschaft der Freunde des Zürcher Kammerorchesters Januar 2015*, Zürich 2015, S. 2.

Abb. 87

Abb. 88

Abb. 87
Zum ersten Mal musizierten das ZKO, Edmond de Stoutz und Yehudi Menuhin in der Tonhalle Zürich zusammen (30.9.1956).

Abb. 88
Der Oboist André Lardrot, Yehudi Menuhin, Edmond de Stoutz, der Cellist Gaspar Cassadó und der Fagottist Willi Burger in Saanen vor der Mauritiuskirche Gstaad-Saanen (27.8.1965).

Silvano Berti

Ensemble in Residence in Gstaad

Der Kreis schliesst sich: Sechzig Jahre nachdem das Zürcher Kammerorchester erstmals bei der zweiten Ausgabe des Yehudi Menuhin Festivals am 30. Juli 1958 aufgetreten war, hat das ZKO in der Saison 2017/18 erneut in der altehrwürdigen Mauritiuskirche Saanen konzertiert. Wie damals wurde Vivaldis *Die vier Jahreszeiten* gespielt. Es war der 102. Auftritt(!) des Orchesters bei den Festspielen in Gstaad.[1] Damit knüpfte Daniel Hope in seiner zweiten Saison als Music Director des ZKO an eine alte Gewohnheit an. Letztmals war das Orchester im Jahr 2001 aufgetreten. Sozusagen als «Ensemble in Residence» war es damit praktisch 42 Jahre lang, mit Ausnahme des Jahres 1997, bei den Festspielen im Einsatz.

«Deux concerts exclusifs»

Ab dem Sommer 1954 verbrachte der wohl zu seiner Zeit berühmteste Geiger Yehudi Menuhin gemeinsam mit seiner Familie regelmässig seine Sommerferien in einem Chalet in Gstaad. Davon erfuhr auch der damals gerade gewählte Gstaader Kurdirektor Paul Valentin, der 1957 mit dem Auftrag betraut war, der flauen Sommersaison in Gstaad mehr Leben einzuhauchen. Er klopfte an Menuhins Tür und lud den Weltstar ein, zwei Konzerte zu geben. Noch für dasselbe Jahr konnte Valentin den Violinvirtuosen für «deux concerts exclusifs» am 4. und 6. August gewinnen. Da es keinen geeigneten Saal gab, fanden die Konzerte in der aus dem 17. Jahrhundert stammenden, mit einer vielgelobten Akustik ausgestatteten Mauritiuskirche statt. Menuhin hatte kurzerhand seine illustren Freunde, den englischen Komponisten Benjamin Britten, den Tenor Peter Pears und den französischen Cellisten und langjährigen Triopartner Maurice Gendron, eingeladen, gemeinsam mit ihm die Bühne zu teilen. Diese grossartige Besetzung fand eine so grosse Zustimmung, dass die «concerts exclusifs» im folgenden Jahr wiederholt, ja sogar ausgebaut wurden. Auf dem Programmheft war nun erstmals «Yehudi Menuhin Festival 1958» zu lesen, die Konzertzahl wurde von zwei auf fünf erhöht. Und neu mit dabei: das Zürcher Kammerorchester.[2]

Zum ersten Mal gemeinsam in der Tonhalle

Erst ein Jahr zuvor war das ZKO zum ersten Mal mit Yehudi Menuhin als Solisten aufgetreten. Alexander Chasen, langjähriger Geschäftsführer des Orchesters und späterer Manager der Festspiele in Gstaad, erinnert sich: «Es war 1956. Als administrativer Direktor des Zürcher Kammerorchesters hielt ich Ausschau nach erstklassigen Künstlern. Ich trat an Menuhin heran und lud ihn ein, unter de Stoutz zu spielen, nicht im Geringsten ahnend, was sich daraus entwickeln sollte.»[3] Kurze Zeit später war es so weit. Die Saison 1956/57 wurde in der Tonhalle mit Johann Sebastian Bachs *Violinkonzerten in E-Dur* und *a-Moll* gemeinsam eröffnet.[4] Das Konzert wurde nicht nur künstlerisch ein voller Erfolg, sondern begründete auch eine Jahrzehnte überdauernde, tiefe Freundschaft zwischen Edmond de Stoutz und Yehudi Menuhin. Gewissermassen als «Nebenprodukt» resultierte aus dieser ersten Zusammenarbeit im Gegenzug die Einladung an Menuhins Festival in Gstaad, wo das ZKO am dritten und vierten Abend des Festivals auftreten sollte.

Mit Bartók in den Bergen

Unter der Leitung von Benjamin Britten am Cembalo wurden Brittens *Simple Symphony*, Vivaldis *Die vier Jahreszeiten* und mit Yehudi Menuhin als Solisten Mozarts *Violinkonzert Nr. 3 in G-Dur* (KV 216) aufgeführt. Am nächsten Abend spielte das ZKO unter de Stoutz Werke von Francesco Geminiani, Bach und

Abb. 89

Abb. 90

Mozart sowie das 1939 von Béla Bartók im Auftrag von Paul Sacher in Saanen komponierte und 1940 uraufgeführte *Divertimento für Streicher*.[5] Letzteres nahm im Repertoire vom ZKO eine aussergewöhnliche Stellung ein. Es war einerseits ein sehr oft und gerne aufgeführtes Werk, andererseits war es auch das erste, das vom ZKO für eine 1956 bei Decca Records erschienene Schallplatte aufgenommen worden war. Vielleicht gerade durch diese Vertrautheit mit dem Werk wurde der erste Festivalauftritt ein voller Erfolg: «An beiden Abenden [fesselte] die moderne Tonsprache Brittens und Bartóks dank ihrer farbigen Lebendigkeit, der das vorzügliche Ensemble nichts schuldig blieb.»[6]

Auch in den folgenden Jahren wurde das ZKO ins Berner Oberland eingeladen. 1967 war im *Anzeiger von Saanen* zu lesen: «Ohne die Mitwirkung des Zürcher Kammerorchesters wäre das Gstaader Festival wohl kaum noch denkbar.»[7] Das ZKO hatte sich zu einem festen Bestandteil und Publikumsmagneten der Festspiele gemausert und fühlte sich in Gstaad beinahe so heimisch wie Menuhin. Oft privat untergebracht, weilten die Musikerinnen und Musiker meist mehrere Tage im Saanenland und gewannen unter den Einheimischen viele Freunde.[8] Als «Ensemble in Residence» erlebte das Zürcher Kammerorchester die Entwicklung des Yehudi Menuhin Festivals zu einem der aussergewöhnlichsten Festivals in Europa hautnah mit und trug darüber hinaus aktiv dazu bei.

«Nicht im Geringsten ahnend, was sich daraus entwickeln sollte»

Das Fazit am Ende der Ära de Stoutz ist eindrücklich: Ganze 98 Mal trat das Zürcher Kammerorchester unter Edmond de Stoutz am Menuhin Festival auf. Neben vielen Mitgliedern der Familie Menuhin, oft auch Yehudi Menuhin selbst, teilten namhafte Solisten, von Peter-Lukas Graf über Nikita Magaloff bis zu Heinz Holliger, die kleine Bühne in der Mauritiuskirche Saanen mit dem Orchester.[9] Rudolf Kelterborns *Kammersymphonie II* erfuhr hier unter dem ZKO am 21. August 1964 genauso seine Uraufführung wie ein Jahr später, am 27. August 1965, Klaus Hubers *Cantio-Moteti-Interventions für Streichorchester*.[10]

Noch immer gilt die Aufführung von Frank Martins Werk *Polyptyque,* das Menuhin, de Stoutz und dem ZKO gewidmet ist, als musikgeschichtliche Sternstunde des Festivals. In Anwesenheit des Komponisten und mit der Beteiligung aller Widmungsträger wurde dieses Werk am 2. September 1974 zusammen mit dem Menuhin Festival Orchestra erfolgreich aufgeführt.[11]

Unzähligen Jugendlichen bescherte das Zürcher Kammerorchester in Gstaad ihr erstes Konzerterlebnis. Es wurde zur Tradition, öffentliche Orchesterproben und Schülerkonzerte durchzuführen, in denen die Jugendlichen den Erläuterungen und Erklärungen der beiden Koryphäen Menuhin und de Stoutz zuhören durften.[12]

Als Ende der 1980er-Jahre das Festival weiterwuchs und nicht nur Konzerte in der Mauritiuskirche Saanen, sondern auch im ursprünglichen Festzelt der «Alpengala» durchgeführt wurden, war das Zürcher Kammerorchester weiterhin jedes Jahr präsent. Und passend zur langen Geschichte, die das ZKO mit Gstaad verbindet, war es ebenfalls das Yehudi Menuhin Festival, auf dem Edmond de Stoutz am 17. August 1996 sein Zürcher Kammerorchester ein letztes Mal dirigierte.[13]

In der ersten Saison unter Howard Griffiths fehlte das ZKO erstmals seit dem Auftritt von 1958 bei den Festspielen in Gstaad. Im folgenden Jahr, 1998, und dann für weitere drei Jahre war das Ensemble unter der neuen Leitung wieder beim Menuhin Festival vertreten, bevor mit dieser Tradition im Jahr 2001 endgültig gebrochen wurde.

Rückkehr nach Gstaad

Der Auftritt des ZKO 18 Jahre später am 13. Juli 2018 unter der Leitung von Daniel Hope in Gstaad war gleich doppelt schön: für das Zürcher Kammerorchester, das die Tradition wieder aufgegriffen hat, aber auch für Daniel Hope selbst, den dieser Auftritt zurück zu seinen Wurzeln führte. Seine Mutter Eleanor Hope war die langjährige Sekretärin von Yehudi Menuhin und seit den 1980er-Jahren mit der künstlerischen Administration des Festivals beauftragt.[14] Ab 1975 kam sie mit Menuhin Jahr für Jahr nach Gstaad, mit dabei war jeweils auch der junge Daniel Hope: «Gstaad bereitete mir meine ersten musikalischen Erlebnisse. Ich war noch so klein, dass ich auf einem Kissen auf den harten Bänken der Mauritiuskirche sitzen musste, um die Künstler überhaupt auf der Bühne zu sehen und zu hören.»[15] Bei solchen unzähligen Proben- und Konzertbesuchen kam Hope natürlich auch in Kontakt mit dem Zürcher Kammerorchester: «Das ZKO war das erste Orchester, das ich je gehört und durch das ich Bekanntschaft mit Mozart und Beethoven gemacht hatte.»[16]

1 Vier Schülerkonzerte und zehn öffentliche Generalproben nicht mitgezählt. Vgl. Archiv de Stoutz, Konzertliste sowie Rolf P. Steiger, Hans-Ulrich Tschanz: *Gstaad und die Menuhins,* Wabern-Bern 2006, S. 298–300.
2 Vgl. Rolf P. Steiger, Hans-Ulrich Tschanz: *Gstaad und die Menuhins,* Wabern-Bern 2006, S. 62–73.
3 Zit. in Marta Rubinstein, Dan Rubinstein: *Allegro con spirito. Festival Yehudi Menuhin,* Zürich 1988, S. 22.
4 Willi Reich: «Konzertchronik. Zürcher Kammerorchester», in: NZZ, 9.10.1956, Blatt 8. Daneben aufgeführt wurden auch noch Bachs *Suite in h-Moll für Streicher und Flöte* (André Jaunet) sowie das sechsstimmige *Ricercare* aus dem *Musikalischen Opfer*.
5 Vgl. Archiv Edmond de Stoutz, 1958 Gstaad, Erstes Programm Gstaad.
6 T.: Das «‹Yehudi-Menuhin-Festival› in Gstaad-Saanen», in: *Berner Tagblatt,* 8.8.1958.
7 Paul Valentin: «Das 11. Yehudi Menuhin Festival erstmals ohne Meister», in: *Anzeiger von Saanen,* 1.9.1967, zit. nach: Rolf P. Steiger, Hans-Ulrich Tschanz: *Gstaad und die Menuhins,* Wabern-Bern 2006, S. 124.
8 Vgl. Rolf P. Steiger, Hans-Ulrich Tschanz: *Gstaad und die Menuhins,* Wabern-Bern 2006, S. 101.
9 Vgl. ebd., S. 298–300.
10 Vgl. ebd., S. 118.
11 Vgl. ebd., S. 145.
12 Vgl. ebd., S. 101.
13 Zwar wäre am 23. August 1996 ein weiteres Konzert im Rahmen der Juni-Festwochen in Zürich geplant gewesen, die Hauptprobe musste aber aufgrund von starken Schmerzen in der Schulter von Edmond de Stoutz abgebrochen werden.
14 Von 2000–2002 war sie sogar für die gesamte Festivalleitung zuständig. Vgl. Rolf P. Steiger, Hans-Ulrich Tschanz: *Gstaad und die Menuhins,* Wabern-Bern 2006, S. 63, 242 f.
15 Daniel Hope: «Gstaad – My first musical experiences», in: Rolf P. Steiger, Hans-Ulrich Tschanz (Hg.), *Gstaad und die Menuhins,* Wabern-Bern 2006, S. 264.
16 Daniel Hope, Susanne Schädlich: *Familienstücke,* Reinbek bei Hamburg 2007, S. 189.

Abb. 89
Das ZKO mit den Solisten Yehudi Menuhin und Igor Oistrach beim Menuhin Festival in Gstaad (28.8.1971).

Abb. 90
Das ZKO ist nach 18 Jahren wieder in die Mauritiuskirche Saanen zurückgekehrt (13.7.2018).

Eleanor Hope

Erinnerungen an das ZKO und das Menuhin Festival in Gstaad

Im Sommer 1975 kam ich zum ersten Mal nach Gstaad. Sechs Wochen zuvor hatte ich gerade als persönliche Assistentin bei Yehudi Menuhin in seinem Londoner Haus in Highgate angefangen. Als er mir die Stelle anbot, vergass er mir mitzuteilen, dass er von seiner Assistentin erwarte, dass sie ihn zu seinem Sommerfestival in die Schweiz begleite. Als er das überraschend thematisierte, bemerkte er meine Bestürzung darüber, was ich mit meinen beiden Söhnen, Jasper, damals sechs Jahre, und Daniel, 23 Monate alt, tun sollte. Bevor ich überhaupt meine Bedenken äussern konnte, sagte er: «Ich würde nie eine Mutter von ihren Kindern trennen! Natürlich muss die ganze Familie mitkommen!»

Die Schmalspurbahn Montreux–Berner Oberland brachte die ganze Familie Hope nach einer Fahrt durch eine Bilderbuchlandschaft in das von schneebedeckten Gipfeln umgebene Gstaad. In einem kleinen Chalet unweit von Menuhins wundervollem Anwesen Chankly Bore haben wir uns sofort eingelebt. Jasper wurde in das Sommercamp der Kennedy Schule in Saanen aufgenommen, und ich erlebte bald in der Mauritiuskirche die ersten Proben und Konzerte.

Hier war es auch, wo ich am 20. August 1975 zum ersten Mal Maestro Edmond de Stoutz begegnet bin. Er probte mit dem Zürcher Kammerorchester. Ich hatte Daniel dabei und schärfte ihm ein, keinen Laut von sich zu geben, setzte ihn auf eine Holzbank und legte den Finger auf die Lippen. Das Orchester spielte Bachs *Doppelkonzert für zwei Violinen in d-Moll,* die Solisten waren Yehudi Menuhin und Yfrah Neaman, ein Schüler von Carl Flesch und Max Rostal. Es war, als ob die Zeit still stünde: Die Sonne schien durch die Kirchenfenster, Musik umgab uns, und ich empfand es als ein Wunder – die Schweiz, blauer Himmel, goldenes Licht und Bach. Das zweite Wunder war, dass Daniel, dessen feuerrotes Haar eigentlich seinem wilden Temperament entsprach, vollkommen still zuhörte.

Diesem Erlebnis folgten weitere in den Gstaader Jahren mit viel wunderbarer Musik in der Mauritiuskirche. Für meine Kinder, die das jeden Sommer miterleben durften, war das ein Privileg. Damals, im Jahre 1975, hatte ich jedoch nicht die geringste Ahnung, welchen nachhaltigen Einfluss Yehudi Menuhin und Gstaad auf mich und meine Familie haben würden.

Kurz danach übernahm ich die künstlerische Administration des Festivals, das in seinen Anfangsjahren von Alexander Chasen, dem damaligen Geschäftsleiter des Zürcher Kammerorchesters, geleitet wurde. Chasen und seine Frau Ilse Krämer waren gut mit Edmond de Stoutz befreundet. Und so kam das ZKO bereits im zweiten Jahr des Festivals nach Gstaad und wurde für eine lange Zeit zu einem unverzichtbaren Bestandteil der Festivalprogramme.

In meinem ersten Sommer gab de Stoutz mit seinem Orchester drei Konzerte. Mein alter Freund und früherer Festivalpräsident, Rolf Steiger, war mir behilflich, die Programme zu finden, die meinen kleinen Sohn damals so gefangen genommen hatten. Neben dem unvergesslichen *Doppelkonzert* von Bach standen das *Violinkonzert* des englischen, viele Jahre in den USA lebenden Komponisten Peter Racine Fricker auf dem Programm sowie Frank Martins *Die Weise von Liebe und Tod des Cornets Christoph Rilke* mit der Altistin Ursula Mayer-Reinach. Einige Tage darauf spielte das Orchester mit den Solisten Maud und Paul Tortelier Händels *Sonate für zwei Celli und Streichorchester* und das *Triplekonzert* von Beethoven. Dies war meine erste Begegnung mit Yehudis Schwester Hephzibah, deren sonniger Charakter und feinnerviges Musizieren mich tief beeindruckten. Der Höhepunkt des dritten Konzerts war Edmond de Stoutz' Interpretation von Haydns *Symphonie Nr. 98*.

Abb. 91

Abb. 91
Yehudi Menuhin mit seiner
Managerin Eleanor Hope
anlässlich der 25. Ausgabe
des Yehudi Menuhin Festivals
in Gstaad 1981.

Im folgenden Jahr, 1976, feierte das Festival sein 20-jähriges Bestehen und Yehudi Menuhin seinen 60. Geburtstag. Das ZKO spielte innerhalb von elf Tagen fünf verschiedene Programme, in denen berühmte Solisten wie Irmgard Seefried, Nikita Magaloff, Hephzibah Menuhin, Peter Pears, Alberto Lysy, Paul Tortelier und Nicolas Chumachenco auftraten. Das Programm war ein wahres Fest, und ich werde nie vergessen, wie Irmgard Seefried Arnold Schönbergs *Pierrot lunaire* sang, Nikita Magaloff das *Klavierkonzert D-Dur* von Haydn und Yehudi Menuhin und Paul Tortelier Brahms' *Doppelkonzert* gaben sowie Peter Pears Benjamin Brittens *Les Illuminations* spielte.

Das Abschlusskonzert bildete Frank Martins *Polyptyque* für Violine und doppeltes Streichorchester. Ein Meisterwerk, das der Schweizer Komponist Yehudi Menuhin, Edmond de Stoutz und dem Zürcher Kammerorchester gewidmet hat. Menuhin bat Martin, dieses grosse Werk für die 25-Jahr-Feier des Unesco International Music Council, dessen Präsident Menuhin sechs Jahre lang war, zu schreiben und sagte darüber: «Wenn ich die *Polyptyque* von Frank Martin spiele, spüre ich das gleiche Verantwortungsbewusstsein und die gleiche Erhöhung des Gemüts wie bei Bachs *Chaconne in d-Moll* für Sologeige.»

Zu den Generalproben des ZKO waren jeweils auch die Kinder der öffentlichen und internationalen Schule eingeladen. Edmond de Stoutz erläuterte ihnen erst die Werke, was auch für viele übrige Zuhörer eine unschätzbare Hinführung zu Musik gewesen ist. Dazu gehörten beispielsweise die Söhne von Markus Bach, dem Gründer der Musikschule Saanenland-Obersimmental und anderer musikalischer Organisationen. Heute ist der eine Sohn, Philippe Bach, Generalmusikdirektor der Hofkapelle Meiningen, und sein Bruder Michael führt die Arbeit des Vaters im Saanenland als Lehrer und Dirigent weiter. Ebenso beeinflusst wurde davon auch Thierry Scherz, der spätere Gründer des grossartigen Winterfestivals, der Sommets Musicaux de Gstaad. Dank ihm fand das Zürcher Kammerorchester nach langer Abwesenheit im Saanenland endlich wieder den Weg in die Mauritiuskirche.

Auch meine beiden Söhne haben beruflich den musikalischen Weg gewählt. Jasper organisierte zunächst Menuhins Konzerttourneen, betreute später Festivals, dann leitete er die Geschicke der Royal Albert Hall in London und ist nun Intendant der neuen Oper in Dubai, die im September 2016 eröffnet wurde.

Und Daniel, der so still bei den Proben sass? Er startete eine internationale Karriere als Geiger, Festivaldirektor, Buchautor – und seit Kurzem ist er Music Director des ZKO. Der Kreis hat sich geschlossen!

Abb. 92

Abb. 93

Abb. 92
Das ZKO als Opernorchester im Parktheater Meilen (7.7.1958).

Abb. 93
Die Saisoneröffnung 2017/18 fand im Provisorium der Tonhalle Maag statt (31.10.2017).

Abb. 94
Open-Air-Konzert im «Park im Grüene» in Rüschlikon (11.6.2017).

Abb. 95
Der Bratschist Mirion Glas hoch über der Limmat am Züri-Fäscht (Juli 2013).

Abb. 96
Im Grossen Saal der Tonhalle Zürich (10.4.2016).

Das Orchester in der Limmatstadt

Abb. 94

Abb. 95

Abb. 96

Abb. 97

Abb. 98

Abb. 97
Konzert mit Händels *Wassermusik auf der Limmat*, Ölbild von Edmond de Stoutz.

Abb. 98
Zur Eröffnung der Juni-Festwochen 1985 trat das ZKO auf einem Floss in der Limmat mit Händels *Wassermusik* auf.

Silvano Berti

Zu Hause in Zürich

Regelmässig begibt sich das Zürcher Kammerorchester auf Tourneen ins Ausland. Sei es in die Nachbarländer Deutschland, Österreich, Frankreich und Italien oder kontinentalübergreifend in die USA, China und Südafrika: Das Orchester ist schon mehrmals um den Erdball gereist. Trotz dieser internationalen Reisetätigkeit steht fest: Zu Hause ist das ZKO in Zürich. Hier wurde das Orchester 1945 von Edmond de Stoutz gegründet, hier wird geprobt, organisiert, und es werden jährlich rund 40 Konzerte gegeben. Als Hauptaufführungsorte haben sich heute die Tonhalle Zürich und das 2002 eröffnete ZKO-Haus im Zürcher Seefeld herausgebildet. Blickt man jedoch auf die 73-jährige Geschichte des Orchesters zurück, lässt sich leicht feststellen, dass dies nicht immer so gewesen ist.[1]

Die Anfänge: Zunfthaus zur Meisen (1945–1953)

Als das ZKO in seiner Gründungssaison 1945/46 seine ersten Konzerte noch unter dem Namen Hausorchester-Vereinigung Zürich in Angriff nahm, traf es in Zürich bereits auf ein florierendes Musikleben. Zahlreiche Chöre und Kammermusikformationen bespielten die Stadt, etwa das Collegium Musicum Zürich (1941–1992) und allen voran das Tonhalle-Orchester (seit 1868), das zu dieser Zeit sowohl Symphoniekonzerte in der Tonhalle als auch Opern im damals noch «Stadttheater» genannten Opernhaus aufführte.[2] Ihre Präsenz hatte das neu gegründete ZKO im Nacken. Obwohl es sein erstes Konzert am 11. Dezember 1945 mit der Altistin Nina Nüesch in der 1895 errichteten Neuen Tonhalle geben konnte, musste es in der Anfangsphase vor allem mit kleineren Konzertsälen vorliebnehmen. Das Zürcher Kammerorchester bewies hier durch seine reduzierte Grösse eine seiner grossen Stärken: Flexibilität! Braucht ein grosses Konzert- und Opernorchester mit bis zu 100 Musikern ziemlich viel Platz auf der Bühne, ist es einem Kammerorchester mit 13 bis 24 Musikern möglich, fast überall aufzutreten. So fand in den folgenden sieben Jahren der überwiegende Teil der Zürcher Konzerte des ZKO im Zunfthaus zur Meisen am linken Limmatufer statt. Dieses 1757 im Stil eines barocken Stadtpalais errichtete Zunfthaus diente zwar in erster Linie als Versammlungsort der Zunft zur Meisen,[3] die im Rokokostil verzierten Zunftsäle eigneten sich aber auch vorzüglich für Konzerte des ZKO, dessen Repertoire in der Anfangszeit primär aus Werken der Komponisten Bach, Haydn und Mozart bestand. Neben dem Zunfthaus zur Meisen finden sich in den ersten Jahresprogrammen des ZKO auch vereinzelt Auftritte im Volkshaus, im «Hodlersaal» des Kunsthauses, im Landesmuseum, im Haus Zum Lindengarten oder im 1933 erbauten Radiostudio in Oerlikon. Diese Orte unterstreichen nicht nur die Fähigkeit des ZKO, dank seiner Flexibilität nicht an eine einzelne Räumlichkeit gebunden zu sein, sondern belegen gleichzeitig, dass es dem Orchester allmählich gelang, sich im Zürcher Musikleben zu etablieren.

Die Folgezeit: Tonhalle, «Stadthof 11» und «Spirgarten» (1953–1996)

Nach den Anfangsjahren trat das ZKO in der Folgezeit immer professioneller auf. Das vom Dirigenten und seinen Kollegen am Konservatorium ursprünglich nur zum reinen Vergnügen und als Gegensatz zum professionellen Musikbetrieb gegründete Orchester wurde nun vollamtlich betrieben, und sein Name, mittlerweile nannte man sich Zürcher Kammerorchester, wurde 1954 ins Handelsregister eingetragen.[4] 1953/54 folgte dann auch die erste Saison, in der regelmässig Abonnementskonzerte im Grossen und Kleinen Saal der Tonhalle gegeben wurden. Der Tonhalle-Saal gehört durch seine vorzügliche Akustik zu den besten Konzertorten der Welt. Er eignete sich ausgezeichnet

Abb. 99

Abb. 100

Abb. 99
Bei einem Konzert in den 1990er-Jahren im barocken Zunftsaal des Zunfthauses zur Meisen.

Abb. 100
Da das Orchester bis zur Eröffnung des ZKO-Hauses über keine eigene Probelokalität verfügte, musste dafür bis 2002 auch einmal ein Luftschutzraum herhalten.

für das im Lauf der Jahre äusserst vielseitige Repertoire des ZKO:[5] Von gross angelegten Opernaufführungen, wie der Inszenierung von Glucks Oper *Orpheus und Eurydike* in den späten 1960er-Jahren, bei der alle verfügbaren ZKO-Ehemaligen, Solisten und der Zürcher Konzertchor hinzugezogen wurden, über die bis in die 1970er-Jahre gepflegte Tradition der jährlichen Wiedergabe von Bachs sechs *Brandenburgischen Konzerten* bis hin zu zahlreichen Uraufführungen zeitgenössischer Musik fanden hier bis zum Ende der Ära de Stoutz 1996 jährlich durchschnittlich zehn Konzerte statt.

Nach 15 Jahren, in denen das ZKO in Zürich fast ausschliesslich Konzerte in der Tonhalle veranstaltete, erfuhr das Konzertprogramm in der Saison 1969/70 zum ersten Mal eine Erweiterung. Nicht mehr nur die Innenstadt, sondern auch Zürichs Aussenbezirke wurden von da an bespielt. Das ZKO bewies dabei erneut seine Flexibilität, indem ab diesem Zeitpunkt jährlich fünf beziehungsweise zwei Extrakonzerte im kurz zuvor eröffneten «Stadthof 11» in Oerlikon (heute Theater 11) und im Theatersaal des 1957 erbauten Hotels Spirgarten in Altstetten stattfanden. Auch die zwei traditionellen und heute noch durchgeführten Weihnachtskonzerte im Fraumünster nahmen in dieser Saison ihren Anfang.

Der Wandel: «Klassik im Quartier» und das ZKO-Haus (1996–2002)

Als Edmond de Stoutz 1996 nach 50 Jahren die Leitung an seinen Nachfolger Howard Griffiths übergab, änderte sich nicht nur die Dramaturgie der Konzerte. Die unterschiedliche Philosophie der beiden spiegelte sich auch in den Programmen wieder. Und die Aufführungsorte, seit gut 25 Jahren unverändert, erhielten unter Griffiths neue Impulse. Zwar wurden in der Tonhalle weiterhin die jährlichen Abonnementskonzerte durchgeführt, doch bereits in Griffiths erster Saison 1996/97 eröffneten sich für das Orchester mit dem Theatersaal in der «Gessnerallee» andere Aufführungsmöglichkeiten. In der nächsten Saison wurden das Theater 11 und der «Spirgarten» als Spielstätten aufgegeben. Mit neuartigen Aufführungsformen und einer gesteigerten Konzertanzahl sollte ein neues, junges Publikum erreicht werden. Dafür wurde die Konzertreihe «Klassik im Quartier» ins Leben gerufen. So trat das ZKO in diesem Rahmen an einem Open Air vor dem Hotel Zürichberg auf und bespielte unter anderem die Alte Börse, die Augustinerkirche, den Saal des «Kaufleuten» oder den Jazz Club Moods. Aufgrund des hohen finanziellen und organisatorischen Aufwands wurde die Konzertreihe allerdings nach zwei Saisons wieder abgesetzt. Der Wille jedoch, immer wieder an neuen Orten aufzutreten, war weiterhin spürbar.

Die unterschiedlichen Auffassungen von de Stoutz und Griffiths waren nicht nur bei den Aufführungsorten feststellbar, sondern auch hinsichtlich der Wahl der Probelokale. Unzählige Proben fanden in der Ära de Stoutz bei ihm zu Hause in seiner Villa am Kreuzplatz statt. Bis weit in die 1960er-Jahre probte das Orchester hier zwei Mal täglich. Dann wurden auch Proben in den Kirchgemeindehäusern Wollishofen, St. Anton und Paulus, in Freizeitzentren, Schulen oder sogar Luftschutzräumen durchgeführt.[6] Die Vielzahl an Probelokalen brachte einen grossen administrativen Aufwand mit sich. Da aber de Stoutz der Ansicht war, dass ein Orchester nur mit dem Bespielen von verschiedenartigen Sälen und Räumen zu einer kohärenten Erlebnis- und Arbeitsgemeinschaft geformt werden kann, wurde dies in seiner Ära in Kauf genommen. Das ZKO sollte in Bezug auf Akustik, Grösse und Aussehen stets mit den unterschiedlichsten Räumen zurechtkommen. Laut de Stoutz war diese Anpassungsfähigkeit und Flexibilität bei der Bewältigung des äusserst

Abb. 101

Abb. 102

Abb. 103

Abb. 101
Opera Box im ZKO-Haus mit Offenbachs *La vie Parisienne* (Januar 2018).

Abb. 102
Im Rahmen der Faust-Tage des ZKO tanzten Mitglieder des Zürcher Balletts unter Choreographie von Heinz Spoerli als Uraufführung *Der Tod und das Mädchen* in der Tonhalle (Juni 2010).

Abb. 103
Für Haydns *Cellokonzert* op. 101 probte Mischa Maisky mit dem Orchester im ZKO-Haus (12.9.2003).

vielseitigen Repertoires unabdingbar und sollte ausserdem dabei helfen, dieses lebendig vorzutragen, um möglichst seinem Ideal der Allgemeinverständlichkeit zu entsprechen.[7] War unter seiner Ägide eine gewisse Konstanz in der Wahl der Aufführungsorte festzustellen, gab es diese bei den Probelokalen nicht. Howard Griffith dagegen verfolgte eine Philosophie nach dem Motto «Ohne Wurzeln keinen Auslauf».[8] So pochte er gleich zu Beginn seiner Zeit beim ZKO auf ein eigenes, festes Probelokal. Die zusätzlichen Kosten, suboptimale Akustik und Störungen durch Abwärte, Kirchengeläut oder Kaffeemaschinen, wie sie in den bisherigen Proberäumen gelegentlich auftraten, wollte er nicht mehr länger hinnehmen und trug damit wesentlich zur Findung eines eigenen Probelokals bei. Griffiths zentrales Anliegen wurde schliesslich mit dem 2002 eröffneten ZKO-Haus realisiert. Im früheren Hochspannungslabor des Schweizerischen Elektrotechnischen Vereins (SEV) fand das ZKO im Zürcher Seefeld sein Zuhause. Durch einen ausführlichen Umbau standen dem Orchester hier nun mehrere eigene Proberäume zur Verfügung, in denen man bis heute ungestört und in einer vertrauten Akustik konzentriert arbeiten kann.

Die aktuelle Situation: Tonhalle, ZKO-Haus (2002–2018)

Das ZKO-Gebäude bietet nicht nur Platz für die Administration. Das Probelokal lässt sich auch als kleiner Konzertsaal nutzen. Bereits Howard Griffiths erkannte das Potenzial dieses Raums. Danach haben auch seine Nachfolger Muhai Tang und Sir Roger Norrington hier regelmässig Konzerte durchgeführt. Bei allen ist dabei die Tendenz zu erkennen, den Konzertsaal als Experimentierfeld für neue Veranstaltungsformen auszuprobieren. Vermehrt wurden in diesem modernen Rahmen zeitgenössische Musik und die immer beliebteren Kinderkonzerte aufgeführt. Neben der Tonhalle, in der bis heute jährlich die grossen Abonnementskonzerte stattfinden, entwickelte sich so das ZKO-Haus mit durchschnittlich 20 Konzerten pro Jahr zum zweiten Hauptaufführungsort in Zürich. Daran änderte sich auch nichts, als mit Daniel Hope in der Saison 2016/17 zum ersten Mal ein Instrumentalist die künstlerische Leitung des Orchesters übernahm. Mit der Renovation der Tonhalle, die Anfang 2017 begann, stand das ZKO allerdings bereits in der zweiten Saison unter Hopes Leitung vor einer Herausforderung. Wie in der Anfangszeit unter Edmond de Stoutz beweist das Kammerorchester erneut seine Fähigkeit zur Flexibilität. Bis zur Wiedereröffnung der Tonhalle im Jahr 2022 weicht es neben der Tonhalle Maag für einige Konzerte ins Schauspielhaus Zürich aus.

Seine Stärke wird dem Orchester auch in Zukunft einen festen Platz im Zürcher Musikleben sichern und weiterhin dazu beitragen, dass das ZKO Zürich mit Fug und Recht sein Zuhause nennen kann.

1 Wenn nicht anderweitig vermerkt, wurde der vorliegende Text mit folgenden Quellen aus dem Archiv des ZKO erstellt: Konzertliste des ZKO, Jahresprogramme der Jahre 1946–2018 und Geschäftsberichte der Jahre 1995–2017.
2 Vgl. Dorothea Baumann, Paul Sieber: «Zürich», in: *MGG. Sachteil Bd. 9*, Kassel 1998, Sp. 2478–2483.
3 Vgl. Hermann Fietz: «Das Zunfthaus», in: Zunft zur Meisen (Hg.), *Die Zunft zur Meisen in Zürich*, Zürich 1989, S. 97–128.
4 Vgl. Florian Sorg: «Edmond de Stoutz», in: Hano Ammann et al. (Hg.), *Zeitzeugen im Gespräch. 50 ausgewählte Beiträge aus der Serie «Das ZO-Interview am Samstag»*, Wetzikon 1995, S. 112–115.
5 Dorothea Baumann: *Vom Musikraum zum Konzertsaal. Auf den Spuren von Zürichs Musikleben*, Zürich 2002, S. 28.
6 Vgl. Peter Stücheli: «Fast ein kleines KKL», in: NZZ (5.7.2002), sowie Gesellschaft der Freunde des Zürcher Kammerorchesters (Hg.), *25 Jahre Zürcher Kammerorchester. Ein Porträt*, Zürich 1978, S. 17.
7 Vgl. Edmond de Stoutz: «Ein Vierteljahrhundert glückliche Arbeit», in: Gesellschaft der Freunde des Zürcher Kammerorchesters (Hg.), *25 Jahre Zürcher Kammerorchester. Ein Porträt*, Zürich 1978, S. 9–11.
8 Vgl. Beitrag von Martin Meyer in diesem Band, S. 53.

Abb. 104

Abb. 105

Abb. 104
Howard Griffiths, Teo Gheorghiu und Fredi M. Murer anlässlich der Dreharbeiten zum Film *Vitus* in der Tonhalle Zürich (7.10.2004).

Abb. 105
Howard Griffiths und Teo Gheorghiu bei den Dreharbeiten in der Tonhalle (7.10.2004).

Molto appassionato

Fredi M. Murer

Meine Begegnung mit dem Zürcher Kammerorchester war kurz und heftig oder musikalisch ausgedrückt: «molto appassionato». Diese Bekanntschaft erreichte am 7. Oktober 2004 mit einem «Grande Finale» im grossen Saal der Zürcher Tonhalle ihren Höhepunkt. Zur Aufführung gelangte das *Klavierkonzert a-Moll* op. 54 von Robert Schumann. Der damalige Chefdirigent Howard Griffiths liess dafür sein Ensemble um rund 20 Zuzügerinnen und Zuzüger zu einem veritablen Symphonieorchester anwachsen. Am Klavier sass auf einem etwas gross wirkenden Stuhl ein knapp zwölfjähriger Junge mit Namen Teo Gheorghiu. Dieser gab bei dieser Gelegenheit nicht nur sein Debüt in diesem Konzertsaal, sondern verkörperte gleichzeitig auch erstmals die Rolle des fiktiven Wunderkindes «Vitus» für meinen gleichnamigen Spielfilm.

Seit meiner Kindheit fühlte ich mich von Klaviermusik magisch angezogen. So wünschte ich mir auf meinen elften Geburtstag ein Klavier. Aus wirtschaftlichen Gründen reichte es allerdings nur für eine Handorgel. Zumindest war es eine mit schwarzen und weissen Tasten. Um mein «Hohner-Piano» überhaupt zum Klingen zu bringen, musste ich es zunächst mit Lederriemen am Stubentisch festzurren, und dann oblag es meiner Schwester, am Balg zu ziehen und zu stossen. Kein Wunder, blieb so eine spätere Pianistenkarriere ein Wunschtraum.

Deshalb ergriff ich wohl später den Beruf des Filmemachers, der es mir erlaubte, meine unerfüllten Bubenträume mit fremder Hilfe dennoch zu verwirklichen. Kurz vor meinem Pensionsalter erfüllte ich mir den Wunsch, meiner glücklichsten Lebenszeit zwischen dem fünften und zwölften Lebensjahr einen Spielfilm zu widmen. Beim Schreiben des Drehbuchs orientierte ich mich jedoch weniger an meiner realen Kindheit als vielmehr an meinen, nie in Erfüllung gegangenen Träumen. So entstand die fiktive Geschichte des Vitus, der dank einem zu hohem IQ die Primarschule überspringt, als zwölfjähriger Gymnasiast an der Börse spekuliert, um sich und seinem Grossvater den Traum vom Fliegen zu ermöglichen, und der sich ab und zu klammheimlich ans Klavier setzt, um auswendig Stücke von Bach, Ferruccio Busoni oder eben Schumann zu spielen.

Um den geeigneten Protagonisten zu finden, machte ich mich zunächst europaweit auf die Suche. Schliesslich wurde ich ausgerechnet im Zürcher Oberland fündig. Den entscheidenden Tipp erhielt ich von Daniel Knecht, der am früheren Konservatorium Zürich für musizierende Jugendliche verantwortlich war. Er habe, sagte er mir, von einem hochbegabten Jungen gehört, der die renommierte Purcell School for Young Musicians in London besuche und Teo Gheorghiu heisse. Als ich diesen kurz vor Weihnachten bei seiner Familie in Rüti besuchte und er mir – ohne Noten – Bach, Beethoven und Liszt vorspielte, wusste ich sofort, dass der Verfilmung meiner unerfüllten Bubenträume nichts mehr im Weg stand.

Für das «Grande Finale» meines Films fehlte also nur noch ein Orchester und ein grandioses Ambiente. Da die Zürcher Tonhalle bis Ende 2005 ausgebucht und das Hausorchester auf Tournee in China war, kontaktierte ich den damaligen Geschäftsleiter des ZKO, Thomas Pfiffner. Als ich ihm telefonisch mein Anliegen unterbreitete und beiläufig erwähnte, dass mein Pianist elf Jahre alt sei, blieb es zunächst sehr lange still in der Leitung. Als ich anfügte, dass Teo laut seinem Klavierlehrer William Fong das *Schumann-Klavierkonzert* nicht nur im Kopf, sondern auch in den Fingern habe, schlug er ein Treffen Teos mit Howard Griffith vor.

Bei diesem Meeting erklärte Howard mir als Erstes, dass er ernsthafte Bedenken habe, das Dirigat zu übernehmen, weil ein Kind in diesem Alter weder musikalisch noch technisch die Komplexität und Vielschichtigkeit des

Schumann-Klavierkonzerts bewältigen könne. Das Risiko sei einfach zu gross, es zu überfordern und in aller Öffentlichkeit der Gefahr des Versagens auszusetzen. Trotzdem hiess er Teo ans Klavier, wobei dieser gleich mit dem dritten Satz anfing. Nach wenigen Takten schon machte Howard grosse Augen und flüsterte: «I don't believe it!» In der Folge entspann sich zwischen den beiden Musikern eine sehr intensive Probe, unterlegt mit Fachdiskussionen und Anekdoten auf Englisch. Am Ende sagte Howard Griffith zu mir: «I do it!»

Ende März 2004 bestätigte mir Thomas Pfiffner brieflich die Teilnahme des ZKO an den Dreharbeiten. Er schrieb: «Der einzige für uns in Frage kommende Termin ist der Donnerstag, 7. Okt. 2004 und zwar im Rahmen unseres ‹Amateursolistenkonzerts›, an dem unsere musizierenden Mitglieder des ZKO-Fördervereins in der Tonhalle auftreten dürfen. Die Zeit nach der Pause steht Ihnen unser Orchester für Ihre Dreharbeiten zur freien Verfügung. Gemäss Absprache mit dem Dirigenten Howard Griffith spielt Ihr Solist Teo Gheorghiu das *Schumann-Klavierkonzert* […] Ebenso bieten wir Hand, Teo Gheorghiu bei kommenden geeigneten Anfragen an unser Orchester als Solist einzubauen.»

Das war zwar ein Glücksfall, bedeutete aber gleichzeitig, dass wir sechs Monate vor dem eigentlichen Drehbeginn für nur einen einzigen Tag das 30-köpfige Filmteam zusammentrommeln mussten, um das «Grande Finale» des Films in Szene zu setzen. Parallel mit sieben Kameras drehten wir, ohne die drei Sätze zu unterbrechen, über 40 Einstellungen. Das erforderte logistisch und musikalisch eine Leistung der besonderen Art, und zwar von allen Beteiligten hinter und vor der Kamera. Ein Extra-Kränzchen gebührt auch den über 1000 Statistinnen und Statisten, die den Tonhalle-Saal bis auf den letzten Platz besetzten und mit dem Kauf einer Eintrittskarte sogar ihre eigene Statistengage bezahlten.

An dem magischen Abend des 7. Oktober 2004, an dem Teo Gheorghiu im Anzug von «Vitus» das Schumann-Klavierkonzert spielte, ging für mich ein Bubentraum und somit eine lang ersehnte Sternstunde in Erfüllung.

Im Februar 2006 wurde *Vitus* auf der Berlinale uraufgeführt und lief seitdem weltweit in über 40 Ländern in den Kinos.

Abb. 106
Vor dem Umbau bot das heutige ZKO-Haus Platz für das Hochspannungslabor des Schweizerischen Elektrotechnischen Vereins (SEV).

Abb. 107
Nach 15 Jahren brauchte der Probe- und Konzertsaal des ZKO-Hauses eine neue Politur (Juni 2017).

Abb. 108
Der langjährige Verleger Hans Heinrich Coninx war während 13 Jahren Präsident des ZKOV und initiierte in dieser Funktion den Bau des ZKO-Hauses.

Das ZKO-Haus: Alles braucht seine Zeit

Hans Heinrich Coninx

Es wurde mir immer wieder die Frage gestellt, warum es 56 Jahre dauerte, bis das ZKO eine eigene Heimstätte beziehen konnte. Natürlich dachte 1945, im Gründungsjahr unmittelbar nach Ende des Zweiten Weltkriegs, niemand auch nur im Entferntesten an ein eigenes Haus. Denn zuerst, und das über einige Anfangsjahre hinaus, musste das Ensemble überhaupt das Fliegen lernen. Dank Edmond de Stoutz etablierte sich das Orchester rasch auf der lokalen, nationalen und internationalen Bühne. Aber irgendwie vergleichbar war alles mit dem Leben des Zirkus Knie. Herumreisen, von einem fulminant applaudierten Auftritt zum anderen. Aber keine feste Bleibe. Knie hat im Winter sein Basislager in Rapperswil. Das ZKO hatte ein solches für Proben lange Zeit im Haus von Edmond de Stoutz am Kreuzplatz. Es mutet archaisch an, entsprach aber dem damaligen Selbstverständnis von Dirigent und Orchester, auch für Proben von Ort zu Ort zu ziehen. Frequentiert wurden Kirchgemeindehäuser, Turnhallen und Proberäume anderer Institutionen. Wenn man einen schrägen Seitenblick in den heutigen professionellen Fussball wagt, dann weiss man, dass für den Erfolg auf dem Spielfeld die vorgängigen Trainingsmöglichkeiten ausschlaggebend sind. Das ist in der Musik genauso, aber erfreulicherweise nahm die musikalische Qualität des ZKO trotz aller Unzulänglichkeiten im Probenbetrieb stetig zu. Man denke nur daran, dass die grossen Instrumente, Partituren und Notenständer, vor der Probe zum Beispiel ins Quartier Enge transportiert und am selben Abend von diesem wieder ins Lager im Zürcher Seefeld zurückgebracht werden mussten.

Verbunden mit der wachsenden musikalischen Reputation des ZKO war ein stark zunehmendes Publikumsinteresse, das letztlich zur Gründung der Gesellschaft der Freunde des ZKO führte. Der Keimling für die Vision eines eigenen Hauses wurde mit der Schaffung dieses Freundeskreises gesetzt. Entstanden ist die Idee, ein «eigenes» Haus zu besitzen, Ende der 1990er-Jahre. Während eines Abendessens, an dem Regula Pfister, Howard Griffiths und Thomas Pfiffner teilnahmen, wurde ausgiebig über die immer schwieriger werdenden Probenabläufe gesprochen. Howard Griffiths sah im bisherigen System zu viel «Energieverluste». Eine am Tisch vorgenommene Überschlagsrechnung, der man die jährlichen Mietkosten für die verschiedenen Probelokale zugrunde legte, zeigte rasch, dass sich der Probenbetrieb in eigenen vier Wänden gut rechnen liesse. Der Funken war gesprungen.

Zu diesen Initianten gesellte sich bald Thomas U. Müller, der das Vorhaben als Projektleiter bis zu seiner Vollendung auf hoch professionelle Weise vorantrieb. Die Generalversammlung des Freundeskreises gab grünes Licht. In einer ersten Phase wurde intensiv nach einem geeigneten Objekt Ausschau gehalten. Mehr oder weniger durch Zufall stiess man auf das frühere Hochspannungslabor des Schweizerischen Elektrotechnischen Vereins an der Seefeldstrasse. Dies war der Moment, als zum Kreis der Initianten zwei Architekten stiessen, die die Umbauplanung und Bauleitung in die Hand nahmen: Mariano Jenni und Thomas Szikszay. Sie erstellten im Februar 1999 ein erstes Vorprojekt. Nach erfolgter Baubewilligung wurde im Juni 2001 mit dem Bau begonnen. Anfang Juli 2002 konnte das ZKO-Haus bezogen werden.

Die eigentliche Herausforderung, vor der das ZKO, sein Freundeskreis und die Stiftung ZKO Haus im Tiefenbrunnen standen, war die Finanzierung des Vorhabens. Die Kosten beliefen sich immerhin auf 5 260 000 Franken. Regula Pfister übernahm die Federführung bei der Suche nach Gönnerinnen und Gönnern. Zusammen mit Thomas Pfiffner richtete sie einen wahren Meisterkurs in Sachen Gewinnung von Spendengeldern aus. Das Sammelergebnis: 4 Millionen Franken! Es gab keinen Franken Kostenüberschreitung, was sehr viel

Abb. 106

über die handwerkliche Kompetenz der beiden Architekten und des Projektleiters aussagt. Bevor das Haus seine Türen öffnete, konnten dank der grossartigen Unterstützung durch den Freundeskreis letzte Tupfer gesetzt werden. Dies zeigte sich in der freigiebigen Gewährung von «Naturalspenden», die man dann als Bestuhlung des Saales, in Form eines Bösendorfers, eines Kronleuchters oder eines Weinkühlschranks besichtigen konnte.

Gedacht war ein ZKO-Haus, das ausschliesslich als Probenstätte dienen sollte. Dass es heute auch für öffentliche Konzerte genutzt wird, ist eine gute Sache. Denn mit jeder Aufführung im Seefeld rücken das Orchester und das kammermusikbegeisterte Zürcher Publikum noch enger zusammen. Ich weiss es nicht, aber ich nehme einmal an, dass Edmond de Stoutz an diesem ZKO-Haus seine helle Freude haben würde. Und damit wäre die eingangs gestellte Frage beantwortet, warum es so lange ging mit dem Haus. Es ging so lange, weil eben alles seine Zeit braucht.

Abb. 107

Abb. 108

Abb. 109

Abb. 110

Abb. 111

Abb. 112

Abb. 113

Abb. 114

Abb. 109
Das im Juli 2002 eröffnete ZKO-Haus enthält nebst Räumen für die Administration einen Probensaal.

Abb. 110
Das ZKO-Mitglied und Bratschist Pierre Tissonnier während des Umbaus des ZKO-Hauses.

Abb. 111
Das ZKO-Mitglied Regula Lilienthal während des Umbaus des ZKO-Hauses.

Abb. 112
Die ZKO-Mitglieder Sandra Goldberg, Nicola Mosca, Silvia Rohner Geiser und Peter Mraz während des Umbaus des ZKO-Hauses.

Abb. 113
Der Cellist Nicola Mosca während des Umbaus des ZKO-Hauses.

Abb. 114
Der Cellist Johannes Toppius war langjähriges ZKO-Mitglied und Bibliothekar des Orchesters (2006).

Nie mehr Kirchgemeindehäuser

Johannes Toppius

Seit meiner Pensionierung vor zehn Jahren hat das Orchester eine bemerkenswerte Entwicklung durchgemacht, die ich als nun Aussenstehender mit Freude verfolge. Als ich Ende 1968 ins ZKO aufgenommen wurde, traf ich auf ein Spitzenensemble mit phantastischen Solisten, das weltweit Konzertreisen unternahm und ein umfassendes Repertoire aufwies. Ich erinnere mich an die jährlichen Aufführungen an zwei Abenden mit den sechs *Brandenburgischen Konzerten*, die jeweils mit einem zeitgenössischen Werk kombiniert wurden. Das Orchester hatte damals einen vollen Streicherklang, wobei die unteren Register bevorzugt wurden.

Mit der fortschreitenden Erkrankung von Edmond de Stoutz wurde die Konzert- und Reisetätigkeit immer weniger. Dazu kam noch, dass zu dieser Zeit vermehrt Spezialensembles im Bereich Barockmusik auftraten, sodass das Spielen von Barockmusik auf herkömmliche Weise, wie sie unter de Stoutz gepflegt wurde, immer weniger gefragt war. Der drohende Crash des Orchesters wurde von Howard Griffiths aufgefangen. Er baute das Orchester zu einem frisch klingenden, «modernen» Ensemble um, das sich hauptsächlich auf Frühklassik bis Frühromantik spezialisierte. Aus diesem Repertoire stammen auch etliche, zum Teil sehr erfolgreiche CDs. In dieselbe Periode fällt auch der Einzug in das neue ZKO-Haus, was eine grosse Erleichterung war. Zuvor sind wir von einem Kirchgemeindehaus zum nächsten gezogen. In der Zeit von Muhai Tang, der eigentlich mehr die grosse Besetzung und Oper pflegte, erlebten wir auch viele beglückende Aufführungen. Dazu gehörte vermehrt das Spiel ohne Dirigent, was für uns eine neue Erfahrung darstellte. Danach ist mir das «Barock-informierte» Spielen erspart geblieben. Trotzdem muss ich sagen, dass ich unter Sir Roger Norrington und Daniel Hope auch gerne gespielt hätte. Denn es war Edmond de Stoutz, der mir kurz vor seinem Tod gesagt hat: «Ihr müsst euch unentbehrlich machen, sonst braucht es euch nicht.» Das ZKO ist unentbehrlich geworden.

Abb. 115

Metamorphosen

Silvan Hürlimann, Peter Révai

Nach absolvierter Lehre als Orgelbauer und einer längeren militärischen Ausbildungszeit, die ich sogar im Rang eines Hauptmanns beendet habe, landete ich im August 2002 mehr per Zufall als aus kühler Berechnung beim ZKO. Denn Stellen in meinem angestammten Beruf zu finden, sind und waren in etwa so häufig wie ein Schneesturm im Hochsommer. Meine Mutter machte mich deshalb auf ein Inserat aufmerksam, in dem ein «Mädchen für alles» für ein Kammerorchester gesucht wurde. Ich bewarb mich, obwohl ich beruflich eigentlich näher beim Orgelbau sein wollte. Zu meiner grossen Überraschung reagierte der damalige Geschäftsführer, Thomas Pfiffner, sofort auf meine Bewerbung. Er wollte mich vom Fleck weg engagieren. Ich bedingte mir allerdings eine eintägige Frist aus, um über das Angebot nachzudenken. Ganz dem Sprichwort zufolge «Lieber den Spatz in der Hand, als die Taube auf dem Dach» nahm ich schliesslich sein Angebot an. Inzwischen bin ich zu 100 Prozent beim ZKO als Bindeglied zwischen Orchester und Administration tätig. Seit der Einstellung vor 16 Jahren hat sich nur die Bezeichnung meiner Stelle verändert, denn die Tätigkeit selber ist sich grosso modo gleich geblieben. Ich darf mich nun aber «Orchestermanager» nennen und weiterhin die Einsätze der Musiker und Zuzüger disponieren und neue Leute zum Vorspielen kommen lassen.

Als ich kürzlich eine Stelle für das Tutti der Violinen ausgeschrieben habe, wurde mir bewusst, dass sich die Situation des Orchesters in den vergangenen Jahren stark verändert hat. Als ich beim ZKO anfing, herrschte noch der Geist von Edmond de Stoutz, und unter den Musikerinnen und Musikern war eine ausgeprägte familiäre Atmosphäre anzutreffen. Allerdings gab es auch einen Graben zwischen Musikern und Administration.

Wurden etwa unter dem ZKO-Gründer, den ich leider nie persönlich kennengelernt hatte, im Auftrag von Unternehmen, beispielsweise der Hero Konservenfabrik, Konzerte für ganze Firmenbelegschaften veranstaltet, verschob sich der Fokus bei den privat finanzierten Konzerten immer mehr auf Firmen, die für ihre guten Geschäftskunden Anlässe ausrichteten. Statt Aufklärung war somit von den Musikern vermehrt ein «Bedienen der Geschmäcker» gefragt; nicht mehr von einem Publikum war die Rede, das es aufzuklären, sondern vermehrt von einer Klientel, die es zu unterhalten galt. War etwa unter de Stoutz ein durchsichtiger Schönklang angesagt, legten seine Nachfolger Howard Griffiths und Muhai Tang mehr Wert auf einen satteren, wärmeren Sound.

Als Roger Norrington und später unser Konzertmeister Willi Zimmermann die Leitung des Orchesters übernahmen, veränderte sich die Stimmungslage im und rund um das Orchester merklich: Sir Roger gelang es, die Freude bei den Musikerinnen und Musikern auf eine neue Art zu entfachen. Und Willi Zimmermann war in der Lage, dies als roten Faden weiterzuführen, wofür ich ihm sehr dankbar bin.

Heutige Orchestermitglieder musizieren und denken selbstständiger, sprich sie agieren sozusagen erwachsener. Zwar wird von den jüngeren Musikern viel mehr hinterfragt als früher, dafür sind sie auch anspruchsvoller. Die offenere Haltung hat sich zudem auf das Verhältnis des Orchesters zur Administration ausgewirkt, was sicher auch mit der zunehmenden Digitalisierung zu tun hat. Das immer bessere Informatik-Know-how bei den Musikern hat dazu geführt, dass Administratives vermehrt online und somit schneller als früher abgewickelt werden kann. Das schafft Raum auf beiden Seiten, sich besser auf das Wesentliche zu konzentrieren. Der frühere Graben ist nun endgültig zugeschüttet: Das Spektrum ist breiter, die dabei bewiesene Qualität eindeutig höher und das ZKO als Ganzes reifer geworden. Der Spatz in der Hand hat sich für mich zumindest als Pfau erwiesen.

Abb. 116

Abb. 115
Der gelernte Orgelbauer Silvan Hürlimann leitet das Konzertbüro des ZKO als Konzertmanager und wird auch als Schlagzeuger eingesetzt.

Abb. 116
Die Stradivari «Gerhart Hauptmann» befindet sich seit 1963 im Besitz der GFZKO und wird vom jeweiligen Konzertmeister gespielt.

Peter Marschel

Die Rettung der Stradivari

Es gibt wenige Zauberwörter, die in der Musikwelt so viel Begeisterung und Bewunderung auslösen und gleichzeitig so hohe Erwartungen wecken können wie der Name Stradivari. Die einen verbinden damit ausserordentlich hohe Wertbeträge für ein Streichinstrument, andere assoziieren damit höchste klangliche Qualität. Natürlich haben beide recht.

Nach wie vor ist und bleibt eine Stradivari in der Welt der Geigen das Mass aller Dinge. Antonio Stradivari soll in seinem Leben insgesamt 1100 Instrumente gebaut haben, wovon noch rund 650 Violinen, Bratschen, Gitarren und Celli erhalten sind. Erstere werden heute zu zweistelligen Millionenbeträgen gehandelt. Der Verkauf der Macdonald-Bratsche für 45 Millionen Dollar scheiterte allerdings. Bisher! Kein Wunder, dass ein solcher Besitz auch Neid und Missgunst provoziert. Allein wegen ihrer Stradivari wurde beispielsweise 1996 in Bremerhaven die Geigenlehrerin Maria Grevesmühl von ihrem rumänischen Meisterschüler ermordet.

Nicht ganz so tragisch ist die Geschichte der Stradivari «Gibson-Huberman». 1936 wurde die Geige Bronislaw Huberman, dem Gründer des Palestine Orchestra (heute Israel Philharmonic Orchestra), bei einem Konzert in der Carnegie Hall in New York gestohlen. Der Versicherer Lloyd's zahlte 30 000 Dollar, während der Gelegenheitsmusiker Julian Altman die Stradivari 50 Jahre lang in den New Yorker Bars spielte. Als sich Altman 1985 auf dem Sterbebett offenbarte, kaufte die Versicherung die Stradivari für eine Viertelmillion zurück, um sie nach neunmonatiger Restaurierung für 1,2 Millionen Dollar an Norbert Brainin vom Amadeus-Quartett weiterzuverkaufen. Im Jahr 2001 erwarb Joshua Bell die Huberman-Stradivari für 4 Millionen Dollar: «Was bedeutet schon Geld, wenn es um Liebe geht.»[1]

Die meisten Instrumente sind heute jedoch nicht mehr im Besitz von Musikern, sondern sie gehören oft Mäzenen, Stiftungen und Musikinstrumentenfonds. Diese verleihen ihre Meisterstücke in der Regel unter hohen Auflagen an ausgewählte Musikerinnen und Musiker. Denn sie können nicht einfach wie Goldbarren in einem Tresor aufbewahrt, sondern müssen regelmässig gespielt werden. «Holz muss schwingen», begründet der bekannte Virtuose Frank Peter Zimmermann diese Praxis. Er war es auch, der in einem Interview mit der *Frankfurter Allgemeinen Zeitung* 2015 die Liebesbeziehung zwischen einem Geiger und seiner Stradivari erzählt und das Instrument als eine Diva mit vielen Launen und Möglichkeiten beschrieben hat. «Man muss einem solchen Instrument seinen Willen lassen, ihm folgen wo es hinmöchte, sonst schmollt es. Fühlt es sich aber wohl, dann wird es zärtlich, weich und gefügig, dann kann man mit ihm fliegen.»[2] Zum grossen Bedauern endete diese Liebe ziemlich abrupt, als die Besitzerin, die Bank West LB, in finanzielle Schwierigkeiten geriet und sich deshalb gezwungen sah, ihre auf den Namen Lady Inchiquin getaufte Stradivari, die einst von Fritz Kreisler gespielt wurde[3], für 12,5 Millionen Dollar an einen Investor zu verkaufen und somit den bisherigen Entleiher Zimmermann sozusagen über Nacht seiner Liebe zu berauben.[4] Dank des chinesischen Investors Yu ist es nicht zu einem totalen «Entzug» gekommen, der Geiger spielt heute die «Grumiaux». Eine neue Liebe?

Was mit der «Lady Inchiquin» geschah, wäre auch fast Willi Zimmermann zugestossen. Die Stradivari «Gerhart Hauptmann» steht seit 1969 ad officium dem jeweiligen Konzertmeister des ZKO zur Verfügung. Das Meisterinstrument konnte durch die ZKO-Freunde des Orchesters für 300 000 Franken direkt von der Tochter des deutschen Schriftstellers inklusive eines qualitativ adäquaten Tourte-Bogens erworben werden. Als die Jahresrechnung 2007/08 um 860 000 Franken bedrohlich defizitär zu werden drohte, spitzte sich die Lage des damals schon seit Längerem mit finanziellen Problemen kämpfenden Orchesters dramatisch zu. Das Management sah sich angesichts des drohenden Konkurses zu einer ausserordentlichen Massnahme gezwungen: Das Instrument sollte bei der Hausbank als Garantie hinterlegt werden! Angeblich war auch ein Notverkauf bereits eingefädelt, als ein Sturm der Entrüstung ausbrach und unter den Musikern heftigen Widerspruch auslöste. Der provokativen Frage «Braucht ein Orchestermusiker solch ein wertvolles Instrument» stellten die Musiker ein kraftvolles «Man verkauft doch nicht den Boden, auf dem man steht» gegenüber. Auch für Edmond de Stoutz war die Stradivari der «Notgroschen» des Orchesters gewesen. In den Dokumenten der GFZKO ist festgelegt, dass ein Verkauf des Instruments bei einem Konkurs realisiert werden kann, wenn dies die einzige Möglichkeit ist, die Lohn- und Sozialleistungen der Musikerinnen und Musiker zu sichern.

Andreas Hodel, ein Gönner des Zürcher Kammerorchesters, nahm es auf sich, die Gesellschaft der Freunde des ZKO (GFZKO) zu einer Rettungsaktion zu mobilisieren. Der Geschäftsleitung fehlte anfänglich der Glaube an den Erfolg einer solchen Rettungsaktion. Motiviert durch die Entschlossenheit der Musiker war es dann vor allem die damalige Präsidentin der GFZKO und Vizepräsidentin des ZKO-Trägervereins Regula Pfister, die das Vorgehen geschickt plante und engagiert umsetzte: Mäzene wurden erfolgreich kontaktiert, und innerhalb von drei Monaten kamen auf diese Weise 1,1 Millionen Franken zusammen. Eine Geige, die symbolisch in 100 Teile zerlegt werden sollte, um diese als «Geigen-Aktien» zu je 5000 Franken verkaufen zu können, blieb als Instrument erhalten. Die Stradivari war gerettet worden und konnte weiterhin zur Freude des Konzertpublikums und der Musikerinnen und Musiker dem Konzertmeister des ZKO zur Verfügung stehen. Diese Geschichte sorgte im In- und Ausland genauso für grosses mediales Aufsehen wie dereinst die Abstimmung über den Kauf der Picasso-Bilder in Basel.

Für Willi Zimmermann ist die Stradivari, die Gerhart Hauptmann seiner Frau Eva geschenkt hatte, ein ganz besonderes Instrument, stammt sie doch aus der wohl besten Schaffensperiode Antonio Stradivaris. Dieser hatte nicht nur ein etwa 100 Jahre älteres Instrument als Prototyp so perfektioniert, dass dieser bis heute von Geigenbauern nicht verändert wurde.[5] Der Kunsthandwerker aus Cremona war 70 Jahre alt, als er 1714 diese Geige baute. «Ihre Form ist ideal, die Decke wurde aus Alpenfichte gefertigt und der Boden aus einem ganzen Stück Ahorn mit engen Jahresringen», führt Willi Zimmermann das Stradivari-Werkverzeichnis zu seiner Geige an. Als besonders typisch für dieses Instrument gelte, so der Konzertmeister des ZKO, die extrem gut erhaltene, goldtransparente Lackierung. Es ist der Lack, in dem ja bis heute das Geheimnis des besonderen Klangs einer Stradivari vermutet wird. Besonders in den für das menschliche Gehör empfindlichen höheren Resonanzen brilliert das über 300 Jahre alte Instrument.[6]

Was bei einer Stradivari klingt, scheint jeden zu interessieren. Nach einem Konzert wurde der Geiger Jascha Heifetz einmal nach dem besonderen Ton seiner Stradivari gefragt. Er hob sein Instrument in die Höhe und sagte verschmitzt: «Ich höre nichts. Es ist der Geiger, der den Ton macht.» Willi Zimmermann beschreibt das Phänomen folgendermassen: «Man hört nicht die Stradivari, man hört Willi Zimmermann, wie er die Stradivari spielt.» Für ihn ist die Hauptmann-Stradivari eine der weltweit hochwertigsten Geigen überhaupt: Sie zeichne sich durch ihre hohe stimmliche Tragfähigkeit und die enormen Gestaltungsmöglichkeiten für ihren Spieler aus.[7] Wie Zimmermann erging es auch Yehudi Menuhin mit einer Stradivari: «Zwei, drei Töne, und du spürst, das ist die Geige, die dir liegt.»

Abb. 117
Während knapp 20 Jahren war Zbigniew Czapczynski Konzertmeister des ZKO.

Als der Bratschist und heutiges ZKO-Mitglied, Pierre Tissonnier, 1985 die Hofer Symphoniker in Richtung Zürich verliess, gaben ihm seine Musikerkollegen eine besondere Wertschätzung mit auf den Weg: «Ach, du gehst zu dem Orchester mit der Hauptmann-Stradivari.» Eine Wertschätzung. Die andere, die monetäre Wertschätzung: Es braucht keine. Die Stradivari steht nicht zum Verkauf. Die Gesellschaft der Freunde des Zürcher Kammerorchesters führt ihre Hauptmann-Stradivari mit dem symbolischen Franken in ihrer Bilanz.

1   Joshua Bell: *The Return of the Violin*, TV Dokumentation, Chronos Prod., 2012.
2   Manuel Brug: «Dieses obskure Objekt der Begierde», in: *Die Welt*, 22.5.2018.
3   Peter Hagmann: «Muss es um jeden Preis eine Stradivari sein?», in: NZZ, 15.5.2016.
4   Auch das Zürcher Stradivari-Quartett musste sich neu orientieren. Die Stiftung Habisreutinger vergab zwei der vier Instrumente ans Trio Oreade. Vgl. Manfred Papst: «Klassik», in: *NZZ am Sonntag*, 27.5.2018.
5   Manuel Brug: «Dieses obskure Objekt der Begierde», in: *Die Welt*, 22.5.2018.
6   Ebd.
7   Jost Thöne: *Antonio Stradivari,* Lenzkirch: Jost Thöne Verlag, 2013.

Abb. 117

Abb. 118

Abb. 118
Multimediakonzert mit dem ZKO und dem kanadischen Pianisten Jan Lisiecki sowie auf Leinwand projizierten Fotos von David Yarrow in der Tonhalle Maag (13.6.2018).

180

Michael Bühler

Unser Publikum

Wie jeder Anbieter einer Dienstleistung oder eines Produkts muss ein Veranstalter klassischer Konzerte sein Zielpublikum kennen. Schliesslich muss auch er sein Angebot oder «Produkt» so gut als möglich an die Frau und an den Mann bringen. Doch haben sich die wenigsten Konzertveranstalter in Europa bisher diese Frage ernsthaft gestellt, da die meisten Orchester aufgrund eines Bildungsauftrags mithilfe erheblicher staatlicher Subventionen noch immer vom freien Markt abgeschottet werden. Deshalb fehlt ihnen meistens die Motivation, sich an dessen Gesetzen zu orientieren.

Doch da das Klassikpublikum überdurchschnittlich altert, sollten Veranstalter aktiv etwas unternehmen, damit es auch in Zukunft weiterhin Konzerte geben kann. Da die Klassik zunehmend als Teil der Unterhaltungsindustrie wahrgenommen wird, sieht sie sich plötzlich mit einer völlig anderen Konkurrenz als bisher konfrontiert, sodass die richtigen Antworten zu diesem Fragenkomplex heute dringlicher denn je sind.

Die Wachsamkeit gegenüber diesem Problemkreis ist beim Zürcher Kammerorchester aus einer wirtschaftlichen und kulturpolitischen Notwendigkeit heraus gewachsen. Wir stellen uns diesen Fragen seit dem Jahrtausendwechsel immer wieder. Um sie zu beantworten, liessen wir eine Studie über unsere 30 000 Konzertbesucher durchführen. Ein grosser Teil des Publikums repräsentiert demzufolge die Gruppe der «Weltoffen Etablierten». Dazu werden diejenigen Leute gezählt, die typischerweise zwischen 60 und 80 Jahre alt sind, in der Regel über einen Hochschulabschluss verfügen, finanziell gut situiert sind und ein Einfamilienhaus besitzen, öffentlich-rechtliches Fernsehen oder Kultursender schauen und sich für Wirtschaft, Politik und eben Kultur interessieren. Das ist diejenige Gruppe also, die mit diesen sozio-demografischen Merkmalen am ehesten das Bildungsbürgertum des 19. Jahrhunderts repräsentiert.

Danach folgt die «Aktive Mitte». Diese Leute sind zwischen 50 und 69 Jahre alt, wohnen im Eigenheim in der Agglomeration, gehen gern in einen Wellness- oder Wanderurlaub und pflegen Hobbys wie Gartenarbeit, Nordic Walking und Modelleisenbahnen.

Rund 10 Prozent gehören zu den «Bodenständigen». Sie sind typischerweise zwischen 50 und 80 Jahre alt, sind Mieter in ländlichen Gebieten oder im Agglomerationsraum, haben mindestens einen Volksschulabschluss und interessieren sich für häusliche Tätigkeiten, Rundreisen und Kreuzfahrten.

Mit nur 4,0 respektive 1,3 Prozent sind die «Materiell Orientierten» und die «Konsumeinsteiger» gegenüber den anderen Gruppierungen stark untervertreten. Sie sind zwischen 18 und 40 Jahre alt, gehen gerne ins Kino, in Freizeitparks und zu Rock- und Pop-Konzerten, haben einen niedrigen bis mittleren Schulabschluss und buchen gerne Bade- oder All-inclusive-Urlaube.

Zur mit Abstand am stärksten vertretenen und weiterhin stetig wachsenden Gruppierung zählen überraschenderweise die «Innovativen Aufsteiger». Sie sind zwischen 30 und 60 Jahre alt, haben einen mittleren oder höheren Schulabschluss, sind oft selbstständig erwerbend oder Facharbeiter mit Meisterprüfung und interessieren sich unter anderem für Inlineskating, IT, Wellness und Kino.

Zusammenfassend haben wir festgestellt, dass der Durchschnittsbesucher, oder zutreffender die Durchschnittsbesucherin, eines ZKO-Konzerts rund 57,6 Jahre alt und mit einer Wahrscheinlichkeit von 53,6 Prozent weiblich ist, mehrheitlich einen Universitätsabschluss besitzt und über ein gehobenes Einkommen verfügt.

Am auffälligsten ist, obgleich doch ein wenig überraschend, das relativ hohe Durchschnittsalter des ZKO-Publikums im Verhältnis zu demjenigen der

Abb. 119

Abb. 120

Abb. 121

Abb. 122

Abb. 119
Zusammen mit Daniel Hope führte das ZKO in der Tonhalle Maag Max Richters *Recomposed: Vivaldi – The Four Seasons* multimedial in Form von Videoprojektionen auf (19.6.2018).

Abb. 120
Im Rahmen der europaweiten Konzertserie *Yellow Lounge* trat das ZKO unter Daniel Hope im Zürcher Club Mascotte auf (11.11.2015).

Abb. 121
Das ZKO als begleitendes Orchester beim Eistanzspektakel *Art on Ice* im Hallenstadion (2.2.2017).

Abb. 122
Das ZKO begleitete die Hard-Rock-Band Gotthard bei einem Gastkonzert auf Einladung der AMAG im Kunst- und Kulturzentrum Lugano Arte e Cultura LAC in Lugano (30.10.2015).

Schweizer Gesamtbevölkerung (42,1 Jahre). Mehrere Studien besagen zudem, dass das Durchschnittsalter der Schweizer Bevölkerung in den kommenden 15 Jahren um rund 3,2 Jahre ansteigen dürfte, während das Durchschnittsalter des Publikums von klassischen Konzerten im selben Zeitraum um rund elf Jahre ansteigen wird.

Und genau damit sind wir beim Kernproblem, um das sich weltweit die meisten Veranstalter von klassischen Konzerten sorgen: der wachsenden Überalterung des Publikums. Auch wenn ein vitales Interesse an klassischer Musik in sämtlichen Alterssegmenten auszumachen ist, muss paradoxerweise davon ausgegangen werden, dass ausgerechnet die jungen Anhänger der Klassik bei Konzerten stark untervertreten sind.

Das ist damit zu erklären, dass das Konzertformat, das wir heute kennen und pflegen, mehr oder weniger unverändert aus der Mitte des 19. Jahrhunderts stammt. Das Bildungsbürgertum erkor damals die klassische Musik zur Kunstform und führte Interaktionsrituale ein. Diese dienten als gesellschaftspolitische Barriere gegenüber tieferen Gesellschaftsschichten und sollten eine andächtige, ja sogar sakrale Konzertatmosphäre bewirken, mit der dieser Kunstform eine entsprechende Ehrerbietung entgegengebracht wurde.

Seitdem hat sich das Kultur- und Konsumverhalten zwar grundlegend verändert, nicht aber die Aufführungsform klassischer Konzerte. So finden es insbesondere jüngere Konzertgängerinnen und Konzertgänger «unsexy» oder sogar unmöglich, sich für die Dauer eines Konzerts, also durchschnittlich zwei Stunden, ausschliesslich auf eine einzige Audioquelle zu konzentrieren, eine restriktive Kleiderordnung zu befolgen, ein Hustenbonbon geräuschlos auszupacken und weder laut zu husten geschweige denn zu niesen. Wir stellen also fest: Es dürfte gar nicht so sehr an der Musik selber, sondern an der Form liegen, wie sie vermittelt wird.

Welche Erwartungen und Ansprüche der moderne Kulturkonsument aber an ein klassisches Konzert stellt, ist nicht einfach zu beantworten.

Klar ist nur: Unser Umfeld ist nicht zuletzt von einem rasanten technologischen Wandel geprägt, der unser Leben grundlegend verändert. So ist es zum Beispiel heute jederzeit möglich, sich eine TV-Sendung dann anzusehen, wenn man dafür Zeit und Lust hat. Ebenso ermöglichen uns digitale Aufnahmetechniken und mobile Abspielgeräte, Musik zu hören, wo und wann wir wollen. Es kommt dazu, dass das Ganze vermehrt in einer Klangqualität erfolgt, die einem Live-Erlebnis immer näher kommt. Da damit auch die Einzigartigkeit des Konzerterlebnisses obsolet wird, dürfte sich auch dessen Wertigkeit schmälern.

Vor diesem Hintergrund müssen wir uns fragen, warum jemand überhaupt seine beschränkten Ressourcen an Zeit und Geld für einen Besuch eines klassischen Konzerts aufwenden soll. Nach dem Ansatz der Nutzenmaximierung ist er, von altruistischen oder mäzenatischen Beweggründen einmal abgesehen, nur dann bereit, seine Ressourcen zu investieren, sofern er erwarten kann, dass sich seine Investition «lohnt». Im Fall eines Konzertbesuchs dürfte die Erwartung sein, ein einzigartiges Erlebnis, einen unvergesslichen Moment zu erleben. Solches wird auch durch eine bewusste, rituelle Vorbereitung verstärkt, wozu der Kauf eines Tickets ebenso gehört wie etwa sich schön anzuziehen, vor oder nach dem Konzert mit dem Partner, der Partnerin ein Restaurant aufzusuchen oder in der Pause ein Glas Champagner zu trinken. Denn im alltäglichen Umfeld zu Hause im Pyjama auf dem Sofa dürfte sich beim Hören einer Mozart-Serenade ab Konserve kaum dieselbe Erlebnisintensität einstellen, wie wenn man ein Orchester im Konzertsaal live mitverfolgt.

Dazu kommt, dass der Mensch an sich ein gesellschaftlich-orientiertes Wesen ist. Er braucht ein soziales Umfeld zum Dasein genauso wie die Luft zum Atmen. Es ist deshalb kaum erstaunlich, dass sehr viele Besucherinnen und Besucher den gesellschaftlichen Rahmen eines Konzerts als mindestens ebenso wichtig einstufen wie die Musik selber. Nur leider wird der gesellschaftlichen Interaktion im heute üblichen Konzertformat zu wenig «Raum» gegeben, sie wird sogar, etwa durch die Verdunkelung des Zuschauerraums, aktiv unterbunden.

Es gilt also, Konzertformate zu entwickeln, die den gewünschten gesellschaftlichen Nährboden bieten und gleichzeitig alltägliche Annehmlichkeiten, die uns beispielsweise der technische Fortschritt ermöglicht, nicht ausschliessen. Gleichzeitig sollte die Individualität des Konsumenten gewahrt und die zunehmende Preissensibilität berücksichtigt werden.

Es macht den Anschein, als ob man eine Eier legende Wollmilchsau finden müsste, um alles unter einen Hut zu bringen. Das Zürcher Kammerorchester scheint bei dieser «unmöglichen» Suche derzeit recht erfolgreich unterwegs zu sein: Von jeher wird beim ZKO der kleinsten sozialen Einheit, der Familie, grosse Bedeutung beigemessen. In pionierhafter Voraussicht hat bereits Edmond de Stoutz Konzertformate für Kinder etabliert, die unter der Leitung von Howard Griffiths ausgebaut und in der Zwischenzeit zu einem Markenzeichen des Orchesters geworden sind. Heute erreicht das ZKO mit den im Jahre 2010 lancierten und weit über die Landesgrenzen hinaus bekannt gewordenen Nuggi-, Krabbel- und Purzel-Konzerten weit über 15 000 Besucher jährlich und leistet damit unbestritten einen valablen Beitrag zur «Investition» in die nächste und übernächste Generation des Klassikpublikums.

Den multimedialen und multisensuellen Trends unserer Gesellschaft entsprechend überschreitet das ZKO seit Längerem regelmässig auch die Grenzen klassischer Musik: 2017 begeisterte es beim Eistanzspektakel «Art on Ice» in einer atemberaubenden Symbiose von Klassik und Eiskunstlauf, im Rahmen des Digital Festivals 2017 vereinte es klassische Musik mit Techno-Beats, Tanz und 3D-Videoprojektionen. Mit Apéro-Konzerten und «Dinners Musicales» werden Symbiosen von Klang, Kunst und Kulinarik erlebbar gemacht. Die Konzertreihe «ZKO im Kunsthaus» vereinte klassische Musik mit bildenden Künsten, für die Konzertserie «ZKO meets …» werden immer wieder spartenfremde Künstlerinnen und Künstler wie etwa die indische Sitar-Spielerin Anoushka Shankar, die Schweizer Hard-Rock-Band Gotthard, der Liedermacher Pipo Pollina und die Band Lunik eingeladen, sodass klassische Musik mit Rock, Pop oder World Music verschmilzt. Ausserdem hat das Zürcher Kammerorchester zusammen mit dem Zurich Jazz Orchestra im Rahmen des Zürich Film Festivals mehrfach Abstecher in die Welt der Filmmusik unternommen.

Mit der Wahl Klaus Maria Brandauers als «Artist in Residence» in der Konzertsaison 2016/17 wurde erstmals der Verschmelzung von klassischer Musik mit dem gesprochenen Wort eine grössere Bedeutung beigemessen, und mit dem Konzertformat «Director's Cut» (einem Nachfolgeformat der «Yellow Lounge») hat das ZKO regelmässige Gesprächskonzerte lanciert, zu denen unser Music Director, Daniel Hope, jeweils einen Gast aus Politik, Wirtschaft, Sport oder Kultur begrüsst wie etwa den Schweizer Pop-Künstler Dieter Meier. Schliesslich konnten im Rahmen des Programms «Art is in Residence» in der Saison 2017/18 spannende Querverbindungen zu anderen Künsten wie Fotografie, Tanz, Malerei und Scherenschnitt kreiert werden.

Viele dieser Konzertformate haben gemeinsam, dass das ZKO als kleiner und flexibler Klangkörper seine ihm angestammte Plattform in Form etablierter

Konzertsäle, etwa die Tonhalle Zürich und das Kultur- und Kongresszentrum Luzern (KKL), vermehrt verlässt, um neue Örtlichkeiten in Beschlag zu nehmen. Somit ist nicht das Publikum gezwungen, zur Musik zu pilgern, sondern die Musik sucht sich seine neuen Zielgruppen selbst, und zwar in deren gewohntem Umfeld, beispielsweise in Nachtklubs wie etwa dem Zürcher Mascotte oder dann im Schauspielhaus Zürich.

Der Erfolg gibt unserem Konzept recht: Die Entwicklung der Besucherzahlen spricht in den letzten fünf Jahren, insbesondere seit der Intensivierung der Familienkonzerte in der Saison 2012/13, eine deutliche Sprache. Dabei gilt es zu berücksichtigen, dass die steigenden Besucherzahlen nicht allein auf die Abo- und Familienkonzerte zurückzuführen sind, sondern auch auf die Mitwirkung an «Art on Ice» im Zürcher Hallenstadion und die Tourneen mit Konzerten in Metropolen wie Paris, Schanghai, Sydney, Sankt Petersburg, Sao Paulo, Kapstadt, San Francisco und London. Das bestätigt gleichzeitig, dass das ZKO nicht nur in der Schweiz, sondern insbesondere auf seinen weltweiten Konzertreisen in Europa, Asien, Nord- und Südamerika sowie Afrika weiterhin als begehrter «Exportartikel» der Schweiz und damit als Garant für höchste Qualität geschätzt und äusserst begehrt ist. Die *NZZ am Sonntag*[1] bezeichnete das Ensemble denn auch scheinbar folgerichtig als kultureller Leuchtturm, der den Namen der Stadt Zürich in die Welt hinaustrage.

Und so ist es nur eine logische Konsequenz, dass die Programmgestaltung des Zürcher Kammerorchesters für die nahe Zukunft auf diesen erfolgreich umgesetzten Erkenntnissen basiert. Das jeweilige Konzertformat wird den Vorstellungen und Erwartungen der Zielgruppe angepasst, die Musikvermittlung, insbesondere für die jüngeren Zielgruppen, wird entstaubt und mitunter auch dezent multimedial oder multisensuell angereichert – frei nach dem Motto: «Die Klassik ist tot – es lebe die Klassik!»

1   *NZZ am Sonntag*, 25.3.2018.

Abb. 123

Abb. 124

Anina Rether

Klassische Musik für junge Ohren

Die Konzertbühne ist bis auf den letzten Platz besetzt, ganz im Gegensatz zu den eher spärlich belegten Zuschauerrängen. Denn das Publikum – Mädchen und Buben im Vorschulalter – überlässt die Stühle den Eltern, Grosseltern, Onkeln und Tanten und sitzt lieber auf Kissen am Boden, direkt vor den Musikern. Die ebenerdige Bühne ermöglicht eine für einen Konzertsaal ungewöhnliche Nähe und Unmittelbarkeit, allfällige Schwellenängste sollen gar nicht erst aufkommen.

Die Knirpse verfolgen mit grossen Augen das Auf und Ab des Cellobogens, staunen über die schnellen Triller der Querflöte, krabbeln, turnen, schlummern, tuscheln, und am Ende werden sie, wenn nötig, getröstet. Denn ein bisschen traurig ist sie ja, die Geschichte der kleinen Meerjungfrau, welche die Märchenerzählerin Jolanda Steiner, begleitet von einem Streichquartett mit Querflöte, erzählt. Seit sie 2003 zusammen mit dem Blockflötisten Maurice Steger das Musikmärchen *Tino Flautino* auf die Bühne brachte, arbeitet die Luzernerin regelmässig mit dem ZKO zusammen.

Auch die Musikerinnen und Musiker sind ein eingespieltes Team. Da ein Quengeln, dort ein Maulen? So schnell bringt sie nichts aus der Ruhe. Und auch wenn die jungen Ohren des Publikums noch nicht geübt sind im Zuhören, es wird sorgfältig musiziert. Das macht die Kinderkonzerte auch für Erwachsene interessant, sind sie doch nicht selten eine der wenigen Gelegenheiten für junge Eltern, ein Konzert zu besuchen. Dass die Kleinen am Schluss unter Anleitung der Musikerinnen und Musiker die Instrumente erkunden dürfen und dabei der Geige oder dem Cello den einen oder anderen Ton entlocken, gehört zum Gesamterlebnis, das das ZKO den Kindern in seinen Konzerten vermitteln will: nicht nur Hören und Sehen, sondern aktives Erleben und Eintauchen in die Welt der Klänge und Rhythmen.

Die Geschichte der ZKO-Kinderkonzerte

Je ungezwungener Kinder den Zugang zur klassischen Musik finden, desto mehr bleibt haften. Dessen war sich auch Howard Griffiths bewusst. Dem britischen Dirigenten, der dem ZKO nach der Ära de Stoutz als Chefdirigent vorstand, lag das junge Publikum besonders am Herzen. «Da ich selber Kinder habe, war es mir einfach ein Anliegen, Kindern ‹meine› Welt zu zeigen, sie teilnehmen zu lassen an dem, was mir wichtig ist.»[1]

Bereits als Dozent am Konservatorium Zürich lancierte Griffiths 1995 die Teddybär-Konzerte, in denen er dem jungen Publikum jeweils vor dem eigentlichen Programm die verschiedenen Instrumentengruppen des Orchesters vorstellte. Daraus entwickelte er zwei Jahre später als Leiter des ZKO die «KiKo»-Reihe in der Tonhalle, die im Lauf der Zeit zu einem Publikumsmagneten avancierte. So charmant wie kurzweilig wusste er seine jungen Zuhörer zu fesseln, erklärte witzig und verständlich, wie ein Orchester organisiert ist, und verglich die Musik schon mal mit Fastfood: «Die Rondo-Form zum Beispiel ist wie ein Hamburger – eine Scheibe Brot, eine Scheibe Fleisch, eine Scheibe Salat.»[2]

Ein zentrales Element des «KiKo», das auf de Stoutz' kommentierten Kinderkonzerten aufbaute, war das aktive Mitmachen. Thomas Pfiffner, damaliger Geschäftsführer des ZKO, erinnert sich: «Alle Kinder nahmen einen Teddybären mit ins Konzert und hielten ihn im Rhythmus der Musik hoch. Auch holte Griffith immer wieder eines von ihnen auf die Bühne und liess es unter seiner Anleitung ein paar Takte lang das Orchester dirigieren – daraus ergaben sich häufig sehr lustige Szenen.» Der unterhaltsame Aspekt des «KiKo» sprach auch Kinder an, die sich bisher nicht für klassische Musik interessiert hatten, und eröffnete ihnen somit einen spielerischen Zugang zu einer anderen Welt. Das war neu.

In den folgenden Jahren hat das ZKO sein Angebot für das junge Publikum kontinuierlich weiterentwickelt und ausgebaut. Neben Kinderkonzerten in der Tonhalle gibt es inzwischen auch Krabbel-, Purzel- und ABC-Konzerte für Kinder im Vorschulalter, die alle im ZKO-Haus stattfinden. Mit der Einführung des Nuggi-Konzerts ist dem heutigen Geschäftsführer Michael Bühler 2010 schweizweit eine Neuheit gelungen: Eine Kleinformation des ZKO spielt speziell geeignete Kompositionen für die feinen Ohren von Säuglingen. So bestand etwa das Programm des ersten Nuggi-Konzerts aus Franz Anton Hoffmeisters *Kontrabass-Soloquartett Concertino Nr. 2 D-Dur,* Ludwig van Beethovens *Klavierquartett C-Dur* und dem *Klavierquintett* von Louise Farrenc.

Wer die Musik mehr geniesst, die Erwachsenen oder die Babys, ist nicht erwiesen. Doch wo können junge Eltern schon live klassische Musik hören, während ihr Kleinkind zwischen den Musikern und ihnen auf der Bühne herumkrabbelt?

Musik ist für Kinder elementar

Ob Pop oder Klassik – Musik sorgt dafür, dass das Glückshormon Endorphin ausgeschüttet wird, spricht verschiedene Sinne an und löst Emotionen aus. Bei den meisten klassischen Werken ist die harmonische und formale Komplexität jedoch grösser als bei den meist eingängigeren Pop-Stücken. Dass Musik ausserdem die Vernetzung der beiden Gehirnhälften anregt, führte Anfang der 1990er-Jahre zu einer abenteuerlichen These, die sich wie ein Lauffeuer verbreitete: Wer Mozart hört, wird schlauer. Gemäss einer amerikanischen Studie sollen Probanden einen Intelligenztest besser bestanden haben, nachdem sie sich die *Sonate in D-Dur für zwei Klaviere* von Wolfgang Amadeus Mozart angehört hatten. Im Wissenschaftsmagazin *Nature* 1993 publiziert, gingen die Forschungsergebnisse unter dem Schlagwort «Mozart-Effekt» um die Welt.

Längst steht fest: Weder das Hören von Mozarts *Klaviersonate* noch der Besuch eines Rockkonzerts verkürzt den Weg zum Nobelpreis. «Auch wenn wir nach einem anregenden Musikstück kurzfristig eine höhere Gehirnleistung vollbringen können – schlauer macht Musik nicht», bestätigt Lutz Jäncke, Neuropsychologe an der Universität Zürich.

Doch es gibt durchaus langfristige positive Nebenerscheinungen beim Hören und Ausüben von Musik, und zwar eine ganze Reihe. «So wird beispielsweise das Hörgedächtnis stark durch Beschallung beeinflusst. Das heisst, Kinder entwickeln sehr früh Musikpräferenzen für das, was sie häufig hören.» Wer sich intensiv mit Musik auseinandersetze, habe zudem nachweislich ein besseres Gehör. Dies wiederum wirke sich auf das Lernen von Sprachen massgeblich aus. Dazu kommt, dass beim Erlernen eines Instruments wie nebenbei das Selbstbewusstsein, die Konzentrationsfähigkeit und, nicht zu vergessen, die Selbstdisziplin gestärkt werden. Interessant auch: «Das Notenlesen setzt eine räumliche Zuordnung voraus, die dieselben Hirnregionen aktiviert, die wir bei der räumlichen Orientierung und bei mathematischen Fragestellungen benötigen», so Lutz Jäncke.[3] Als unbestritten gilt – nicht nur unter Experten – die positive Wirkung von Musik auf der emotionalen Ebene. So fördert eine frühzeitige, musikalische Erziehung zusätzlich die Sozialkompetenz von Kindern und Jugendlichen.

Anfänge des Engagements

Heute sind Kinderkonzerte längst selbstverständlicher Bestandteil des kulturellen Angebots. In den 1950er-Jahren, als Edmond de Stoutz begann, sich verstärkt für die musikalische Bildung einzusetzen, steckte die Zürcher Musikpädagogik

Abb. 123
Howard Griffiths vor versammelter Kinderschar in der Tonhalle Zürich (Februar 1997).

Abb. 124
Seit den 1950er-Jahren führt das ZKO Konzerte speziell für Kinder und Jugendliche durch.

noch in den Kinderschuhen: Singen stand damals in den Schulen im Vordergrund. Der Kontakt mit Orchesterwerken war in der Regel eine familiäre Angelegenheit. Ganz anders in New York, wo Leonard Bernstein ab 1958 in seinen im Fernsehen übertragenen Young Peoples Concerts der Jugend Begriffe und Werke der klassischen Musik näherbrachte. Auch de Stoutz wandte sich mit Spezialkonzerten direkt an Kinder. Dabei ging es ihm wie Bernstein weniger um die Vermittlung jugendgerechter Musik als vielmehr darum, Menschen möglichst früh mit dem gesamten Spektrum der Musikliteratur vertraut zu machen. Und so gab er mit dem ZKO ab 1954 bis zu seinem Rücktritt 1996 jedes Jahr entsprechende Konzerte in der Kunstgewerbeschule in Zürich.

Ab Anfang der 1960er-Jahre fanden auch explizit edukative Schülerveranstaltungen statt. De Stoutz' Sohn Louis berichtete: «Oft wurden Schulklassen auch zu Hauptproben eingeladen. Seine Kommentare, immer dem Alter der Kinder angepasst, gingen weit über das Musikalische hinaus und berührten Aspekte der persönlichen Entwicklung, des sozialen Zusammenlebens oder der Verantwortung gegenüber der Schöpfung.»

Den Grundstein der heutigen Kinderkonzerte legte das ZKO in den 1960er-Jahren. Hatte sich das Orchester bisher hauptsächlich auf Barockmusik spezialisiert, kam im Dezember 1964 erstmals ein auf die Bedürfnisse von Kindern zugeschnittenes Werk zur Aufführung: Sergej Prokofieffs *Peter und der Wolf.*

Der heute 64-jährige Louis de Stoutz kann sich gut an eine entsprechende Aufführung in der Tonhalle erinnern: «Mein Vater und der Schauspieler Edwin Parker hatten sich etwas Besonderes ausgedacht. Wie üblich wurden die Instrumente vor dem Stück präsentiert, indem jeweils ein Musiker nach dem anderen aufstand und sein Instrument in die Höhe hielt – selbst den Kontrabass, was viel Heiterkeit auslöste. Nur die drei Waldhörner, die den Wolf repräsentieren, fehlten noch. Da fragte Parker die Kinder mit leicht bebender Stimme: ‹Wollt ihr den Wolf etwa auch sehen?› Das Publikum antwortete mit einem verunsicherten ‹Ja›. Alle warteten gespannt. Selbst die Mitglieder des Orchesters begannen, sich nach den fehlenden Instrumenten umzusehen. Und dann, ganz langsam und bedrohlich stiegen die Hörner aus der hintersten Reihe in die Höhe – von den Musikern waren nur die Hände zu sehen. Der erste Schrecken machte schnell einem erleichterten Lachen Platz.»

Das Engagement des ZKO, Kinder und Jugendliche in die Welt der Musik einzuführen, war eines der ausschlaggebenden Argumente für die Stadt Zürich, dem Orchester 1969 erstmals öffentliche Gelder zu sprechen. Diese waren an gewisse Dienstleistungen seitens des Orchesters gebunden. Dazu gehörte unter anderem die Weiterführung der Kinderkonzerte und der öffentlichen Hauptproben für Schulklassen.

Ende der 1970er-Jahre, als Musik schweizweit zum Maturafach wurde, erhielt die klassische Musikerziehung einen gewaltigen pädagogischen Auftrieb. Kurz darauf kamen weitere fakultative Kurse wie Instrumentalunterricht, Orchester und Kammermusik dazu.[4] Die grossen Konzerthäuser begannen, ihre Türen der Jugend zu öffnen, das Opernhaus lancierte Schülervorstellungen, die Tonhalle entwickelte ihre Jugendkonzerte weiter, die sie Ende der 1960er-Jahre initiiert hatte.

Die kommentierten Kinderkonzerte des ZKO blieben äusserst beliebt, denn Edmond de Stoutz vermittelte den Schülerinnen und Schülern die universelle Botschaft der Musik mit grossem pädagogischem Geschick. «Lebendigkeit» war einer der Schlüsselbegriffe in seinem Musikverständnis. Das ist auch in den

Abb. 125

Abb. 126

Abb. 127

Abb. 125 / 126
Prokofieffs *Peter und der Wolf* mit dem Schauspieler Erwin Parker als Sprecher anlässlich eines Wohltätigkeitskonzerts im Kirchgemeindehaus Zürich-Höngg (1.6.1980).

Abb. 127
Arthur Lilienthal alias Clown Pico in Aktion in einem Familienkonzert im ZKO-Haus (22./23.9.2007).

Erlebnisberichten, die die Kinder nach einem solchen Konzert 1989 verfassten, zu spüren: «In der Tonhalle hat es so schön getönt, dass mein Herz getrommelt hat.»[5] «Ich spürte im Konzert, dass Beethoven in meinem Herzen war. Es war, als ob er mit mir geredet hätte.»[6] «Zu Hause erzählte ich alles, was ich gesehen und gehört hatte. Ich hatte die Melodie noch in mir und ich sang sie meiner Mutter vor.»[7]

Edmond de Stoutz, der bereits Noten lesen konnte, bevor er das ABC beherrschte, hatte am eigenen Leib erfahren, wie prägend ein Musikerlebnis in jungen Jahren sein kann: «Ein Schülerkonzertnachmittag in der Tonhalle – *Till Eulenspiegel* von Richard Strauss. Dieses Zusammenspiel der beiden Instrumente – des Orchesters und der (singenden) Menschen – werde ich nie vergessen.»[8] Daher war ihm bewusst: Um Kinder an klassische Musik heranzuführen, bedarf es eines spielerischen Zugangs. So schrieb er 1985 in seinem Referat «Erziehung durch Musik»: «Je früher der Mensch, das Kind anfängt, seine ursprüngliche Spielbegabung für Musik einzusetzen, desto grösser ist seine Chance, sich sein Erlebensvermögen auch mit zunehmendem Alter zu bewahren; umso eher wird ihm die kostbare Fähigkeit erhalten bleiben, die wichtigsten Elemente des Spielens ganz selbstverständlich auch in seinen Erwachsenenalltag mitzunehmen. Und wenn allmählich der Verstand mehr und mehr seine Ansprüche geltend macht, so soll er dennoch nie auf Kosten des Empfindens, des Staunens, des Bewunderns, kurz, des Erlebens befriedigt werden.»

Neue Wege in die Zukunft

Mit dem Projekt «Junges ZKO» will der derzeitige ZKO-Direktor Michael Bühler die übernächste Generation des Publikums aktiv an die klassische Musik heranführen. Seit 2013 wird das Orchester während einer ganzen Saison von einer Zürcher Primarschulklasse begleitet. Dabei lernen die Schülerinnen und Schüler das berufliche Umfeld eines professionellen Kulturbetriebs kennen und stehen über mehrere Monate in direktem Austausch mit den Berufsmusikern. Sie erhalten Einblicke in den gesamten Betrieb, besuchen die öffentlichen Generalproben und das Konzert zur Saisoneröffnung in der Tonhalle. Zudem werden sie in Organisationsabläufe eingebunden und helfen hinter den Kulissen mit. Die Musikerinnen und Musiker des ZKO besuchen ihrerseits die Klasse und berichten von ihrer Arbeit. Das Projekt ermöglicht den Kindern einen intensiven und interaktiven Kontakt und bietet spannende Einblicke in den Alltag eines Berufsorchesters. «Ausserdem eröffnet es dem Orchester neue Möglichkeiten, den Bedürfnissen seines zukünftigen Publikums nachzuspüren, was langfristig überlebenswichtig ist», sagt Bühler. Vor dem Hintergrund der gesellschaftlichen Entwicklungen sei es dem ZKO ein besonderes Anliegen, veraltete Konzertrituale der klassischen Musik aufzubrechen und neue Formate für ein jüngeres Publikum zu schaffen. Das Szenario ist bekannt: Das Gros der heutigen Konzertabende könnte man problemlos 100 Jahre zurückversetzen. Gedämpftes Licht, zwei Stunden Musik, unterbrochen von einer halben Stunde Pause. Mag sein, dass das dem Bedürfnis des gestandenen Publikums entspricht. Doch was wollen jene, die (noch) nicht kommen? Was will die Jugend?

Dieser Frage spürt das Projekt «Junges ZKO» nach. So haben die Kinder freie Hand, ein Kammermusikkonzert ganz nach ihrer Vision zu gestalten. Michael Bühler erinnert sich: «Es war gerade Weltmeisterschaft, und die Klasse wollte das Thema Fussball in den Abend integrieren. Also spielte das Orchester zwischendurch immer wieder eine Landeshymne, und das Publikum musste erraten, um welche es sich handelte. Nach dem Konzert wurden die Spiele auf einer Grossleinwand übertragen. Publikum und Musiker fieberten Seite an Seite mit. Ein echtes Happening.»

Ob sich das klassische Konzert der Zukunft tatsächlich zu einem Rundum-Event entwickelt, wird sich zeigen. Jetzt schon aber ist klar: Was bei den Kinderkonzerten gut ankommt, spricht auch Erwachsene an – die Interaktion zwischen Bühne und Publikum.

1 Aus: *Radiomagazin*, 20.4.2004.
2 Ebd.
3 *SRF Radio-Interview*, 1.3.2015.
4 Pius Dietschy: *Musikerziehung in Zürich – gestern und heute*, Neujahrsblatt der AMG, 1979.
5 Debora Decembrino, aus: *Schülerbriefe*, Juli 1989.
6 Anna-Vittoria Sferrazza, aus: *Schülerbriefe*, Juli 1989.
7 Tiziana Cianella, aus: *Schülerbriefe*, Juli 1989.
8 Aus: «Der Auftrag der Musik», in: *Schweizer Monatshefte*, 1997.

Abb. 128

Abb. 131

Abb. 128
Daniel Hope und das ZKO mit drei koreanischen Mädchen im Seoul Arts Center am Musizieren (4.10.2016).

Abb. 129
Krabbel-Konzert im ZKO-Haus (28.4.2013).

Abb. 130
Nuggi-Konzert mit der Pianistin Irena Gulzarova und den Streichern (von links nach rechts) Daniel Hope, Daria Zappa Matesic, Natalia Mosca Alexandrova und Nicola Mosca (19.11.2017).

Abb. 131
Nuggi-Konzert im ZKO-Haus (5.9.2010).

Abb. 129

Abb. 130

Abb. 132

Abb. 132
Der Zürcher Konzertchor mit
der Messe Nr. 3 in f-Moll von
Anton Bruckner im KKL Luzern
(2.11.2014).

Der Zürcher Konzertchor

Christoph Pfister

Als Edmond de Stoutz im Jahre 1962 mit Kleininseraten zur Gründung eines ständigen kleinen gemischten Chors junge Stimmen suchte, war das Eintrittsalter auf maximal 40 Jahre beschränkt. Da hätte sich ein Grossteil des heutigen Chors rein altersbedingt nicht qualifizieren können. Aber damals gab es noch nicht 30 Chöre in Zürich, und de Stoutz hatte sich mit seinem Kammerorchester schon einen Namen gemacht. Man wusste, mit wem man es zu tun hatte.

Bereits ein Jahr später, am 24. März 1963, debütierte der junge Chor mit der Aufführung der *Johannes-Passion* von Johann Sebastian Bach in der Tonhalle. Die *Berner Tagwacht* beschrieb die Aufführung folgendermassen: «Dass das Publikum nach dem Schlusschor lange verharrte und sich schliesslich in stiller Ergriffenheit erhob und in stiller Andacht auseinanderging, mag ein Gradmesser sein für die Wirkung, die Werk und Wiedergabe ausstrahlten.»

Als wahrscheinlich nachhaltigstes Werk wurde bei den Juni-Festspielen 1969 die Schweizer Erstaufführung der *Lukas-Passion* des 1933 geborenen Komponisten Krzysztof Penderecki aufgeführt. Edmond de Stoutz hat keine Mühe gescheut, dieses bahnbrechende Werk zur Aufführung zu bringen. Drei gemischte Chöre, ein Knabenchor, ein Orchester mit 90 Mitwirkenden, insgesamt 260 Mitwirkende waren dazu nötig. De Stoutz forderte von uns Chormitgliedern viel. Er betonte oft, dass wir nicht einfach noch ein weiterer Chor in Zürich seien, sondern ein ganz spezieller Chor, nämlich der Zürcher Konzertchor: «Man ist nicht im ZKC zum Zeitvertreib, sondern aus Überzeugung oder gar nicht.» In seinen über 260 Chorbulletins gab es kaum eine Ausgabe, in der nicht auf die Wichtigkeit des Probenbesuchs hingewiesen wurde. Zum Beispiel schrieb er einmal: «Ich erinnere Sie daran, dass das Absenzenwesen und die Pünktlichkeit des Probenbesuchs die Hygiene unseres Klangkörpers bedeutet, und wer unhygienisch lebt, wird krank.» Seine Chorbulletins waren stets gespickt mit Lebensweisheiten wie etwa: «Teilt dieses Leben nicht so ökonomisch ein. Erlebt, was es Euch zu erleben anbietet. Zeit hat man so viel wie Lebenstage, die Erlebnisse aber sind immer nur einmalig.» In besonderer Erinnerung bleiben dürften auch die jährlichen Chorausflüge und die Reisen zusammen mit dem ZKO nach Leer in Ostfriesland.

Wir sind dankbar, dass wir das Erbe von Edmond de Stoutz in der Qualität unserer Arbeit bewahren konnten. In den vergangenen 20 Jahren haben wir es unter der Führung von André Fischer geschafft, die Latte kontinuierlich weiter nach oben zu schieben, stets nach dem Motto von de Stoutz: «Es gibt in der Musik nie ein ‹gut genug›, sondern nur ein ‹immer besser›. Eine qualitative Obergrenze gibt es schon deshalb nicht, weil geistige Leistungen einem Ideal folgen. Bekanntlich entfernt sich aber ein Ideal in dem Masse, in dem man sich ihm nähert: immer weiter, immer höher: Kunst ist grenzenlos, Kitsch ist begrenzt.»

Heute besteht der Chor aus 90 Sängerinnen und Sängern. Pro Jahr werden mindestens drei Konzertprojekte verfolgt. Dies nicht zuletzt deshalb, weil ein etwas gedrängtes Programm die Chormitglieder zu engagierterem Probenbesuch animiert und weil zu Hause besser geübt wird. Wir stellen allen Chormitgliedern Übungsmöglichkeiten mit Einzelstimm-Podcasts und Aufnahmen der letzten Proben und Konzerte zur Verfügung. Die wöchentliche Probe ist jeweils mittwochs. Durch konsequentes Einzel-Vorsingen bei allen Neubeitritten (auch bei Zuzügern) versteht es der Chorleiter André Fischer, jede Stimme kennenzulernen, um den Klangkörper so homogen wie möglich zu gestalten.

Nach dem Rückzug von Edmond de Stoutz waren unsere grössten und erfolgreichsten Konzerte mit dem ZKO die Aufführungen der *Johannes-Passion* von Johann Sebastian Bach unter der Leitung von Diego Fasolis (2003), das Tonhalle-Debüt von André Fischer mit dem *Requiem* von Brahms vor vollem

Haus (2004), die Begleitung von Berthold Brechts Schauspiel *Mann ist Mann* in einer Komposition von André Fischer anlässlich der Juni-Festwochen 2005 im Theater an der Sihl, die Tonhalle-Aufführungen von Mozarts *Requiem* (2008), Bachs *h-Moll-Messe* (2010), die *Petite Messe solennelle* von Gioachino Rossini (2015) und die im April 2018 aufgeführte *Es-Dur-Messe* von Schubert in der Tonhalle Maag. Eine kommerziell lohnenswertere, wenngleich nicht weniger interessante Zusammenarbeit mit dem ZKO stellte die Begleitung des Weltstars Andrea Bocelli im Januar 2017 vor 15 000 begeisterten Fans im Hallenstadion Zürich Oerlikon dar.

Wichtige Elemente der traditionellen Zusammenarbeit zwischen ZKO und ZKC stellen auch die vielen gemeinsamen Weihnachtskonzerte im Fraumünster dar. Dazu gehören Aufführungen aus dem *Weihnachtsoratorium* von Bach und dem *Messias* von Händel, die jeweils von Gastdirigenten wie Marcus Creed, Diego Fasolis und Andrew Manze geleitet und von hervorragenden Solistinnen und Solisten wie Regula Mühlemann, Sonia Prina, Julien Prégardien und Klaus Mertens begleitet werden.

Als bisher grösstes Projekt des Zürcher Kammerchors unter der Leitung von André Fischer gilt die Aufführung der *Glagolitischen Messe* von Leoš Janáček anlässlich der Feier der tschechischen Regierung zum 700. Geburtstag von Kaiser Karl IV. im Veitsdom zu Prag im Mai 2016. Zusammen mit dem Glarisegger Chor, also mit einem Chor aus insgesamt 150 Sängerinnen und Sängern sowie der Filharmonie Hradec Králové (Königgrätz) durften wir diesen Anlass bereichern. Allein die logistische Vorbereitung für dieses Projekt hat zweieinhalb Jahre in Anspruch genommen. Ausserdem konnten wir eine weitere Aufführung im KKL Luzern durchführen, wobei wir zusätzlich Verdis *Stabat Mater* und Dvořáks *Te Deum* sangen. Das Konzert war ein grosser Erfolg.

Die seit den Anfängen hoch angesetzten Qualitätsansprüche des ZKO bringen uns auch regelmässige Engagements durch Fremdveranstalter, etwa Obrasso Classic Events. Beispielsweise sind wir mit Verdis *Requiem,* der *Messe solennelle* von Charles Gounod und der *Grande Messe des Morts* von Hector Berlioz im KKL Luzern aufgetreten.

Jean-Pierre Hoby

Streichorchester im Spiegel der Zürcher Kulturpolitik

Der Weg des Zürcher Kammerorchesters von der Hausorchester-Vereinigung Zürich zum angesehenen, qualitativ hochstehenden und staatlich subventionierten Berufsorchester lässt sich in der Entwicklung der Zürcher Kulturpolitik gut nachvollziehen.

Zur Zeit der Gründung des ZKO und bis Mitte der 1960er-Jahre strotzte das Land bei stabilen politischen Verhältnissen vor moralischer Behäbigkeit. Es herrschte Kalter Krieg, auch im Landesinneren. Der Begriff Kulturpolitik war praktisch unbekannt. Kultur hatte den Anstrich von Freizeitvergnügen, von Elitärem, von Schöngeistigem.

Erst die 68er-Bewegung veränderte das gesellschaftlich-soziale Klima. Angesagt waren Verweigerung und Gegenkultur. Zum Erstaunen vieler wurde die städtische Kulturförderung von dieser Welle aber nicht erfasst, im Gegenteil: Im Schauspielhaus etwa wurde die Ära Löffler, die 1969 mit Peter Stein als mutiges und hoffnungsvolles Experiment gestartet war, nach nur einer Spielzeit wieder abgebrochen. Die Stadt bevorzugte Bewährtes und Traditionelles und beschränkte sich darauf, hinterher und subsidiär die Initiativen privater Personen und Organisationen zu unterstützen. So standen die Sterne günstig, als das ZKO am 14. März 1969 erstmals einen Antrag für eine jährliche Subvention in der Höhe von 558 000 Franken an den Stadtrat richtete. Dieser nahm das Begehren wohlwollend entgegen und schlug dem Gemeinderat eine Subvention von «lediglich» 300 000 Franken vor. Dazu kamen Beiträge für Schülerkonzerte und Auftritte im «Spirgarten» (Altstetten) sowie im «Stadthof 11» (Oerlikon). Dann geschah Unerwartetes: Die Rechnungsprüfungskommission des Gemeinderats fand diesen Beitrag zu wenig weitgehend und wies den Antrag zur Nachbesserung an den Stadtrat zurück. In einer neuen Vorlage wurden dem Gemeinderat dann eine jährliche Subvention von 475 000 Franken sowie die Übernahme der aufgelaufenen Defizite in der Höhe von 130 000 Franken vorgeschlagen, was der Gemeinderat Ende 1969 umgehend guthiess.

Das ZKO festigt seinen Ruf

Die neue Subvention war mit einer Leistungsvereinbarung verbunden. So war das ZKO gehalten, neben seiner Reisetätigkeit zehn Abo-Konzerte in der Tonhalle, drei Konzerte während der (damaligen) Juni-Festwochen, fünf Konzerte im «Stadthof 11», zwei Konzerte im «Spirgaten» sowie sieben Konzerte vor Zürcher Schülerinnen und Schüler «mit Referat und Erläuterungen des Dirigenten» durchzuführen. Diese Pflichten erwiesen sich in der Folge als Segen für alle Beteiligten, denn das ZKO spielte sich in die Herzen der Zürcher Bevölkerung. Legendär waren die Aufführungen mit Künstlern von Weltruf wie etwa Yehudi Menuhin, Maurice André und Maurizio Pollini. Zudem gab das ZKO jungen Musikerinnen und Musikern immer wieder die Gelegenheit, als Solisten ihr Talent zu zeigen, und brachte regelmässig Werke von Schweizer Komponisten zur Uraufführung. Mittlerweile beteiligte sich auch der Kanton an der Finanzierung der Betriebskosten und leistete einen Defizitdeckungsbeitrag für sechs Konzerte in Zürcher Landgemeinden.

Start einer echten Kulturpolitik

Auslöser für die «Zürcher Bewegung» und somit für einen «heissen» Sommer 1980 war ein Kredit von 61 Millionen Franken für die Renovation des Opernhauses, während gleichzeitig die Forderungen nach alternativen Ausformungen abgelehnt wurden. Danach eskalierte die Gewalt zwischen vorwiegend Jugendlichen und der Polizei. Die Rebellion richtete sich gegen die einseitige

Abstimmung 4. September 1983:
Zürcher Kammerorchester, Erhöhung des jährlichen Beitrages.

Zürcher Kammerorchester

Dirigent Edmond de Stoutz

Ja

Abb. 133

städtische Kulturförderung, die in erster Linie aus der Unterstützung der traditionellen Kunstinstitute bestand.

Erst unter der Führung des 1982 zum Stadtpräsidenten gewählten Thomas Wagner reagierte die Stadt auf die Forderungen der Jugendlichen nach Räumen, in denen sie ihren eigenen «alternativen» Kulturprojekten nachgehen konnten, denn mittlerweile hatte sich auch das Verständnis von Kultur gewandelt. Man verband den Begriff mit Stichworten wie Kommunikation, Diskussion, Pluralität, Respekt und sprach gleichzeitig auch von Standort- und Lebensqualität, von Stadtentwicklung und von der wirtschaftlichen Bedeutung von Kultur. «Kultur» war nicht einfach Luxus, sondern wurde als «Investition in die Gesellschaft» angesehen. Die Behörden begannen, eine eigentliche Kulturpolitik zu formulieren. Der zentrale Punkt war, dass etablierte Institutionen nicht gegen neue kulturelle Einrichtungen ausgespielt werden sollten. Dies bedingte, dass zusätzliche Mittel für die Kulturförderung bereitgestellt werden mussten, wozu der Gemeinderat seine Zustimmung gab.

Den Anfang machte die Unterstützung des Theater Spektakels, einem internationalen Festival freier Theatergruppen. Dann war das ZKO an der Reihe. Die Behörden hatten realisiert, dass seit der Gewährung einer jährlichen Subvention im Jahr 1969, die kontinuierlich der Teuerung angepasst wurde, die bei 500 000 Franken liegende Kompetenzgrenze des Gemeinderats seit geraumer Zeit überschritten war. Deshalb musste nun eine Volksabstimmung durchgeführt werden. Die Abstimmungsvorlage, die eine Erhöhung der Betriebssubvention um 100 000 Franken auf insgesamt 910 000 Franken ab der Saison 1983/84 vorsah, wurde von der Zürcher Stimmbevölkerung mit einem Ja-Anteil von fast 64 Prozent gutgeheissen. Das ZKO war nun endgültig in der Zürcher Bevölkerung verankert.

Rezession erfordert Sparmassnahmen

Nach den Boomjahren der 1980er-Jahre folgten zu Beginn der 1990er-Jahre Zeiten der wirtschaftlichen Rezession und Stagnation. Sparen war angesagt, auch bei der Kultur. So erhielt die städtische Musikkommission den Auftrag, ein «Leitbild für die Zürcher Berufsorchester» zu verfassen und Vorschläge für die Zusammenlegung der in der Stadt bestehenden musikalischen Formationen zu formulieren. Der Bericht sah vor, dass das ZKO zu einem Ensemble «für Alte Musik» mit historischer Aufführungspraxis gemacht oder ins Tonhalle-Orchester integriert, die Camerata am besten ganz abgeschafft und das Symphonische Orchester Zürich auf Chormusik «spezialisiert» werde solle. Die zum Teil widersprüchlichen Ideen führten zu einem Aufschrei der Betroffenen. In der Fachzeitschrift *Dissonanz* las man von «Kulturpolitik à la Seldwyla» und einem verunglückten Leitbild. Der Präsident des ZKO-Vereins, Johannes Meili, kontaktierte in der Folge die Musikkommission. Darauf wurde die diskriminierende Behandlung des ZKO im Leitbild relativiert, sodass sich die Gemüter etwas besänftigten. Schliesslich sollte Edmond de Stoutz recht behalten, als er bei der Präsentation des ZKO-Programms für die Saison 1994/95 und der gleichzeitigen Vorstellung von Howard Griffiths als seinem Nachfolger davon ausging, dass die Existenz des Orchesters auch auf längere Sicht wohl nicht allzu ernstlich bedroht sei. Und in der Tat: Das Leitbild verschwand bald wieder in den Schubladen der Stadtverwaltung. Ausserdem ergab sich mit der Übernahme der Oper durch den Kanton ein Lichtblick für das städtische Kulturbudget.

Erneuter Aufschwung nach der Jahrtausendwende

Als erneut ein Aufschwung folgte, präsentierte Stadtpräsident Josef Estermann im Sommer 2000 das Kulturbudget 2001, in dem Mehrausgaben von 7 Millionen

Franken enthalten waren. Damit sollte Zürich seinen Ruf, eine Kulturstadt zu sein, weiterpflegen. Schauspielhaus, Tonhalle, Kunsthaus, ZKO und das Theater Neumarkt sollten zusammen 4,7 Millionen Franken mehr erhalten, die mittleren und kleinen Institute 1,4 Millionen Franken und das Präsidialdepartement für eigene Veranstaltungen 0,9 Millionen Franken. Die Mehrausgaben wurden damit begründet, dass in den 1990er-Jahren bei der Kultur massiv gespart worden und eine Anpassung unumgänglich sei.

Für das ZKO sah der stadträtliche Antrag eine Erhöhung der jährlichen Subvention um 350 000 Franken vor, und zwar von mittlerweile 1 852 900 Franken auf 2 202 900 Franken. Im Antrag an den Gemeinderat wurde die Beitragserhöhung wie folgt begründet: «Seit der Übergabe der Direktion von Edmond de Stoutz an Howard Griffiths im Jahre 1996 [...] hat sich das ZKO künstlerisch sehr erfreulich entwickelt und seine Position im In- und Ausland stärken können. Als zweitem ständigem Orchester neben dem Tonhalle-Orchester sollte ihm eine solide Basis für seine Tätigkeit gesichert werden.» Der Gemeinderat stimmte praktisch allen vorgelegten Anträgen zu. Dabei honorierten die Behörden den Umstand, dass etliche Zürcher Kulturinstitute – allen voran die Tonhalle und das ZKO – ihre Eigenwirtschaftlichkeit in vorbildlicher Art und Weise erhöht hatten, indem neue Geldquellen bei Gönnern und Sponsoren angezapft wurden, ohne dass die künstlerische Qualität darunter zu leiden hatte.

Kohärente Kulturpolitik ab 2003 mithilfe von Leitbildern

Der Schritt zur formellen Kulturpolitik erfolgte mit zwei Kulturleitbildern. Im zweiten für die Jahre 2008 bis 2011 war ein wichtiger Schwerpunkt dem ZKO gewidmet, das wegen struktureller Probleme in finanziellen Nöten steckte und einer Sanierung bedurfte. Darin stand: «Das ZKO leidet noch immer unter der verblassenden Identifikation mit seinem Gründer Edmond de Stoutz, was sich seit 2002/03 in einem stetigen und bisweilen massiven Besucherrückgang manifestiert. Gleichzeitig sinkt international die Nachfrage nach Kammerorchestermusik in ihrer traditionellen Ausprägung, vor allem aufgrund der Tendenz zur historischen Aufführungspraxis mit alten Instrumenten. Dadurch ist das ZKO seit spätestens 2003 unterfinanziert, hat diesen Umstand – auch sich selber gegenüber – aber nie zur Kenntnis gebracht und sich mit den verschiedensten (Feuerwehr-)Übungen, die heute endgültig nicht mehr funktionieren, aber auch mit zahlreichen eigenen und zum Teil einschneidenden Sparanstrengungen über die Runden gebracht (Erbschaften, Gönnerverein, einmaligen Sponsorbeiträgen usw.). Die eigenen Sparmöglichkeiten sind erschöpft.

Trotz der erwähnten Probleme in der Kammerorchesterszene sind die künstlerischen Perspektiven beim ZKO durch das Engagement des neuen Chefdirigenten Muhai Tang günstig. Es ist jedoch auch unerlässlich, dass sich das ZKO – wie es auch von der Musikkommission gefordert wird – in seiner zukünftigen Ausrichtung auf das Kernrepertoire seiner Ensemblegrösse konzentriert und sich entsprechend im hiesigen Musikleben positioniert, sein inhaltliches und konzeptionelles Profil schärft und regelmässige Leistungs- und Qualitätskontrollen vornimmt.»

Auf dieser Grundlage und angesichts der Tatsache, dass rund zwei Drittel der Betriebskosten durch private Mittel gedeckt wurden, hatte der Gemeinderat beschlossen, zur Sanierung des ZKO die Subventionierung für die Jahre 2008 bis 2011 fortzusetzen und gleichzeitig den Jahresbeitrag 2007 von rund 2,5 Millionen Franken bis 2011 jährlich um über 3 Millionen Franken aufzustocken.

Abb. 133
Plakat zur Abstimmung über die Erhöhung des jährlichen städtischen Beitrags des ZKO (September 1983).

Abb. 134
Seit seiner Schulzeit verfolgt alt Stadtpräsident Thomas Wagner die Konzerte des ZKO.

Überprüfung des ZKO durch externe Fachleute

Parallel dazu beauftragte der Gemeinderat den Stadtrat, durch eine externe Fachperson darzulegen, welche Massnahmen getroffen werden müssten, um das Angebot des ZKO langfristig innerhalb einer eigenständigen Organisation sichern zu können. Mit der Aufgabe betraut wurde Karl Bossert, ehemaliger Direktor des Musikkollegiums Winterthur. In seinem Schlussbericht legte er dar, dass die Formation ihren Platz im Musikleben der Gegenwart habe, dass sein Repertoire nicht von der Tonhalle-Gesellschaft übernommen werden solle, auch keine andere Drittinstitution dafür infrage komme, dass das ZKO sowohl von der künstlerischen Qualität des Orchesters als auch von der Professionalität und Effizienz der Geschäftsstelle her sehr gut in der Lage sei, das notwendige Angebot im Bereich «Kammerorchester» auf hohem Niveau abzudecken, und dass die Finanzen des ZKO nach turbulenten Jahren wieder unter Kontrolle seien. Der Bericht kam demnach zum Schluss, dass es für die Stadt Zürich im Bereich ihres Musiklebens ein wichtiges Anliegen sein müsse, dass das «Kammerorchester»-Repertoire durch sorgfältige Programmplanung und durch Interpretationen von hohem künstlerischem Niveau weiterhin gepflegt werde, eine für diesen Bereich spezialisierte Institution wichtig sei und am wirkungsvollsten und überzeugendsten das ZKO damit betraut werden solle.

Erfolgreiche Sanierung

Nach der erfolgreichen Sanierung beschloss der Gemeinderat Ende 2011, den Jahresbeitrag an das ZKO ab 2012 auf der Grundlage des gegenüber der Subvention von 2007 um 640 000 Franken erhöhten und zwischenzeitlich der Teuerung angepassten Beitrags auf 3 245 000 Franken fortzuführen. Diese Regelung gilt bis heute und findet seine Grundlage im dritten Leitbild der Kulturförderung für die Jahre 2016 bis 2019:

«Das Zürcher Kammerorchester hat eine neue Strategie ausgearbeitet. Sie trägt den Veränderungen des Kulturmarkts Rechnung und orientiert sich an einer Reduktion des Aufwands. So wird derzeit kein permanenter Dirigent oder keine permanente Dirigentin gesucht, sondern vielmehr auf die Zusammenarbeit mit leitenden Solistinnen und Solisten und dem Konzertmeister gesetzt. Im Weiteren werden die Abonnementskonzerte auf rund zehn Auftritte beschränkt und nur noch zwei bis maximal drei Konzerte in grösserer Besetzung durchgeführt. Gleichzeitig werden Wiederholungskonzerte im Kanton Zürich und in den angrenzenden Kantonen sowie ab der Saison 2015/16 auch Abstecherkonzerte geplant, die zusätzliche Einnahmen generieren sollen. Und schliesslich wird bei Auftritten im Ausland sowie bei Tourneen darauf geachtet, dass die Finanzierung durch Dritte gesichert ist.» In diesem Sinn steht das ZKO seit der Saison 2016/17 unter der Leitung des Music Director Daniel Hope.

Abb. 134

Mein Bekenntnis zum Zürcher Kammerorchester

Thomas Wagner

Meine erste Begegnung mit dem Zürcher Kammerorchester liegt weit zurück. Durch Vermittlung eines Mitschülers im Realgymnasium Zürichberg hatte ich die Gelegenheit, bei den Proben und Konzerten des ZKO als «Orchesterdiener» mitzuwirken. Wir waren verantwortlich für die Aufstellung des Orchesters im Tonhalle-Saal, im Fraumünster, im Grossmünster oder in einem der Kirchgemeindesäle. Gelegentlich durften wir sogar die Orchesternoten verteilen.

Als Entgelt war uns ein freier Zugang zu den Proben und Konzerten zugesichert. So begegnete ich schon sehr früh den grossen Künstlerpersönlichkeiten wie Yehudi Menuhin, Maurice André, dem Komponisten Krzysztof Penderecki und natürlich Edmond de Stoutz. Unvergesslich bleibt mir die integrale Aufführung der *Brandenburgischen Konzerte* im Grossen Tonhalle-Saal.

In meiner Funktion als Stadtpräsident und später als langjähriges Mitglied des Vorstands des ZKO-Vereins empfand ich es als eine wichtige kulturpolitische Aufgabe, dem ZKO als ausgezeichnetes, anerkanntes und bewährtes Kammerorchester die notwendige Unterstützung zu geben. Edmond de Stoutz war nicht nur der Gründer und Vater des ZKO, er war eine Persönlichkeit von tiefem liberalem Geist und beeindruckender menschlicher Ausstrahlung. Er hatte eine grosse Begabung, Menschen zusammenzubringen, Freundschaften mit Künstlerinnen und Künstlern zu pflegen und eine grosse Zahl von Musikfreunden und Gönnern um sich zu scharen. Ich blieb mit ihm bis zu seinem Tod freundschaftlich verbunden.

Auf meinen mit Edmond de Stoutz eng koordinierten Antrag haben der Gemeinderat und in der Folge das Zürcher Volk in einer Abstimmung am 4. September 1983 mit grossem Mehr einer notwendigen, wesentlichen Beitragserhöhung der Stadt Zürich an das ZKO zugestimmt. Damit hat die Öffentlichkeit die Leistungen des Orchesters offiziell anerkannt und gewürdigt. In diesem Zusammenhang muss auch die damals 20-jährige Gesellschaft der Freunde des ZKO erwähnt werden, die es mit ihrem mäzenatischen Wirken über all die Jahre ermöglicht hatte, dass sich die Musikerinnen und Musiker ihrem künstlerischen Auftrag widmen konnten.

Es war ein Glücksfall, dass als Nachfolger von Edmond de Stoutz der initiative, dynamische und stets motivierende Howard Griffiths verpflichtet werden konnte. Howard Griffiths als Künstlerpersönlichkeit, als Dirigent und Intendant sowie Thomas Pfiffner als Geschäftsleiter führten das Erbe von Edmond de Stoutz weiter und ermöglichten dem ZKO gleichzeitig neue Entwicklungen.

Nach diesen von zwei herausragenden Persönlichkeiten geprägten Epochen war es für das ZKO als Klangkörper nicht einfach, seine Identität zu bewahren. Es ist das Verdienst treuer Orchestermitglieder sowie eines verlässlichen Freundeskreises, dass das ZKO auch die folgenden Jahre der Suche erfolgreich bestanden hat. Dank des Einsatzes von Michael Bühler als ZKO-Direktor sowie des weltweit angesehenen Principal Conductor, Sir Roger Norrington, und dank Daniel Hope, des heutigen Music Director, hat das ZKO eine neue Höchstform erreicht. So ist das Zürcher Kammerorchester nach wie vor ein tragender Pfeiler im kulturellen Musikleben der Stadt Zürich. Dank der vielen erfolgreichen Tourneen in verschiedene Länder und Kontinente ist das ZKO auch ein willkommener kultureller Botschafter der Schweiz. Ich bin seinem Gründer, Edmond de Stoutz, noch heute dankbar für seine Vision, seinen Mut und seinen Durchhaltewillen. Das ZKO wird glücklicherweise getragen von einer grossen Zahl von Musikfreunden, die die Bedeutung des kammerorchestralen Wirkens von höchster Qualität erkannt haben und dieses auch weiterhin als wichtigen Beitrag im kulturellen Wirken von Zürich bewahren wollen.

Geschichte und Gegenwart des Kammerorchesters

Musikgeschichtliche
Voraussetzungen

Abb. 135

Abb. 136

Abb. 137

Abb. 135
Unter Edmond de Stoutz verfügte das ZKO fix über je sechs erste und zweite Geigen, sechs Bratschen, vier Celli und zwei Kontrabässe.

Abb. 136
Muhai Tang favorisierte eine Besetzung mit sechs ersten und fünf zweiten Geigen, vier Bratschen, drei Celli und zwei Kontrabässen.

Abb. 137
Howard Griffiths setzte ab der Saison 1996/97 auf sechs erste und fünf zweite Geigen sowie vier Bratschen, drei Celli sowie zwei Kontrabässe und arbeitete mit Stammzuzügern aus zwei Oboen, zwei Hörnern und einem Cembalo.

Musikgeschichtliche Voraussetzungen

Dominik Sackmann

In der über 70 Jahre umfassenden Entwicklungsgeschichte des Zürcher Kammerorchesters spiegelt sich die Geschichte eines speziellen Besetzungstypus und dessen spezifische Arbeitsweise; denn die Gründung des Orchesters passte in die Zeit nach 1945, aber die Funktionsweise des heutigen Ensembles unterscheidet sich notwendigerweise fundamental von derjenigen der damals Mitwirkenden. Wie so vieles in der Musik entsprang auch die Zusammenstellung jener Hausorchester-Vereinigung Zürich eher einem Bedürfnis der eigenen Gegenwart als den tatsächlichen Bedingungen zur Zeit der Entstehung derjenigen Musik, in deren Namen man eine derartige Unternehmung zu legitimieren trachtete. Das vermeintlich historisch Verbürgte wurde auch hier zum Argument für eine aktuelle Praxis.

Ursprünge des Kammerorchesters

Das Kammerorchester als Name wie auch als Phänomen ist eine Errungenschaft der Zeit zwischen den beiden Weltkriegen. Die früheste bislang bekannte schriftliche Erwähnung findet sich im Protokoll des Wiener Vereins für musikalische Privataufführungen vom 12. Dezember 1919, in dem ein «Preisausschreiben für das beste Werk in der Besetzung des Kammerorchesters (Flöte, Oboe, Klarinette, Fagott, eventuell Horn, Harmonium, Klavier und Streichquintett) und für das beste Arrangement für ein solches Ensemble» erwähnt ist.[1] Es ist allerdings anzunehmen, dass Arnold Schönberg diese Bezeichnung im mündlichen Verkehr schon früher, wohl im Zusammenhang mit seiner *Kammersymphonie* op. 9 (1908), verwendet hat.[2] Die Spezifizierung des Begriffs wie auch seine weiteren Verwendungen im Schönberg-Kreis weisen darauf hin, dass Schönberg darunter stets eine gemischte Besetzung aus solistisch besetzten Bläsern und Streichern mit Unterstützung von Harmonium und Klavier verstanden hat, die in der Bearbeitungspraxis des Wiener Vereins eine zentrale Rolle spielte.

Die frühesten Kompositionen für Kammerorchester mit dieser Bezeichnung sind im Verlauf des Jahres 1918 erschienen: *Orientalische Skizzen (Skizzen aus dem Orient) für Kammerorchester* von Joseph Gustav Mraczek (1878–1944) und *Fünf Sonette für Kammerorchester* op. 11 von Ernest Pingoud (1887–1942).[3] In rascher Folge erschienen ab 1920 weitere Werke, die die Besetzungsangabe Kammerorchester in ihren Titeln tragen. Unter den Komponisten der bis 1924 publizierten Stücke finden sich Herbert Windt, Erich Wolfgang Korngold, Wilhelm Grosz, Erwin Lendvai, Othmar Schoeck, Ernst Toch und Paul Hindemith.[4] In den 1920er-Jahren entwickelte sich die Verwendung des Kammerorchesters in vier unterschiedliche Richtungen:
– «die radikal-individualistische von Josef Matthias Hauer, die unter ‹Kammerorchester› eine Formation aus Klavier und mehreren Harmonium-Instrumenten versteht,
– die Konzeption des Schönberg-Kreises, die unter Kammerorchester eine Formation von acht bis zwölf solistisch behandelten Instrumenten versteht, was in erster Linie die Wiedergabe bereits existierender, aber grösser besetzter Kompositionen in privatem Rahmen ermöglicht [siehe oben],
– die Konzeption eines auf kleinere Ausmasse zusammengedrängten Symphonieorchesters, in dem alle Instrumentenfamilien vertreten und die Streicher nicht immer, aber häufig, chorisch besetzt sind,
– die vor allem von Hindemith favorisierte Zusammenstellung einiger charakteristischer Instrumente, bei der bewusst bestimmte Instrumente beziehungsweise Tonlagen ausgespart sind, der Klangfarbenreichtum des grossen Orchesters also explizit negiert wird. Diese Formation wird

vornehmlich zur Begleitung von Soloinstrumenten oder einer Singstimme herangezogen, dabei werden Bläser und tiefe Streicher bevorzugt eingesetzt.»[5]

Insgesamt gehörten die damals neu entstandenen Werke für Kammerorchester zum «Hauptstrom der musikalischen Entwicklung»[6] und zu den Motoren der kompositorischen Entwicklung nach dem Ersten Weltkrieg. Dahinter standen ästhetische Veränderungen, etwa die grundlegende Reduktion der künstlerischen Mittel, wie sie besonders von Jean Cocteau und seinem Kreis propagiert wurde,[7] und damit verbunden die Abkehr von den Riesenorchestern, für die Mahlers Symphonien und Strauss' Tondichtungen gedacht waren.[8] Louis Fleury brachte 1929 die Entstehung der Kammerorchester auch direkt mit dem «War of 1914» in Verbindung: «The chamber orchestra, or orchestra with few performers, is a war-substitute. The absence of the majority of orchestra players (who were called to the colours), and further, the continuous rise in salaries, threatened to give the death-blow to most orchestral performances. Having only limited means at their disposal, young composers, anxious to have their works played, adapted themselves to the changed conditions, and sought a means of expressing their ideas without having recourse to combinations that were now unattainable.»[9]

Der Sache nach traten Reduktionen des orchestralen Anspruchs bereits im ausgehenden 19. Jahrhundert verschiedentlich auf. Schon 1862 begrüsste Eduard Hanslick, dass mit der *Serenade D-Dur* op. 11 von Johannes Brahms ein «Gegengewicht sich bilde gegen die ins Übermässige gewachsene Symphonie».[10] Auch Wagners *Siegfried-Idyll*, komponiert für Cosimas Geburtstag am Weihnachtstag 1870, folgt der Tendenz der Reduktion eines symphonischen Orchesters. Gerade Serenaden und andere Gelegenheitsmusiken wurden auch im Konzertbetrieb zu Vorreitern des «historischen Rückgriffs»[11] oder des «Rückzug[s] in Innenräume».[12] Recht eigentlich zum Paradigma von Reduktion und Verdichtung geriet schliesslich Schönbergs *Kammersymphonie* op. 9, in der anstelle eines Orchesters 15 verschiedene Soloinstrumente verlangt werden, deren Auswahl schliesslich doch eine Art Rumpforchester darstellt: Flöte, Oboe, Englischhorn, Klarinetten in D beziehungsweise A, Bassklarinette, Fagott, Kontrafagott, zwei Hörner und Streichquintett. Noch deutlicher erweist sich eine solche Instrumentenwahl in Strawinskys *Histoire du Soldat*, in der neben den Sprechrollen je ein hohes und ein tiefes Holzblas- (Klarinette und Fagott), Blechblas- (Cornet à pistons und Posaune) und Streichinstrument (Violine und Kontrabass) sowie umfangreiches Schlagwerk mit einem Spieler vertreten sind. Strawinskys musiktheatralisches Werk verkörpert zudem die Tendenz zur radikalen Individualisierung des klein besetzten Einzelwerks gegenüber den Kompositionen für grosse symphonisch-orchestrale Normbesetzungen.[13]

Kammerorchester als Ausdruck des Historismus

Beinahe allen Kammerorchestern, die sich in den 1920er- und 1930er-Jahren formierten, ist gemeinsam, dass sie neben dem aktuellen Schaffen gelegentlich auch Bearbeitungen, vor allem aber auch ältere Musik einbezogen.[14] Sie stillten somit gleichermassen das Bedürfnis nach den «beiden anderen Strömungen, der radikal-modernen und der retrospektiv-historischen», die beide als bewusste Alternativen zur Musik der «klassisch-romantischen Periode» wahrgenommen wurden.[15] Im Zuge dieser Rückbesinnung kam es zu einer seltsamen Umwertung des Begriffs Orchester; denn nun wurden den neu entstandenen Kammerorchestern Werke zugesprochen, die ursprünglich für

Orchester – ohne weitere Spezifizierung – konzipiert worden waren. War der Begriff Kammerorchester eine Neuerfindung der Jahre nach 1918, so entsprang das Repertoire dieser neuen Institutionen im Wesentlichen der Orchestermusik des 18. Jahrhunderts. Die terminologische Unterscheidung drängte sich offenbar auf, da man mittlerweile – nach Berlioz, Wagner, Bruckner, Mahler und Strauss – unter Orchester eine Formation aus Hundertschaften von Musikern – und selten auch Musikerinnen – verstand, während die früheren repräsentativen Orchesterwerke aus Spätbarock und Klassik eine quantitativ bei Weitem reduzierte Besetzung und ein beschränkteres Instrumentarium verlangten, für die man nun sogenannte Kammerorchester benötigte. In der Folge wurden Ensembles ins Leben gerufen, die aus einem Streicherkorpus von 15 bis gut 20 Streichern bestanden.

Dies gilt für das weltweit älteste Ensemble, das den Begriff Kammerorchester im Namen trug, das Kammerorchester Zürich, das Alexander Schaichet 1920 aus seinen «teils diplomierten, teils nebenberuflich fortgeschrittenen Schülerinnen und Schülern» «sowie einigen enthusiastischen Musiker(innen) in den tiefen Streichern» zusammensetzte, «die alle ohne Honorar mitspielten». «Waren bei Konzerten Bläser nötig, so wurden Musiker des Tonhalle-Orchesters gegen Bezahlung engagiert.»[16] Dasselbe gilt für das 1921 von Anthony Bernard gegründete London Chamber Orchestra, das sich zum Ziel setzte, «an authentic style of period performance by a small orchestra with harpsichord continuo, as an antidote to the prevailing fashion of performing such music with a symphony orchestra» zu entwickeln,[17] sowie ebenfalls für das Orquesta Bética de Cámara in Sevilla (ab 1924)[18] und das Ensemble Trigintuor, das sich ab 1925 in Lyon eher der neu entstehenden Musik zuwandte.[19] Nach dem Vorbild des Kammerorchesters Zürich verband 1926 Paul Sacher in Basel diverse Schülerorchester zum Basler Kammerorchester, das sich auf die Instrumentalmusik von Johann Sebastian Bach und die Musik seiner Zeit[20] wie auch auf Werke jüngerer Schweizer Komponisten (Ernst Kunz, Rudolf Moser, Walther Geiser, Conrad Beck und später Frank Martin) spezialisierte, sich dann aber rasch in ein völlig professionelles Orchester verwandelte,[21] für das international renommierte Komponisten Weltliteratur der Musik für Streichorchester oder für Kammerorchester (mit Bläsern und Schlagzeug) komponierten: Paul Hindemith, Arthur Honegger, Wolfgang Fortner und Bohuslav Martinů.[22] Weitere, eher kurzlebige Initiativen folgten zunächst mit dem Neuen Kammerorchester Berlin unter der Leitung von Michael Taube (1926–1933),[23] dem Chamber Orchestra of Boston, gegründet von Nicolas Slonimsky (1927–1931), und dem Kammerorchester Paul Grümmer (1930–1932), bis dann im neuen Jahrzehnt Boyd Neel 1932 in London sein nach ihm benanntes Orchestra, Wolfgang Fortner 1934 das Heidelberger Kammerorchester und Adolf Busch 1935 sein Kammerorchester ins Leben riefen.[24]

Besetzungsfragen

In diesen Neugründungen aus den Jahren vor dem Zweiten Weltkrieg wirkten vier bis sieben erste Violinen, drei bis sechs zweite Violinen, zwei bis vier Bratschen, zwei bis drei Violoncelli und ein bis zwei Kontrabässe mit. Dazu kamen doppeltes Holz und Hörner sowie bei Bedarf weitere Blechblas- und Schlaginstrumente sowie ein Tasteninstrument, das besonders für ältere Musik aus dem «Generalbasszeitalter» benötigt wurde. Auch hier ist ein Seitenblick in die aktuelle Kompositionspraxis hilfreich: Paul Hindemith verstand im Rahmen seiner «Kammermusiken» unter einem «Kammerorchester» eine Gruppe von 13 beziehungsweise 15 (Nr. 6 und 7), unter einem «grösseren Kammerorchester» jedoch eine Gruppe von 24 beziehungsweise 22 (Nr. 4 und 5) Mitwirkenden. Diese Standardbesetzungen galten als ebenso geeignet für die Concerti von Corelli, Bach und Händel wie auch für die Symphonien der Wiener Klassik. Noch heute gelten derartige Besetzungsgrössen unhinterfragt als opportun für diejenigen nicht-symphonischen Orchester, die sich der Musik des 18. Jahrhunderts, von Vivaldi bis Haydn, annehmen. Die Praxis verkleinerter Formationen hat sich aber umgekehrt so allgemein durchgesetzt, dass heute Werke des Hochbarocks fast völlig aus den Programmen städtischer Symphonieorchester verschwunden und zur Domäne alternativer (Kammer-)Orchester geworden sind.

Für eine solche Standardisierung gibt es aber kein historisches Vorbild. Ein Blick in die frühere Orchesterpraxis zeigt, dass die Ensembles je nach Anlass höchst variabel besetzt waren. Laut Marin Mersenne waren «die 1626 unter Louis XIII neu organisierten ‹24 Violons du Roi›» mit «sechs ‹dessus›, sechs ‹basses›, dazu je vier ‹haut-contres›, ‹tailles› und ‹quintes›» besetzt.[25] Aus der italienischen Besetzungspraxis ist bekannt, dass Concerti grossi bei besonders festlichen, kirchlichen Feiern oder Freiluftanlässen mit 100 und mehr Mitwirkenden gespielt wurden.[26] Richard Maunder hat hingegen in jüngerer Zeit einleuchtende Argumente dafür geliefert, dass das frühe Konzertrepertoire für nur je einen Spieler pro Stimme konzipiert worden war.[27] Allein daraus wird ersichtlich, dass die heutige Standardbesetzung sogenannter Kammerorchester, seien sie nun historisch informiert oder nicht, einen Kompromiss darstellt, der mit der damaligen Realität nicht übereinstimmt: Sie ist entweder viel zu gross, gemessen an der musikalischen Substanz, oder viel zu klein angesichts damaliger Usanzen städtischer Repräsentation – in frühen Concerti, etwa von Giuseppe Torelli und Tomaso Albinoni, waren überdies zwei Bratschenstimmen vorgesehen, die ohnehin eine Umverteilung innerhalb der hohen Streicherstimmen bedingten.

Auch für die Musik des späten 18. Jahrhunderts hat die heute gängige Praxis nur beschränkt Gültigkeit: Wenn Mozart sich mit einer derartigen Normgrösse zufriedengab, so nur, weil keine grösseren Mittel für die Produktion eines opulenteren Klangs bereitstanden. Zufrieden zeigte er sich aber erst, wenn er von einer gottesdienstlichen Aufführung mit «auf jeder seite 10 bis 11 violin, 4 bratschn, 2 oboe, 2 flauti und 2 Clarinetti, 2 Corni, 4 violoncelle, 4 fagotti und 4 Contrabassi und trompetten und Paucken» berichten konnte.[28] Andererseits ist verbürgt, dass Joseph Haydn seine mittleren Symphonien im Schloss Esterházy mit nur einfach besetzten Streicherstimmen (ohne Cembalo)[29] aufführte. Diese einschneidenden quantitativen Differenzen in den Besetzungsgrössen waren nur zum Teil begründet in der spezifischen Grösse und Akustik des jeweiligen Saals. Vielmehr ergaben sich daraus gravierende Unterschiede in der Plastizität und Ansprache des Einzeltons. Auch wenn zehn Violinen nicht doppelt so laut sind wie eine einzige, so wird mit jedem zusätzlichen Instrument die Ansprache aufgrund der koordinationsbedingten Interferenzen weicher und unbestimmter. Besonders ohrenfällig lässt sich anhand des Vergleichs zwischen einem Streichquartett von Dmitri Schostakowitsch in der Urfassung und einer Fassung desselben Werks als Kammersymphonie von Rudolf Barschai nachweisen, wie die chorische Erweiterung zu einer Einbusse an Attacke in der Tonansprache führt, die durch die Addition an Lautstärke keineswegs kompensiert wird. Die räumlichen und akustischen Unterschiede zwischen Ensembles unterschiedlichen Umfangs, die einst Wilhelm Furtwängler zum Hauptargument gegen historistische Aufführungspraktiken gemacht hatte,[30] wurden zudem dadurch nivelliert, dass Radio und Schallplatte einen immer grösseren Anteil an der Vermittlung von Musik hatten, was aufnahmetechnisch wie organisatorisch den kleinen Formationen eher entgegenkam als grossen Orchestern.[31] Auch bei der Rückbesinnung auf ältere Spieltechniken und aktuell nicht mehr gebräuchliche Instrumente (Cembalo, Zink, Naturhorn, Gambe usw.) wurden Aufnahme- und Schnitttechniken zu einer willkommenen, wenn auch anachronistischen Unterstützung bei der Dokumentation und Ausstrahlung von Musik aus vorindustriellen Epochen.

Die Kammerorchester, die in den 1940er- und 1950er-Jahren gegründet wurden, beschränkten sich bei Weitem stärker auf die Wiederbelebung älterer Musik als die Klangkörper der früheren Jahrzehnte.[32] Dabei zeichneten sich zwei Richtungen ab: Die einen Gruppen betrachteten die Musik vom späten 17. bis ins frühe 19. Jahrhundert als Erweiterung des klassisch-romantischen Repertoires und boten sie weiterhin auf gewöhnlichen Instrumenten dar; die anderen Ensembles versuchten, sich den Spielkonventionen und dem Instrumentarium aus der Entstehungszeit der Werke anzunähern, wie dies 1950 Paul Hindemith in seiner berühmten Bach-Rede gefordert hatte.[33] Zu den Ersteren zählten I Virtuosi di Roma (1941 in Neapel als Collegium Musicum Italicum von Renato Fasano gegründet), das English Chamber Orchestra (das bereits 1948 gegründet wurde, aber erst ab 1960 unter diesem Namen auftrat), I musici (1951), das Münchner Bach-Orchester (Karl Richter, 1953), die Festival Strings Lucerne (Rudolf Baumgartner, 1956), I Solisti veneti (Claudio Scimone, 1959) und die Academy of St Martin in the Fields (Neville Marriner, 1959). Zu den sogenannten Originalklang-Ensembles gehörte die Capella Coloniensis (erster Auftritt 1954 unter der Leitung von August Wenzinger), der Concentus Musicus Wien (von Nikolaus Harnoncourt 1953 gegründet, erster Auftritt in Wien 1957), das Leonhardt-Consort (1955), das Collegium Aureum um Franzjosef Maier (1964) und die Capella antiqua Wien um Eduard Melkus (1966). Diesen tendenziell orchestralen Formationen war der kammermusikalisch ausgerichtete Scheck-Wenzinger-Kreis vorausgegangen, der seit 1930 bestanden und bereits 1940 die erste Schallplatte mit einer Aufnahme eines Bach'schen Konzerts im tieferen Stimmton (a'= etwa 415 Hz) herausgebracht hatte.[34]

Orchester- oder Kammermusik

Die weitverbreitete und allgemein akzeptierte, prinzipiell kaum noch infrage gestellte Kammerorchester-Besetzung ist ihrerseits eine Frucht aus dem normativen Denken, das mit der späteren Entwicklung des symphonischen Orchesters als Organisationsform aufs Engste verbunden ist. Setzte sich um die Mitte des 18. Jahrhunderts relativ rasch und ubiquitär eine orchestrale Normbesetzung aus fünf unterschiedlich besetzten Streicherregistern durch, ergänzt um zwei Oboen und zwei Hörner, so blieb noch um 1800 die Tatsache bestehen, dass je nach lokalen Gegebenheiten für dasselbe Stück die unterschiedlichsten Besetzungen denkbar waren. Statt ein vorgefasstes Bild eines Orchesters beziehungsweise Kammerorchesters auf die ältere Musik zu projizieren, wäre es hilfreicher, sich in Erinnerung zu rufen, dass der Begriff Orchester zur damaligen Zeit nicht nur unterschiedliche Dinge meinen konnte,[35] sondern sich auch kaum mit einer bestimmten Konzeption einer Musikertruppe vereinbaren liess. Spricht man heute von «Bachs Orchestermusik», so wird übersehen, dass Bach das Wort Orchestre nur ein einziges Mal niederschrieb und dabei eher den Ort des Geschehens als die Formation oder gar die daran Beteiligten meinte.[36]

Johann Mattheson teilte die Musik «aller musicalischen Schreib-Arten in drey Classen, nehmlich in Kirchen-, Theatral- und Kammer-Styl» ein und berief

Abb. 138

Abb. 139

Abb. 140

Abb. 138
Daniel Hope erweiterte die fixe Besetzung um eine Flöte.

Abb. 139
Sir Roger Norrington vertraute einer Streicherbesetzung von sechs ersten und fünf zweiten Geigen sowie vier Bratschen, drei Celli und zwei Kontrabässen. Dazu kamen die Stammzuzüger.

Abb. 140
Willi Zimmermann beliess die Streicher- und Stammzuzüger-besetzung nach dem Vorbild von Sir Roger Norrington.

sich dabei ausdrücklich auf die grundlegende Stillehre Marco Scacchis, der um die Mitte des 17. Jahrhunderts die Musik in den «stylus ecclesiasticus», den «stylus cubicularis» und den «stylus scenicus seu theatralis» aufgegliedert hatte.[37] Aus dieser Sicht ist für «Orchestermusik» keinerlei Raum, sondern diese ist eindeutig dem «Kammer-Styl» zuzuordnen, mithin einem gegenüber dem heutigen Gebrauch erweiterten Begriff von «Kammermusik».[38] Waren schon zu Beginn der Literatur für Kammerorchester die Grenzen gegenüber herkömmlicher Kammermusik – verkörpert etwa durch die zentralen Gattungen von Klaviertrio, Streichquartett und Bläserquintett – fliessend,[39] so trat nicht nur damals, sondern tritt insgesamt und bis auf den heutigen Tag eine gewichtige Differenz zutage: die unterschiedliche Dynamik der musikalischen Zusammenarbeit. Das Zusammenwirken innerhalb des Orchesters ist wesentlich von hierarchischen Strukturen bestimmt, die durch Instanzen wie Dirigent, Konzertmeister, Stimmführer gekennzeichnet sind, die Kammermusik eröffnet dagegen jedem Mitwirkenden innerhalb des Ensembles die Möglichkeit, aktiv Inhalt und Ablauf der Proben mitzugestalten.[40]

Die umstrittene Rolle des Dirigenten

Genau dieser Aspekt der Arbeitsgestaltung scheint aber im Verlauf des 20. Jahrhunderts immer wichtiger geworden zu sein. War er anfangs eher in den aktuellen Neuschöpfungen selbst impliziert, so griff er mehr und mehr auf das Verhalten der Interpreten und Interpretinnen über. Arnold Schönberg bezeichnete seine *Kammersymphonie* op. 9 zwar als Werk «für 15 Solo-Instrumente», und ein Dirigent war nur insofern erwünscht, als die Komposition nach einer Koordination durch eine «unbeteiligte», das heisst nicht selbst klingende Instanz zu verlangen schien. Umgekehrt verlangt ein Werk wie die anscheinend orchestrale *Symphonie* op. 21 (1928) von Anton Webern nach einer Kommunikation unter den einzelnen Mitwirkenden, die weit über die Produktion von Einzeltönen und knappen Tongruppen auf Geheiss eines «Pinselers»[41] hinausgeht.[42]

Wurden alle oben genannten Kammerorchester der Zwischenkriegszeit von der Person einer Dirigentenpersönlichkeit repräsentiert, so blieb der Aspekt prinzipiell gleichberechtigter Verantwortung für das künstlerische Produkt zunächst ein Postulat. Dasselbe gilt im Übrigen auch für die Streichquartette, die damals entweder Auszüge aus einem städtischen Orchester darstellten und ebenfalls unter der Kautel des Konzertmeisters standen oder aber als reisende Formationen nicht nur den Namen ihres Primgeigers trugen, sondern auch organisatorisch wie künstlerisch von diesem dominiert wurden.[43] Erst nach dem Zweiten Weltkrieg – man ist versucht zu sagen: erst im Umfeld der 68er-Generation – gelangten Orchester zu einer grösseren Breitenwirkung, deren Spiritus Rector als Primus inter Pares, wie im Streichquartett oder Klaviertrio, selbst am klanglichen Produkt hörbar mitwirkte. Ein sich allmählich veränderndes Gesellschaftsbild erforderte die Teilhabe jedes Einzelnen unter den Mitspielenden an der künstlerischen Produktion und deren Erfolg. Voraussetzung dafür war indessen die Beschränkung auf professionell ausgebildete Musiker als Spezialisten ihres (einzigen) Instruments[44] und damit der völlige Ausschluss von Laien, wie er sich auch in den symphonischen Orchestern bis zum Zweiten Weltkrieg vollzogen hatte.

Diese Entwicklung führte fast zwangsläufig zu einem stärkeren Rückbezug auf historisch verbürgtes, scheinbar objektives Wissen, dessen überzeitliche Autorität gewissermassen die Präsenz der persönlicheren und punktuelleren, subjektiven Gestaltungsmacht eines Dirigenten aufwog.[45] War dies nicht der

Fall, so brauchte es gemeinsame Werte, etwa religiöse Ideen, die die Musizierenden untereinander verbanden und denen sich mitunter auch der Dirigent verpflichtet fühlte; solche aussermusikalische Bezugnahmen führten nicht notwendigerweise, aber beinahe zwangsläufig zu einer grundlegenden Entscheidung gegen das Spiel auf Originalinstrumenten oder geeigneten Nachbauten und gegen den Einbezug verbürgter Aufführungskonventionen.[46]

Nun waren es Geiger, noch stets in der Rolle des Konzertmeisters (wie Eduard Melkus oder Neville Marriner), oder Cembalisten, in erster Linie als Koordinatoren der Generalbassgruppe (wie Gustav Leonhardt und zahlreiche nach ihm), die vom Instrument aus das musikalische Geschehen zu bestimmen pflegten, seltener waren es Flötisten (wie Gustav Scheck oder Hans-Martin Linde) oder Cellisten (wie August Wenzinger oder Nikolaus Harnoncourt). Was früher völlig undenkbar war, konnte nun Realität werden: Die Gesamtleitung einer Bach'schen Passion lag in den Händen des selbst mitwirkenden Cellisten, während ein Dirigent lediglich für die Koordination des Chors oder der Chöre mit den Instrumentalisten benötigt wurde.[47]

Mochte dadurch die Probenarbeit konfuser und langwieriger werden, so überwogen letztlich auch hier die Vorteile die anscheinenden Nachteile: Folgt man als Individuum dem Dirigenten nur im Ausnahmefall willig, und das heisst auf die Tausendstel-Sekunde genau, und nimmt damit mehr oder weniger bewusst zeitliche und klangliche Verzögerungen und Koordinationsprobleme in Kauf, so ist in einem Ensemble ohne Dirigenten jeder und jede Einzelne so stark für die Gleichzeitigkeit des Geschehens verantwortlich, dass nun plötzlich Akkorde kompakt einsetzen, die in jeder Aufnahme mit Dirigenten nur die Minimierung gruppendynamischer Trägheit darstellen. Mit den wachsenden Ansprüchen an die Zusammenspiel-Kompetenz werden im Idealfall auch die technischen und gestalterischen Kräfte aller Mitwirkenden geweckt und entwickelt. Damit wird – sozusagen durch die Hintertür kollektiver Teilhabe – jene Praxis restituiert, wie sie auch für die Ensembleleiter des 18. Jahrhunderts selbstverständlich war. Johann Sebastian Bach leitete als selbst geigender Konzertmeister der Weimarer Hofkapelle (1714–1717) wie auch als am Cembalo mitwirkender Kapellmeister in Köthen (1718–1723) das Geschehen «aus dem Inneren des Mediums»[48] heraus[49], und nicht zufällig schrieb er damals auch Werke wie die sogenannten *Brandenburgischen Konzerte,* die in durchaus sprechender Weise eben keine Orchestermusik sind, sondern «Concerts avec plusieurs instruments», deren Spieler in zumeist solistischer Besetzung und in den unterschiedlichsten Besetzungen kammermusikalische Verantwortung am Gesamtgeschehen zu tragen haben. Betrachtet man die künstlerische Arbeit eines Kammerorchesters aus dieser Perspektive, so schliesst die Deckungsgleichheit der Struktur eines Werks mit der ursprünglichen Arbeitsgestaltung bei dessen Wiedergabe das Vorhandensein eines Dirigenten aus.

Berücksichtigt man hingegen die Bedürfnisse des Publikums, so ist das Fehlen «der motorischen Kraft eines Tyrannen»[50] nach wie vor für viele Zuhörende ein Hinderungsgrund, die Individualität einer Ensemble-Interpretation zu würdigen. Zu prägend ist offenbar die Gewöhnung an eine Persönlichkeit, die zunächst wie ein Brennglas das Klingende an die Hörerinnen und Hörer auch visuell vermittelt und danach deren Applaus wiederum auf das Ensemble, speziell auf einige besonders solistisch Hervortretende, verteilt. Dieses Publikumsverhalten ist möglicherweise auch der Grund, warum viele Ensembleleiter ihr eigenes Instrument vernachlässigten und «ans Pult» traten sowie bisweilen sogar zum Dirigentenstab griffen. Von hier aus könnte man zurückfragen, ob die Kammerorchester nicht bisweilen deswegen so mitgliederstark gehalten werden, weil dadurch die Präsenz eines dominanten interpretatorischen Zentrums im Vollzug der Aufführung legitimiert werden soll.

Das Kammerorchester im Konzertleben

War die Institution Kammerorchester im Jahrzehnt seiner Entstehung als bewusste Alternative gegenüber dem Bestehenden zu einem Katalysator der interpretatorischen Wandlungen geworden, so hat sie sich in vielfältigen Gründungen und ästhetischen Stellungnahmen immer weiter ausdifferenziert, ja sich bisweilen sogar selber infrage gestellt. In diesem Geflecht von ästhetischen, personellen und kommerziellen Problemlagen definiert sich auch heute jedes Ensemble dieser Art immer wieder neu und sucht seinen Platz im jeweiligen lokalen Musikleben. Gerade in Zürich, wo das Zürcher Kammerorchester, die Camerata Zürich, das Barockorchester Capriccio und die diversen, mehr oder weniger kurzlebigen Initiativen im Bereich der Ensembles «für Alte Musik» Gegenpositionen zu den Konzerten des Tonhalle-Orchesters bieten wollen, sind immer wieder klare Stellungnahmen und deutliche Abgrenzungen gefragt.

Wie dringlich solche Überlegungen für das Zürcher Kammerorchester[51] nach wie vor sind, zeigt sich schon allein im Zwiespalt zwischen dem Rückzug ins periphere Seefeld und der Beanspruchung der zentralen Säle im Tonhalle-Gebäude und in den Kulturstätten der Innenstadt. Wohin der Weg führt, ist – angesichts der wechselvollen Entwicklung des Kammerorchesters als Besetzungs- und Repertoiretypus und dessen historischer Grundlagen – einstweilen noch völlig offen. Es zeichnet sich aber ab, dass der Balanceakt zwischen einer zu Mainstream tendierenden Publikumsgunst, einer unmissverständlichen Abgrenzung des Repertoires und aussermusikalischen Lockmitteln in Zukunft noch schwieriger werden wird.

---

1 Erhalten im Nachlass von Alban Berg (A-Wn, F 21 Berg 447/406). Walter Szmolyan: «Bemerkungen zum Schönberg-Verein», in: *Österreichische Musikzeitschrift* 36 (1981), S. 155.

2 Christoph Gaiser: *Das Kammerorchester als Medium einer ‹neuen› Musik,* Diss. Berlin 2004, S. 13.

3 Ebd., S. 12.

4 Gaiser nannte überdies *A Severn Rhapsody for chamber orchestra* (1924) von Gerald Finzi, *Suite for chamber orchestra* (1925) von Robin Milford, *Phantasy Concerto for piano and chamber orchestra* (1926) von Henry Farjeon, *Saturday's Child. An Episode in color for mezzo-soprano, tenor, and chamber orchestra* (1926), *Mystère pour violoncelle et orchestre de chambre* (1926) von Alexander Tscherepnin, *Offrandes for Soprano and chamber orchestra* (1927) von Edgar Varèse, *Le dit des jeux du monde. Dix danses, 2 interludes, épilogue pour orchestre de chambre* (1928) von Arthur Honegger, *Venise (Poème-sérénade) pour orchestra de chambre* (1929) von Lazare Saminsky und *Suite for kammarorkester* (1931) von Gunnar de Frumerie. Gaiser, S. 11. Weitere Werke nannte Gaiser anhand einer Anzeige des Verlags Tischer & Jagenberg von 1927, Gaiser, S. 32.

5 Gaiser, S. 15.

6 Giselher Schubert: «Zur Geschichte des Kammerorchesters im 20. Jahrhundert», in: Axel Beer, Kristina Pfarr, Wolfgang Ruf, *Festschrift Christoph-Hellmut Mahling zum 65. Geburtstag* (Mainzer Studien zur Musikwissenschaft, Band 37), Tutzing: Schneider, 1997, S. 1235–1250, hier S. 1244.

7 Ernst Lichtenhahn: «Aspekte einer Geschichte des Kammerorchesters», in: *Fünfzig Jahre Collegium Musicum Zürich,* Zürich: Atlantis, 1994, S. 92 f. Bei Cocteau wie auch bei Strawinsky war mit dem Gedanken des «renoncement» in Bezug auf das Orchester auch ein Klangbild imaginiert, das eher auf einen «riche orphéon de bois, de cuivres et de batteries» abzielte als auf Dominanz einer «caresse des cordes». Jean Cocteau, *Le Rappel à l'ordre,* Paris 1948, S. 21–33 passim, zit. nach Lichtenhahn, S. 93.

8 Theo Hirsbrunner: *Igor Strawinsky in Paris*, Laaber, 1982, S. 99–107. Louis Fleury (siehe Anm. 9) sprach vom «monstrous overgrowth of the modern orchestra» und «colossal orchestra» und fuhr fort: «Any artist with care for, and a sense of proportion would react against such non-sense». Fleury, S. 263.

9 Louis Fleury: Art. «Chamber Orchestra», in: Walter Willson Cobbett (Hg.), *Cobbett's cyclopedic Survey of Chamber Music,* Oxford: Oxford University Press, 1929, S. 263.

10 Lichtenhahn, S. 83.

11 Ebd., S. 84.

12 Ebd., S. 81.

13 Schubert (siehe Anm. 6), S. 1241.

14 Siehe dazu Dominik Sackmann: «Bachs Musik mit den Augen des 18. Jahrhunderts lesen? – Bachs Musik mit den Ohren des 20. Jahrhunderts hören! Zur Bach-Interpretation in der zweiten Hälfte des 20. Jahrhunderts», in: Michael Heinemann, Hans-Joachim Hinrichsen (Hg.), *Johann Sebastian Bach und die Gegenwart,* Köln: Dohr, S. 233–269, speziell, S. 237.

15 Jacques Handschin: «Die alte Musik als Gegenwartsproblem», in: Hans Oesch (Hg.), *Gedenkschrift Jacques Handschin. Aufsätze und Bibliographie,* Bern und Stuttgart 1957, S. 338, zit. u. a. bei Lichtenhahn (siehe Anm. 7), S. 86.

Der Schweizer Dirigent und Komponist Erich Schmid ordnete die Zuwendung zum Kammerorchester schon 1941 in einem in Glarus gehaltenen Vortrag in grössere musikhistorische Zusammenhänge ein: «Wir müssen hier noch einer anderen Erscheinung gedenken, die im Zusammenhang mit der antiromantischen Haltung der jungen Musik steht. Es ist die Wiedererweckung der vorklassischen, polyphonen Musik. Dieses Zusammentreffen ist nicht zufällig. Die Hinwendung des neuen Stils zur polyphonen Schreibweise, die Abkehr vom grossen Orchester zugunsten des Kammerorchesters, die vermehrte Aufmerksamkeit, die der Chormusik geschenkt wird, alles dies zeigt gewisse verwandtschaftliche Züge mit der alten Musik. Die rege Beschäftigung mit ihr wirkt sich umgekehrt in entscheidender Weise vor allem auf eine bestimmte Richtung der neuen Musik (und gerade auch auf das neue schweizerische Musikschaffen) aus. Die Individualisierung des Stimmengefüges bringt notgedrungen mit sich eine deutliche Abkehr vom Klangideal des Wagner Orchesters. Der neutrale Mischklang dieser Instrumentierungstechnik entspricht nicht mehr den neuen Kompositionsprinzipien. Entweder wird das grosse Orchester in seine Farbwerte aufgelockert und man erreicht dadurch kammermusikalische Durchsichtigkeit, oder man kommt direkt zur kleinen Besetzung in allen erdenklichen Kombinationen. Von der Klangmalerei kommt man zur Klangzeichnung. Man bedient sich des Orchesters zur Deutlichmachung eines Stimmenverlaufs. Andererseits ist es kein Wunder, dass diese neue Haltung zu einer intensiven Wiederbelebung der Chormusik führt. Ihr, die im 19ten Jahrhundert doch wohl einen Tiefpunkt erreicht hat, werden ganz neue Möglichkeiten eröffnet, und es ist vor allem die konservative Richtung [um Paul Hindemith, DS], die hier ein grosses Betätigungsfeld findet.» Erich Schmid, *Schweizerisches Musikschaffen,* Typoskript, CH-Zz Nachlass Schmid, Mus NL 37: V: CH 5, S. 11. Ich danke Lukas Näf für seinen Hinweis auf diesen Text.

16 Verena Naegele: *Irma und Alexander Schaichet. Ein Leben für Musik,* Zürich: Orell Füssli, 1995.
17 Noël Goodwin: Art. «London. Concert life – Orchestras», in: Stanley Sadie (Hg.), *The New Grove Dictionary of Music and Musicians,* London: Macmillan 1980, Band 11, S. 184.
18 Gaiser (siehe Anm. 2), S. 145–155.
19 Ebd., S. 131–138.
20 Dominik Sackmann: «Zwei Beiträge zur Geschichte der Basler Bach-Rezeption», in: Urs Fischer, Hans-Joachim Hinrichsen, Laurenz Lütteken (Hg.), *Nähe aus Distanz. Bach-Rezeption in der Schweiz,* Winterthur. Amadeus, 2005, S. 42–73, speziell S. 43–57.
21 Gaiser (siehe Anm. 2), S. 106.
22 August Vortisch: «Die Konzerte des Basler Kammerorchesters [...] in den Jahren 1925/26 bis 1950/51», in: *Alte und Neue Musik. 25 Jahre Kammerorchester,* Zürich, Atlantis, 1952, S. 193–294, speziell S. 194–213.
23 Gaiser (siehe Anm. 2), S. 138–145.
24 Tully Potter, Adolf Busch: *The Life of an Honest Musician,* London: Toccata Press, 2010, S. 609 f.
25 Lichtenhahn (siehe Anm. 7), S. 78 = New Grove 13/679.
26 John Spitzer, Neal Zaslaw: «Corelli's Orchestra», in: Dies. (Hg.) *The Birth of the Orchestra. History of an Institution, 1650–1815,* Oxford: Oxford University Press, 2004, S. 105–138, speziell S. 120–123.
27 Richard Maunder: *The Scoring of Baroque Concertos,* Woodbridge: Boydell, 2004.
28 *Mozart. Briefe und Aufzeichnungen. Gesamtausgabe* [...] gesammelt und erläutert von Wilhelm A. Bauer und Otto Erich Deutsch, Band II: 1777–1779, Kassel: Bärenreiter, 1962, S. 101.
29 James Webster: «On the Absence of Keyboard Continuo in Haydn's Symphonies», in: *Early Music* 18 (1990), S. 599–608.
30 Wilhelm Furtwängler: «Bemerkungen zur Darstellung alter Musik», in: *Ton und Wort. Aufsätze und Vorträge 1918 bis 1954,* Wiesbaden: Breitkopf & Härtel, ³1955, S. 56.
31 Siehe dazu eingehender Lichtenhahn (siehe Anm. 7), S. 91.
32 «Die moderne Rezeption der Barockmusik und insbesondere der Instrumentalmusik aus der ersten Hälfte des 18. Jahrhunderts ist gleichermassen ein kulturelles wie soziologisches Phänomen. Gespeist aus unterschiedlichen Quellen, von Musizierfreude und musikhistorischer Erkenntnis, aber auch von starkem wirtschaftlichem Interesse, erlebte die Barockmusik in den Jahren nach dem Zweiten Weltkrieg einen gewaltigen Aufschwung. Vornehmlich von Deutschland ausgehend hatte er seine Wurzel in den kulturellen Entbehrungen des Krieges [...] Der Hunger nach Musik musste mit einem Repertoire gestillt werden, das ohne Aufwand, ohne Symphonieorchester und Opernhaus, ohne die berühmten Stars aufzuführen war; ein Repertoire musste es jedoch sein, welches dem Wunsch nach Ordnung und Klarheit genügte, der Sehnsucht nach einer geistigen Mitte. Nicht auf romantisches Gefühl richtete sich der Sinn. Bach war nach dem Krieg vermutlich der am meisten gespielte Komponist in Deutschland.» Andreas Holschneider: «Zur Rezeption der barocken Instrumentalmusik und dem neuen Interesse an den Werken von Jan Dismas Zelenka», in: *Schweizerische Musikzeitung* 120 (1980), S. 268 f.
33 Paul Hindemith, Johann Sebastian Bach. Ein verpflichtendes Erbe, in: Giselher Schubert (Hg.), *Paul Hindemith: Aufsätze, Vorträge, Reden,* Zürich: Atlantis, 1994, S. 258 f.
34 Es handelte sich um das *Konzert für zwei Cembali und Streicher* c-Moll BWV 1060 mit nicht genannten Solisten. Martin Elste, *Meilensteine der Bach-Interpretation,* Kassel: Bärenreiter, 2000, S. 117, S. 127, S. 283.
35 Lichtenhahn (siehe Anm. 7), S. 76 f.
36 In seinem Gesuch um die Verleihung eines Hoftitels («Prædicat von Dero Hoff-*Capelle*») bot er dem Kürfürsten Friedrich August II. von Sachsen an, seinen «unermüdeten Fleiss zu erweisen» «in *Componir*ung der Kirchen Musique sowohl als zum Orchestre» (BD I, 27, S. 74). Siehe dazu eingehend Robert L. Marshall: «Bach's Orchstre», in: *Early Music* 13 (1985), S. 176.
37 Johann Mattheson: *Der vollkommene Capellmeister,* Hamburg, 1739, S. 68 f., in der Studienausgabe (hrsg. von Friederike Ramm): Bärenreiter, 1999, S. 137 f.
38 Dasselbe gilt auch für die Gepflogenheiten am französischen Königshof, an dem alle Einzelpersonen und Gruppen, d. h. alle Mitglieder der «Ordinaries de la musique de la chambre» sowie der «24 violons» und der «Petite bande», der Verwaltungseinheit der «Musique de la chambre» angehörten. Nicole Schwindt: Art. «Kammermusik», in: Ludwig Finscher (Hg.), *Die Musik in Geschichte und Gegenwart,* zweite, neubearbeitete Ausgabe, Sachteil: Band 4, Kassel: Bärenreiter, 1996, S. 1623.
39 Siehe in der Anschauung der 1920er-Jahre die vierte Auffassung des Begriffs Kammerorchester, oben S. 209.
40 Auf die speziellen Bedingungen der sogenannten Harmoniemusik, den dritten Bereich neben den Kammermusikgruppierungen und den von Streichern dominierten Orchestern bzw. Kammerorchestern, kann hier nicht eingegangen werden.
41 Elste (siehe Anm. 34), S. 71.
42 Folgerichtig waren die Streicherstimmen bei der Wiener Erstaufführung (24. Februar 1930, unter der Leitung des Komponisten) auch nur einfach besetzt. Wolfgang Martin Stroh: *Anton Webern: Symphonie op. 21* (Meisterwerke der Musik, Heft 11), München: Fink, 1975, S. 8 und S. 48.
43 Siehe dazu beispielsweise die Rezension von Walter Haeser zum Konzert vom 27. März 1924 in der Tonhalle Zürich: «Es bedarf über die Vortragskunst des Buschquartetts eigentlich keines Wortes mehr: ist jeder der Mitwirkenden ein ausgezeichneter Künstler seines Faches, der ganz im Sinne des Begründers des Quartetts sein Instrument in delikatester Tonqualität zu verwenden weiss, so lebt zugleich das Ensemble so ganz im Geiste des musikalischen Führers Adolf Busch, dass alles und jedes, was von diesem seltenen Klangorganismus ausgeht, wie die einheitlich gefühlte und gewollte Aussprache einer Persönlichkeit wirkt.» Walter Haeser, Feuilleton. Konzerte, in: NZZ 145, Montag, 31. März 1924, Erstes Abendblatt, No. 476, S. [1].

Siehe auch Dominik Sackmann: *Einswerden von Schaffen und Nachschaffen. Adolf Busch in Zürich,* Basel: Librum, 2018, S. 96.

44 Immer seltener erfolgten Doppelverpflichtungen als Klarinettist und Bratscher oder als Trompeter und Geiger, wie sie zuvor noch durchaus normal gewesen waren. Die beiden Beispiele berufen sich auf Gespräche, die der Autor in früheren Jahren mit den Betreffenden geführt hatte.

45 Elste (siehe Anm. 34), S. 71.

46 Zu beobachten etwa bei Karl Richter oder Helmuth Rilling, zwei Spezialisten für das Bach'sche Vokalwerk.

47 Diese Arbeitsteilung führte zur Aufnahme von Johann Sebastian Bachs *Matthäus-Passion* mit den Knaben des Regensburger Domchors und den Männern des King's College Choir, Cambridge, unter der Leitung von David Willcocks und dem Concentus Musicus Wien unter der Gesamtleitung von Nikolaus Harnoncourt aus dem Jahre 1970.

48 In Anlehnung an Lukas Hartmanns Romantitel *Aus dem Innern des Mediums*, Zürich: Nagel & Kimche, 1985.

49 Siegbert Rampe: «Die Hofkapelle in Weimar, sowie Günther Hoppe, Die Hofkapelle in Köthen», in: Siegbert Rampe, Dominik Sackmann, *Bachs Orchestermusik. Entstehung – Klangwelt – Interpretation,* Kassel, Bärenreiter, 2000, S. 31–38 bzw. S. 39–46.

50 Elste (siehe Anm. 34), S. 71.

51 Solange die Konzerttätigkeit der Zürcher Kammerorchesters nicht lückenlos dokumentiert und einer interessierten Öffentlichkeit zugänglich ist, bleibt eine institutionengeschichtliche Einschätzung wie auch eine präzisere Einordnung in eine «Geschichte des Kammerorchesters» prekär.

Faktisches

Abb. 141

Künstlerische Leiter, Konzertmeister, Geschäftsführer und Präsidenten

Chefdirigenten und künstlerische Leiter

1945–1996	Edmond de Stoutz
1996–2006	Howard Griffiths
2006–2011	Muhai Tang
2011–2015	Sir Roger Norrington
2015–2016	Willi Zimmermann
2016–	Daniel Hope

Konzertmeister

1945–1954	Rudolf Baumgartner
1954–1960	Margrit Essek a.i.
	Herbert Scherz a.i.
	Harry Goldenberg a.i.
1960–1964	Elemér Glanz
1964–1965	Wolfram König
1965–1966	Volker Worlitsch
1966–1967	John Bacon
1967–1979	Nicolas Chumachenco
1979–1980	Antonio Perez-Ruiz
1980–1982	Robert Rozek a.i.
1982–2000	Zbigniew Czapczynski
2002–2002	Winfried Rademacher
2004–2007	Klaidi Sahatçi
2008–	Willi Zimmermann

Geschäftsführer

1945–1951	Edmond de Stoutz
1951–1983	Alexander Chasen
1983–1986	Cyril Stauffenegger
1986–1987	Robert Weeda
1987–1996	Nelly Eschke
1996–2005	Thomas Pfiffner
2006–2008	Chandler Cudlipp
2007–2008	Aviel Cahn
2008–	Michael Bühler

Präsidenten des Zürcher Kammerorchester Vereins (ZKOV)

1954–1969	Edmond de Stoutz
1969–1997	Johannes Meili
1998–2010	Hans Heinrich Coninx
2010–2017	Isabel Kühnlein Specker
2017–	Thomas Bahc

Präsidenten der Gesellschaft der Freunde des Zürcher Kammerorchesters (GFZKO)

1963–1981	Lorenz Stucki
1981–1986	Fred Luchsinger
1986–1991	Xavier Bregenzer
1991–1998	Felix H. E. Goessler
1998–2010	Regula Pfister
2010–2013	Hans-Peter Portmann
2013–2016	Thomas U. Müller
2016–2018	Urs Fellmann,
	Peter Marschel,
	Willi Zimmermann
2018–	Frank Arnold
	Urs Fellmann
	Marcel Gamma
	Peter Marschel
	Willi Zimmermann
	Ruth Züblin

Abb. 141
Die Administration des ZKO wurde von Geschäftsführer Alexander Chasen zusammen mit Edmond de Stoutz' Schwester Inès als Sekretärin im Wohnhaus der Familie de Stoutz am Zürcher Kreuzplatz geführt.

73 Konzerthighlights aus 73 Jahren

* Zürcher Erstaufführung
** Schweizer Erstaufführung
*** Uraufführung

Datum	Dirigent	Aufführungsort	Werk	Solisten, Mitwirkende	
11.12.1945	Edmond de Stoutz	Zürich: Tonhalle, Grosser Saal	Georg Friedrich Händel: Concerto grosso Nr. 16 D-Dur (Larghetto, Allegro) Franz Tunder: Solokantate: «Wachet auf ruft uns die Stimme» Julius Johannes Weiland: Geistliches Konzert für eine Singstimme und Streicher: «Jauchzet Gott aller Lande»	Nina Nüesch, Altistin	Zum ersten Mal trat das Orchester öffentlich auf, das sich noch Hausorchester-Vereinigung Zürich nannte. Das Konzert fand in der Tonhalle im Rahmen der Abschlussfeier des Zivilen Frauenhilfsdiensts statt.
22.9.1946	Edmond de Stoutz	Zürich: Zunfthaus zur Meisen	Johann Sebastian Bach: Klavierkonzert in f-Moll Violinkonzert in a-Moll Tripelkonzert für Flöte, Violine und Cembalo in D-Dur (5. Brandenburgisches Konzert) Konzert für 3 Klaviere in C-Dur	André Jaunet, Flöte Rudolf Baumgartner (Konzertmeister), Violine Hans Andreae, Cembalo / Piano Lis Andreae-Keller, Piano Alexander Chasen, Piano Sava Savoff, Piano	Das erste Konzert der ersten Saison fand im Zunfthaus zur Meisen statt. Bis 1953 gehörte es in Zürich zu den Hauptauftrittsorten. Ein Ticket kostete 4.40 Franken für einen unnummerierten und 6.60 Franken für einen nummerierten Platz.
26.9.1946	Edmond de StoutzStoutz	Ascona	Johann Sebastian Bach: Klavierkonzert in d-Moll Violinkonzert in E-Dur Konzert für 2 Violinen und Streichorchester in d-Moll Konzert für Flöte, Violine und Piano in a-Moll	Alexander Chasen, Piano Rudolf Baumgartner (Konzertmeister), Violine Hermann Silzer, Violine Giorgio Silzer, Violine Susi Seiler, Flöte Hans Andreae, Piano	Von den zehn Konzerten im ersten Jahr seines Bestehens fanden bereits zwei Konzerte des Ensembles ausserhalb Zürichs statt: nämlich ein privates in Zug und ein öffentliches in Ascona.
28.10.1949	Edmond de Stoutz	Zürich: Zunfthaus zur Meisen	Johann Sebastian Bach: Suite Nr. 2 in h-Moll Cembalokonzert in A-Dur Violinkonzert in E-Dur Antonio Vivaldi: Sinfonia della Serenata La Senna Festeggiante in h-Moll* Concerto per Violoncello in G-Dur* Concerto in A-Dur*	André Jaunet, Flöte Hans Andreae, Cembalo Marçal Cervera, Violoncello Rudolf Baumgartner (Konzertmeister), Violine	Auch wenn sich das Repertoire des ZKO zu Beginn auf Barockmusik beschränkte, liessen sich immer wieder Zürcher Erstaufführungen finden wie im Fall dieser drei Werke von Vivaldi.
21.5.1951	Edmond de Stoutz	Mailand: Piccolo Teatro (Italien)	Johann Sebastian Bach: Suite in h-Moll Ricercar 6 au Das Musikalische Opfer Cembalokonzert in D-Moll Konzert für Violine und Oboe in d-Moll Konzert für 4 Klaviere in a-Moll	Peter-Lukas Graf, Flöte Hans Andreae, Cembalo / Klavier Rudolf Baumgartner, Violine Edgar Shann, Oboe Alexander Chasen, Piano Sava Savoff, Piano Amadeus Schwarzkopf, Piano	1951 wagte sich das Orchester über die Landesgrenzen hinaus. Das Orchester trat erstmals unter dem Namen Orchestra da Camera di Zurigo auf und durfte im Piccolo Teatro in Mailand einen grossen Erfolg für sich verbuchen.
18.11.1951	Edmond de Stoutz	Zürich: Zunfthaus zur Meisen	Arcangelo Corelli: Concerto grosso in D-Dur Giuseppe Tartini: Violinkonzert in d-Moll Antonio Vivaldi: Konzert in G-Dur für 2 Violinen, 2 Celli und Orchester Wolfgang Amadeus Mozart: Serenata Notturna (KV 239)	Rudolf Baumgartner (Konzertmeister), Violine Margrit Essek, Violine Hilde Borel, Violoncello Gertrud Grilz, Violoncello	Erst sechs Jahre nach der Gründung trat das Orchester in Zürich erstmals als Zürcher Kammerorchester auf.
25.6.1952	Edmond de Stoutz	Zürich: Kunsthaus, Hodlersaal	Willy Burkhard: Toccata op. 55 Johann Sebastian Bach: Suite in C-Dur Antonio Vivaldi: Konzert in d-Moll für Oboe und Streicher Paul Müller-Zürich: Sinfonia für Streicher op. 40	André Raoult, Oboe	In seinen Anfangsjahren veranstaltete das ZKO jeweils zum Ende einer Saison ein sogenanntes Subskriptionskonzert, in dem auch zeitgenössische Musik aufgeführt wurde.

Datum	Dirigent	Ort	Werke	Solisten	Bemerkungen
13.11.1952 / 20.11.1952	Edmond de Stoutz	Zürich: Zunfthaus zur Meisen	Johann Sebastian Bach: Brandenburgisches Konzert Nr. 1 Brandenburgisches Konzert Nr. 3 Brandenburgisches Konzert Nr. 2 Igor Strawinsky: Concerto en mi b pour orchestra de chambre (Dumbarton Oaks) Johann Sebastian Bach: Brandenburgisches Konzert Nr. 5 Brandenburgisches Konzert Nr. 6 Brandenburgisches Konzert Nr. 4 Béla Bartók: Divertimento für Streicher	Rudolf Baumgartner, Violine Louis Duquénoy, Trompete André Jaunet, Flöte André Raoult, Oboe Rudolf Baumgartner, Violine André Jaunet, Flöte Dori Schühli, Flöte	Die bis in die Saison 1976/77 gepflegte Tradition der jährlichen Wiedergabe aller *Brandenburgischen Konzerte* nahm hier ihren Anfang.
1.6.1953	Edmond de Stoutz	Zürich: Kunsthaus, Hodlersaal	Dmitri Schostakowitsch: Klavierkonzert op. 35 Peter Mieg: Concerto da camera per archi, pianoforte e timpani*** Paul Hindemith: Trauermusik Paul Müller-Zürich: Sinfonia II in e für Streicher und Flöte op. 53***	Ernst Brandstätter, Viola Alexander Chasen, Piano Louis Duquénoy, Trompete	Bis 1996 trat das ZKO jährlich bei den Zürcher Juni-Festwochen auf. Dabei gelangten vor allem neue Werke zu ihren Erst- und Uraufführungen. Peter Miegs *Concerto da camera* und Paul Müller-Zürichs *Sinfonia II* etwa waren die ersten in Auftrag gegebenen Stücke.
1.5.1954	Edmond de Stoutz	Regensdorf: Strafanstalt, Anstaltskirche	Georg Friedrich Händel: Ouvertüre und Allegro aus Concerto grosso in D-Dur Peter Iljitsch Tschaikowsky: Streicherserenade		Das Orchester frequentierte regelmässig neben bekannten Konzertsälen immer wieder auch ungewöhnliche Orte wie etwa die Strafanstalt Regensdorf.
14.–26.5.1954	Edmond de Stoutz	Genf: Victoria Hall	Béla Bartók: Divertimento for Strings		Die erste Schallplatte des ZKO erschien beim britischen Plattenlabel Decca Records. Neben Béla Bartóks *Divertimento*, das in Genf als allererstes Stück vom ZKO aufgenommen wurde, findet sich darauf auch Paul Müller-Zürichs *Sinfonia II* op. 53. Die Aufnahmen dazu fanden allerdings erst im November statt.
2.1.1956	Edmond de Stoutz	Everett, Washington	Georg Friedrich Händel: Concerto grosso in D-Dur op. 6 Nr. 5 Paul Müller-Zürich: Symphonie für Streicher op. 4 Johann Sebastian Bach: Concerto in a-Moll für Violine und Orchester Wolfgang Amadeus Mozart: Divertimento in D-Dur (KV 136) Peter Iljitsch Tschaikowsky: Serenade in c-Moll op. 49	Arpad Gerecz, Violine	Im Rahmen seiner ersten Nordamerika-Tournee trat das ZKO zuerst in Everett, Washington, auf. Als erstes Schweizer Orchester tourte es zwei Monate lang durch die Vereinigten Staaten und Kanada und gab dabei 38 Konzerte vor insgesamt 40 000 Zuhörern.
30.7.1958	Benjamin Britten	Saanen: Kirche	Antonio Vivaldi: Die vier Jahreszeiten Wolfgang Amadeus Mozart: Violinkonzert Nr. 3 in G-Dur (KV 216) Benjamin Britten: Simple Symphony	Yehudi Menuhin, Violine	Von 1958 bis 1996 trat das Orchester jährlich bei den Yehudi Menuhin Festspielen in Gstaad auf.
9.10.1959	Edmond de Stoutz	Zürich: Tonhalle, Grosser Saal	Ludwig van Beethoven: Ouvertüre zu Coriolan op. 62 Klavierkonzert in G-Dur op. 58 Nr. 4 Symphonie in C-Dur op. 21 Nr. 1	Wilhelm Backhaus, Piano	Das ZKO trat und tritt regelmässig mit Solisten von Weltformat auf. Bei einem Pianisten wie Wilhelm Backhaus werden auch klassische Meisterwerke in die ansonsten barocklastigen Programme eingegliedert.
14.1.1963	Edmond de Stoutz	Zürich: Zunfthaus zur Meisen	Pietro Locatelli: Introduzioni teatrale Joseph Haydn: Divertimento für Streicher D-Dur op. 2 Nr. 5 Béla Bartók: Rumänische Volkstänze	Elemér Glanz, Violine	Am 14. Januar 1963 wurde auf Initiative des Juristen und NZZ-Redaktors Urs Schwarz die Gesellschaft der Freunde des Zürcher Kammerorchesters (GFZKO) gegründet. Dies wurde mit einem Konzert im Zunfthaus zur Meisen gefeiert.

Datum	Dirigent	Ort	Werke	Mitwirkende	Bemerkungen
24.3.1963	Edmond de Stoutz	Zürich: Tonhalle, Grosser Saal	Johann Sebastian Bach: Johannes-Passion	Zürcher Konzertchor Clara Ebers, Sopran Marga Höffgen, Alt Ernst Haefliger, Tenor Heinz Rehfuss, Bass Hermann Schey, Bass	Als das ZKO zum ersten Mal Bachs *Johannes-Passion* aufführte, kam auch als Premiere der Zürcher Konzertchor dazu, der von Edmond de Stoutz im Vorjahr gegründet worden war.
21.3.1965	Edmond de Stoutz	Zürich: Tonhalle, Grosser Saal	Johann Sebastian Bach: Matthäus-Passion (ungekürzt)	Zürcher Konzertchor Kinder- und Jugendchor Roggwil (Leitung: Robert Favre) Agnes Giebel, Sopran Marga Höffgen, Alt Ernst Haefliger, Tenor Heinz Rehfuss, Christus Peter Lagger, Bass	Zum zehnjährigen Bestehen des ZKO wurde die ungekürzte Fassung der *Matthäus-Passion* von Johann Sebastian Bach aufgeführt.
31.8.1966	Edmond de Stoutz, Yehudi Menuhin	Zürich: Tonhalle, Grosser Saal	Antonio Vivaldi: Concerto in due cori Michael Tippett: Konzert für 2 Streichorchester Ludwig van Beethoven: Violinkonzert in D-Dur op. 61	Bath Festival Orchestra Yehudi Menuhin, Violine	Zum 50. Geburtstag von Yehudi Menuhin vereinigte sich sein Orchester, das Bath Festival Orchestra, mit dem ZKO zu einem Klangkörper.
8.1.1967	Edmond de Stoutz	New York: Carnegie Hall	Georg Friedrich Händel: Concerto grosso in d-Moll op. 6 Nr. 10 Wolfgang Amadeus Mozart: Concerto in A-Dur für Klavier und Orchester (KV 414) Johann Sebastian Bach: Doppelkonzert in d-Moll für Oboe, Violine und Streicher Igor Strawinsky: Concerto in D Antonio Vivaldi: Concerto in b-Moll für 4 Violinen, Streicher und Continuo	Gerhard Hettema, Violine Ernst Langmeier, Violine Gertrud Stiefel, Violine Antonio Mosca, Violine Fou Ts'ong, Piano André Lardrot, Oboe John Bacon, Violine	Im Rahmen seiner dritten US-Tournee trat das Orchester in der Carnegie Hall in New York auf.
19.4.1969	Edmond de Stoutz	Mexiko-Stadt: Teatro de Bellas Artes	Georg Friedrich Händel: Concerto grosso op. 6 Nr. 8 Johann Sebastian Bach: Concerto in E-Dur für Violine und Streicher Rudolf Kelterborn: Kammersymphonie Nr. 2 Ludwig van Beethoven: Grosse Fuge Giovanni Battista Pergolesi: Concertino Nr. 5		Im Rahmen seiner ersten Südamerika-Tournee trat das ZKO als Erstes in Bellas Artes, Mexiko, auf.
4.7.1969	Edmond de Stoutz	Zürich: Fraumünster	Lukas Penderecki: Lukas-Passion**	Zürcher Konzertchor St. Galler Kammerchor (Werner Heim) Knabenchor (Werner Bärtschi) Eva Maria Rogner, Sopran Kurt Widmer, Bariton Eduard Wollitz, Bass Laszek Herdegen, Evangelist	Im Rahmen der Juni-Festwochen wurde Pendereckis *Lukas-Passion* in der Schweiz erstaufgeführt, an dem 260 Mitwirkende beteiligt waren.
21.12.1969	Edmond de Stoutz	Zürich: Fraumünster	Arcangelo Corelli: Concerto grosso in g-Moll op. 6 Nr. 8 Johann Sebastian Bach: Kantate Nr. 152 «Tritt auf die Glaubensbahn» Kantate Nr. 57 «Selig ist der Mann» Paul Müller-Zürich: Orgelkonzert	Elisabeth Speiser, Sopran Kurt Widmer, Bariton Heinrich Funk, Orgel	Die bis heute hochgehaltene Tradition des Weihnachtskonzerts in der Zürcher Kirche Fraumünster nahm in der Saison 1969/70 ihren Anfang.

Datum	Dirigent	Ort	Werk	Solisten	Bemerkungen
13.1.1971	Edmond de Stoutz	Zürich: Tonhalle, Grosser Saal	Dieter Schnebel: Glossolalie Domenico Cimarosa: Il Maestro di Capella		Zum ersten Mal beschäftigte sich das ZKO mit Musiktheater der neuesten Art.
2.4.1971	Edmond de Stoutz	Zürich: Tonhalle, Grosser Saal	Henry Purcell: Dido und Aeneas. Oper in 3 Akten	Zürcher Konzertchor Anna Reynolds, Dido Peter Runge, Aeneas Margarete Neville, Belinda Arlette Chédel, Sorceress	Mit der Aufführung von Purcells Dido und Aeneas widmete sich das ZKO auch erstmals der Renaissance-Oper.
23.4.1971	Edmond de Stoutz	Tokio	Francesco Geminiani: Concerto grosso g-Moll Joseph Haydn: Divertimento F-Dur op. 3 Nr. 5 Rudolf Kelterborn: Kammersymphonie II Peter Iljitsch Tschaikowsky: Serenade		Im Rahmen seiner ersten Asien- und Ozeanien-Tournee trat das ZKO u. a. auch in Tokio auf.
9.2.1972	Edmond de Stoutz	Zürich: Tonhalle, Grosser Saal	Carl Stamitz: Orchesterquartett in F-Dur Joseph Haydn: Klavierkonzert in D-Dur Wolfgang Amadeus Mozart: Klavierkonzert in C-Dur (KV 415)	Arturo Benedetti-Michelangeli, Piano	Arturo Benedetti-Michelangeli gehörte zu den gerne gesehenen Solisten des ZKO, mit dem auch einige CDs / Schallplatten aufgenommen wurden.
3.12.1972	Edmond de Stoutz	Zürich: Tonhalle, Kleiner Saal	Othmar Schoeck: Suite in As-Dur Hornkonzert Sommernacht	Jozef Brejza, Horn	Ein ganzer Abend war ausschliesslich dem 1957 in Zürich verstorbenen Schweizer Komponisten Othmar Schoeck gewidmet.
28.1.1973	Edmond de Stoutz	Zürich: Tonhalle, Kleiner Saal	Johann Sebastian Bach: Konzert in d-Moll für 2 Violinen, Streichorchester und Continuo Wolfgang Amadeus Mozart: Konzert in A-Dur für Klavier und Orchester (KV 414) 2. und 3. Satz aus dem Konzert für Klarinette und Orchester (KV 622) 1. Satz aus dem Konzert in d-Moll für Klavier und Orchester (KV 466) Jacques-Christophe Naudot: 2. Satz aus dem Konzert in G-Dur für Altblockflöte und Streicher	Johannes Meili, Violine Lorenz Stucki, Violine Ignes Ponto, Piano Martin Hartmann, Altblockflöte Jacques Troesch, Klarinette Walter Berchtold, Piano	Die Amateurkonzerte wurden ins Leben gerufen, um auch Laien die Möglichkeit zu geben, zusammen mit professionellen Musikern in einem Orchester aufzutreten.
9.9.1973	Edmond de Stoutz	Lausanne	Frank Martin: Polyptyque***	Yehudi Menuhin, Violine	In der Uraufführung von Frank Martins Polyptyque spielte Yehudi Menuhin anlässlich der 25-Jahr-Feier des Internationalen Musikrats den Solopart.
6.12.1974	Edmond de Stoutz	Moskau	Jean-Philippe Rameau: Suite in g-Moll Frank Martin: Polyptyque Igor Strawinsky: Apollon Musagete	Nicolas Chumachenco, Violine	Im Rahmen seiner Osteuropa-Tournee trat das ZKO als erstes schweizerisches Orchester in der damaligen Sowjetunion auf.
28.2.1983	Edmond de Stoutz	Zürich: Tonhalle, Grosser Saal	Joseph Haydn: Symphonie Nr. 34 Wolfgang Amadeus Mozart: Klavierkonzert in B-Dur (KV 238) Johann Sebastian Bach: Brandenburgisches Konzert Nr. 4 in G-Dur BWV 1049	Zoltán Kocsis, Piano Zbigniew Czapczynski, Violine Günter Rumpel, Flöte Akira Shirao, Flöte	Es brauchte nur 37 Jahre bis zum 3000. Konzert des ZKO.
31.5.1985	Edmond de Stoutz	Zürich: Limmat	Georg Friedrich Händel: Wassermusik		Zur Eröffnung der Juni-Festwochen 1985 konzertierte das ZKO auf einem extra konstruierten Floss in der Limmat.

Datum	Dirigent	Ort	Programm	Solisten	Bemerkungen
8.1.1988	Edmond de Stoutz	Zürich: Tonhalle, Grosser Saal	Giovanni Battista Pergolesi: Concertino Nr. 3 in A-Dur Antonín Dvořák: Walzer Nr. 1 in A-Dur aus op. 54 Walzer Nr. 2 aus op. 54 Antonio Vivaldi: Konzert für Violine und 3 Echoviolinen in A-Dur Jacques Offenbach: Serenade in C-Dur	Zbigniew Czapczynski (Konzertmeister), Violine	Zum Konzert der 25-Jahr-Jubiläumsfeier der GFZKO hielten auch der damalige Stadtpräsident Thomas Wagner und der damalige Präsident der Freunde Xavier Bregenzer Reden, die von Edmond de Stoutz verdankt wurden.
24.5.1991	Edmond de Stoutz	Buenos Aires: Teatro Colón (Argentinien)	Wolfgang Amadeus Mozart: Symphonie in G-Dur Nr. 17 (KV 129) Concertino für Flöte und Harfe in C-Dur (KV 299) Paul Huber: Konzert für Violine Nr. 2 Joaquín Turina: La Oración del Torero Nikos Skalkottas: 5 griechische Tänze	Zbigniew Czapczynski, Violine Chantal Mathieu, Harfe Matthias Ziegler, Flöte	Im Rahmen seiner dritten Südamerika-Tournee trat das ZKO im weltberühmten, weil ungeheuer grossen Teatro Colón in Buenos Aires auf.
11.12.1995	Edmond de Stoutz	Zürich: Tonhalle, Grosser Saal	Georg Philipp Telemann: Panflötenkonzert in A-Dur Max Bruch: Serenade für Streichorchester nach schwedischen Melodien Paul Huber: Konzert für Hackbrett und Streichorchester Edvard Grieg: Aus Holbergs Zeit, Suite op. 40 Jean Baptiste Loeillet: Panflötenkonzert in D-Dur	Gheorghe Zamfir, Panflöte Benno Bernet, Hackbrett	Das Jubiläumskonzert 50 Jahre ZKO fand auf den Ort und Tag genau 50 Jahre nach dem ersten Konzert in der Tonhalle statt.
13./14.1.1996	Edmond de Stoutz	Zürich: Zunfthaus zur Meisen	Johann Sebastian Bach: Brandenburgisches Konzert Nr. 1–6	Reinhold Friedrich, Trompete Matthias Ziegler, Flöte Kurt Meier, Roman Schmid, Gerhard Gloor, Oboe Zbigniew Czapczynski, Violine Barbara Grégoire, Violoncello Hans Josef Schönen, Kontrabass Verena Walder-Graf, Cembalo Solveig Süss, Flöte Thomas Müller, Andrea Siri, Hörner Stefan Buri, Fagott	In der darauf folgenden Jubiläumssaison wurden wie in der Anfangszeit des Orchesters zwei Konzerte im Zunfthaus zur Meisen durchgeführt, in denen sämtliche *Brandenburgischen Konzerte* erklangen.
17.8.1996	Edmond de Stoutz	Saanen: Kirche	Domenico Cimarosa: Symphonie in B-Dur Wolfgang Amadeus Mozart: Klarinettenkonzert in A-Dur (KV 622) Antonio Salieri: Symphonie in D-Dur Veneziana Gioachino Rossini: Introduktion, Thema und Variationen für Klarinette und Orchester in B-Dur	Paul Meyer, Klarinette	An den Yehudi Menuhin Festspielen in Gstaad trat das ZKO ein letztes Mal unter der Leitung von Edmond de Stoutz auf. Das darauf folgende Konzert bei den Juni-Festwochen musste während der Proben aufgrund akuter Schulterschmerzen des Dirigenten abgebrochen werden.
30.9.1996	Howard Griffiths	Zürich: Tonhalle, Grosser Saal	Benjamin Britten: Präludium und Fuge für Streichorchester op. 29 Ludwig van Beethoven: Klavierkonzert Nr. 3 in c-Moll op. 37 Franz Schubert: Symphonie Nr. 3 in D-Dur	Andrei Gavrilov, Piano	Das erste Konzert unter der Leitung von Howard Griffiths als Chefdirigent des ZKO war ein Abonnementskonzert.

Datum	Leitung	Ort	Programm	Solisten	Beschreibung
24.11.1996	Howard Griffiths	Zürich: Tonhalle, Grosser Saal	Nikolai Rimsky-Korsakow: Hummelflug Antonio Vivaldi: Largo aus den Vier Jahreszeiten Gioachino Rossini: Katzenarie Unbekannt: «Alle Vögel sind schon da» Camille Saint-Saëns: Karneval der Tiere	Philippe Racine, Flöte Dimitri Ashkenazy, Klarinette Kamilla Schatz, Violine Ferhan und Ferzan Önder, Pianos Franca Courtin, Sopran Tatjana Gazdik, Sopran Eva Oltivanyi, Sopran	Zwar gab das ZKO bereits unter Edmond de Stoutz Konzerte für Schüler und Jugendliche, als eigenständige Konzertform wurden die sogenannten KiKo – Kinderkonzerte – erst unter Howard Griffiths als eigene Serie in der Tonhalle etabliert. In der ersten Saison wurden drei Kinderkonzerte durchgeführt, die alle ausverkauft waren. Das erste musste dank des grossen Erfolgs sogar wiederholt werden.
26.10.1997	Howard Griffiths	Bern: Casino	Henry Purcell: Chacony in g-Moll Antonio Vivaldi: Gitarrenkonzert in D-Dur Alessandro Marcello: Gitarrenkonzert in d-Moll Benjamin Britten: Variations on a Theme of Frank Bridge	Angelo Romero, Gitarre	In der Saison 1997/98 übernahm das ZKO die unternehmerische und künstlerische Verantwortung für den Meisterzyklus Bern. Damit sollte die Position des ZKO als wichtiger Marktplayer in der Schweiz gestärkt werden.
17.6.1998	Howard Griffiths	Peking: Beijing Concert Hall	Peter Wettstein: Blaue Stunde Wolfgang Amadeus Mozart: Violinkonzert D-Dur (KV 211) Othmar Schoeck: Serenade aus Don Ranudo Joseph Haydn: Symphonie Nr. 49 f-Moll La Passione	Mihaela Martin, Violine	Die erste Tournee unter Howard Griffiths führte das ZKO u.a. nach Peking.
3.–5.7.1998	Howard Griffiths	Zürich: Ledischiff	Georg Friedrich Händel: Wassermusik – Hornpipe aus der Suite D-Dur Feuerwerksmusik		Nach der China-Tournee standen im Rahmen des «Züri-Fäscht» drei Aufführungen der Feuerwerksmusik von Händel auf einem Ledischiff auf dem Programm. Die Aufführung wurde rund um das Zürcher Seebecken und im Lokalradio live übertragen und erreichte etwa 1,2 Millionen Besucherinnen und Besucher.
5.9.1998	André Bellmont	Zürich: Fraumünster	Andreas Vollenweider: Wolkenstein, a symphonic mind movie	Andreas Vollenweider, Harfe	Im Rahmen einer Tournee durch neun Schweizer Städte mit dem weltberühmten Harfenisten Andreas Vollenweider spielte das ZKO anlässlich der kantonalen Feierlichkeiten zum 150-jährigen Bestehen der Eidgenossenschaft.
21.11.1998	Howard Griffiths	Genf: Grand Casino	Charlie Chaplin: The Circus (Film und Musik)		Für die Firma Serviisa realisierte das ZKO im Rahmen Film und Musik vier Aufführungen mit Originalmusik zum Film The Circus von Charlie Chaplin. Auch in den weiteren Saisons der Ära Griffiths wurden regelmässig Charlie-Chaplin-Filme live begleitet.
6.7.2001	Howard Griffiths	Zürich: Limmatquai	Aaron Copland: Fanfare for the Common Man Hoedown Gioachino Rossini: Ouverture zu Wilhelm Tell Leonard Bernstein: Ouverture zu Candide George Gershwin: Summertime aus Porgy and Bess Frederick Loewe: «I could have danced all night» aus My Fair Lady Georges Bizet: Ausschnitte aus Carmen Suite Nr. 1	Noëmi Nadelmann, Sopran	Das ZKO trat zur Eröffnung des «Züri-Fäscht» auf einer in der Limmat installierten Stahlplattform auf. Gleichzeitig fand die Aufführung im Rahmen der kantonalen 650-Jahr-Feier mit einer Ansprache von Bundespräsident Moritz Leuenberger statt.
5.7.2002	Howard Griffiths	Zürich: ZKO-Haus	Mario Beretta: Portrait eines Streichorchesters*** Joseph Haydn: Symphonie in G-Dur		Während der zweitägigen Eröffnungsfeier des ZKO-Hauses gab das ZKO vier Konzerte in seinem neuen Zuhause, das neben dem grossen Probe- und Konzertraum auch die gesamte Administration beherbergt.

Datum	Dirigent	Ort	Werke	Solisten	Bemerkungen
7.10.2004	Howard Griffiths	Zürich: Tonhalle, Grosser Saal	Wolfgang Amadeus Mozart: Klavierkonzert Nr. 9 Es-Dur 1. Satz Klavierkonzert Nr. 21 C-Dur 3. Satz Klavierkonzert Nr. 27 B-Dur 2. Satz Klavierkonzert Nr. 15 B-Dur 3. Satz Robert Schumann: Klavierkonzert a-Moll	Teo Gheorghiu, Piano Remo Besio, Piano Joachim Blass, Piano Peter Manuel Ott, Piano Raphael Honegger, Piano	Während eines Amateursolistenkonzerts der GFZKO fanden in der Tonhalle erste Dreharbeiten für den Kinofilm *Vitus* von Fredi M. Murer mit dem jungen Pianisten Teo Gheorghiu statt.
12.2.2005	Howard Griffiths	Zürich: Tonhalle, Grosser Saal	Wolfgang Amadeus Mozart: Klaviersonate C-Dur Frédéric Chopin: Klaviersonate Nr. 3 b-Moll op. 58 Robert Schumann: Kinderszenen Sergei Rachmaninoff: Deux Préludes Franz Liszt: Sonnet de Petarque Nr. 104 Ungarische Rhapsodie Nr. 2	Lang Lang, Piano	Als der chinesische Pianist Lang Lang mit dem ZKO in der Tonhalle auftrat, war er 23 Jahre alt.
25.11.2005	Howard Griffiths	Tonhalle, Grosser Saal	Wolfgang Amadeus Mozart: Symphonie Nr. 35 D-Dur (KV 385) Haffner Flötenkonzert D-Dur (KV 313) Domenico Cimarosa: Konzert für 2 Flöten G-Dur Fabian Müller: Labyrinth** Johann Sebastian Bach: Klavierkonzert f-Moll BWV 1056 Jacques Ibert: Divertissement	Sir James Galway, Flöte Lady Jeanne Galway, Flöte Mikhail Pletnev, Piano	Auch anlässlich seines 60-Jahr-Jubiläums wählte das ZKO erneut die Tonhalle als Konzertsaal aus.
8.9.2006	Muhai Tang	Zürich: Tonhalle, Grosser Saal	Benjamin Britten: Soirées musicales op. 9 Othmar Schoeck: Sommernacht op. 58 Frederick Delius: Summer Nights on the River aus Zwei Stücke für kleines Orchester Antonio Vivaldi: L'Estate RV 315 g-Moll aus Le Quattro Stagioni Felix Mendelssohn Bartholdy: Notturno und Scherzo aus Sommernachtstraum Sergej Prokofieff: Ein Sommertag op. 65 Astor Piazzolla: Sommer in Buenos Aires Zoltán Kodály: Sommerabend		Beim ersten Konzert unter Muhai Tang als Chefdirigent spannte sich der Bogen von Vivaldi über Britten und Schoeck bis Kodály und Piazzolla, wobei es im Rahmen einer Sommer-Soirée stattfand.
23.12.2007	Muhai Tang	Zürich: Museum Rietberg, Werner-Abegg-Saal	Richard Wagner: Siegfried-Idyll E-Dur Träume As-Dur		Im Museum Rietberg wurde eine Matinee veranstaltet, in der das ZKO ausschliesslich Werke spielte, die Wagner während seines Zürcher Exils am selben Ort Mathilde Wesendonck gewidmet hatte.
28.9.2008	Muhai Tang	Zürich: Kino Corso 1	Tan Dun: Filmmusik live: Crouching Tiger Concerto	Li-Wei Qin, Violoncello Tan Dun	Mit dem chinesischen Komponisten Tan Dun gab es erstmals einen «Composer in Residence». In Zusammenarbeit mit dem Zurich Film Festival wurde etwa der oscarprämierte Film *Crouching Tiger, Hidden Dragon* gezeigt, zu dem das ZKO live dessen Filmmusik spielte.

Datum	Dirigent	Ort	Werke	Mitwirkende	Bemerkungen
31.5.2009	Muhai Tang	Zürich: Tonhalle, Grosser Saal	Joseph Haydn: Die Schöpfung	Zürcher Sängerknaben Rachel Harnisch, Sopran Andreas Scheidegger, Tenor Diogenes Randes, Bass Jeroen Willems, Teufel Graham Valentine, Teufel Hanspeter Müller-Drossaart, Teufel Stephan Müller, Regie	In einer neuen, halbszenischen Version mit Texten aus John Miltons *Paradise Lost* wurde zum 200. Todestag Joseph Haydns dessen Oratorium *Die Schöpfung* aufgeführt.
19.6.2010	Willi Zimmermann	Zürich: ZKO-Haus	Wolfgang Amadeus Mozart: Divertimento F-Dur für Streicher (KV138) Franz Schubert: Der Tod und das Mädchen Streichquartett (Fassung für Streichquartett von Gustav Mahler) Dmitri Schostakowitsch: Streichersymphonie As-Dur op. 118a	Tänzerinnen und Tänzer des Zürcher Balletts Heinz Spoerli, Choreografie	Anlässlich der Zürcher Festspiele wurde das von Heinz Spoerli choreografierte Ballett *Der Tod und das Mädchen* auf der Grundlage von Werken von Mozart, Schubert und Schostakowitsch im ZKO-Haus aufgeführt.
5.9.2010		Zürich: ZKO-Haus	Franz Anton Hoffmeister: Soloquartett concertino Nr. 2 D-Dur Ludwig van Beethoven: Klavierquartett C-Dur Jeanne-Luise Farrenc-Dumont: Klavierquintett Nr. 2 E-Dur	Asa Konishi, Violine Hiroko Takehara, Violine Silvia Rohner, Violoncello Seon-Deok Baik, Kontrabass Suguru Ito, Piano	Zum ersten Mal wurde ein sogenanntes Nuggi-Konzert durchgeführt, in dem eine kleine Formation des ZKO speziell geeignete Kompositionen für Babys spielte. Aufgrund des Erfolgs wurde in den kommenden Saisons das Format laufend ausgebaut, sodass in Folge im ZKO-Haus auch Krabbel-, Purzel-, ABC- oder Ultraschall-Konzerte angeboten werden.
12.4.2011	Christoph von Dohnányi	Zürich: Tonhalle, Grosser Saal	Ludwig van Beethoven: 5. Sinfonie Jean Sibelius: Violinkonzert	Julia Fischer, Violine	Auf Initiative des Vorstands des ZKOV schlossen sich anlässlich eines Benefizkonzerts in der Tonhalle Zürich für die Opfer der Tsunami-Katastrophe in Japan erstmals die drei grossen Zürcher Berufsorchester, das Tonhalle-Orchester, das damalige Orchester der Oper Zürich und das ZKO, zusammen und sammelten dabei 130 000 Franken für die Opfer von Japan. Alle Musikerinnen und Musiker verzichteten auf ihre Gage.
3.7.2011	Jochen Rieder	Zürich: Park Rüschlikon	Rudolphe Schacher und Aruelio Meyer: Lieder nach Hans Christian Andersens Die Wilden Schwäne	Sandra Studer, Erzählung und Gesang Timo Schlüssel, Regie und Schauspiel Rudolphe Schacher und Aurelio Meyer, Musik	In der Funktion des ZKO als Brückenbauer zwischen Generationen fand in Zusammenarbeit von GFZKO und ZKO im Park im Grüene in Rüschlikon bei schönstem Wetter erstmals eine Aufführung statt.
28.10.2011	Sir Roger Norrington	Zürich: Tonhalle, Grosser Saal	Igor Strawinsky: Concerto Es-Dur für Kammerorchester (Dumbarton Oaks) Johann Sebastian Bach: Klavierkonzert Nr. 1 d-Moll Wolfgang Amadeus Mozart: Serenade Nr. 9 D-Dur	Sebastian Knauer, Piano	Mit dem ersten Konzert unter Sir Roger Norrington als Principal Conductor wollte der Verfechter der historisch informierten Aufführungspraxis leider vergeblich Strawinsky bei den ZKO-Zuhörern etablieren.
23.1.2013	Sir Roger Norrington	Zürich: Tonhalle, Grosser Saal	Wolfgang Amadeus Mozart: Serenade G-Dur Eine kleine Nachtmusik Benjamin Britten: Nocturne op. 60 Lachrymae – reflections on a song of Dowland John Dowland: If my complaints could passions move Joseph Haydn: Symphonie G-Dur	James Gilchrist, Tenor Ryszard Groblewski, Viola Emanuele Forni, Theorbe	Mit Benjamin Britten verband Sir Roger eine innige Freundschaft wie Sir Yehudi Menuhin, wodurch das Konzert zu einem Highlight der Saison 2012/13 wurde.
3.11.2013	Willi Zimmermann	Zürich: Kunsthaus, Vortragssaal	Edvard Grieg: Aus Holbergs Zeit To nordiske melodier Johann Sebastian Bach: Musikalisches Opfer (Ausschnitte) Gustav Mahler: Symphonie Nr. 5 cis-Moll: Adagietto		Mit einem engen Bezug zur Ausstellung von Edvard Munch schaffte die neue Konzertreihe «ZKO im Kunsthaus» eine Symbiose von Klang und Kunst.

Datum	Leitung	Ort	Programm	Mitwirkende	Bemerkungen
28.12.2013	Andres Joho	Zürich: ZKO-Haus	Jacques Offenbach: L'île de Tulipatan Monsieur Choufleury	Paul Suter, Regie Johanna Maierl, Regieassistenz Barbara Suter, Korrepetition Ueli Amacher, Gesang Erich Bieri, Gesang Bert Eschmann, Gesang Catherine Frey, Gesang Barbara Hensinger, Gesang Maja Hermann, Gesang Jürg Krattinger, Gesang Chelsey Schill, Gesang Andrea Suter, Gesang Yvonne Theiler, Gesang Raimund Wiederkehr, Gesang Bruno Nünlist, Gesang	Die erste Ausgabe der neu gegründeten Opera Box mit zwei eher unbekannten Werken von Jacques Offenbach waren ein durchschlagender Erfolg, sodass seitdem zu jedem Jahreswechsel im ZKO-Haus Kurzopern oder -operetten ins Programm kommen.
4.3.2014	Anu Tali	Zürich: Tonhalle, Grosser Saal	Tõnu Kõrvits: Elegies of Thule Joseph Haydn: Cellokonzert C-Dur, arrangiert für Flügelhorn und Orchester von Mikhail Nakariakov Jean-Baptiste Arban: Thema et variations sur Le Carnaval de Venise, arrangiert für Trompete und Streicher von Mikhail Nakariakov Arvo Pärt: Symphonie Nr. 4 Los Angeles	Sergei Nakariakov, Trompete und Flügelhorn	Im Rahmen dieses Konzerts kam es in der Tonhalle zum Zusammentreffen zwischen dem estnischen Komponisten Arvo Pärt und dem russischen Oligarchen Michail Chodorkowski, der kurz zuvor aus der sehr wahrscheinlich unberechtigten Lagerhaft entlassen, rehabilitiert und direkt in die Schweiz eingeflogen worden war. Arvo Pärt widmete seine Symphonie Nr. 4 dem politischen Häftling.
26.7.2014	Sir Roger Norrington	London: Royal Albert Hall	Johann Sebastian Bach: Johannes-Passion	James Gilchrist, Tenor (Evangelist) Neal Davies, Bass-Bariton (Christus) Lucy Crowe, Sopran Clint van der Linde, Countertenor Hanno Müller Brachman, Bass Benjamin Hulett, Tenor	Das ZKO wurde erstmals zu den BBC Proms eingeladen. Das ist eine jeweils zum Saisonabschluss durchgeführte, weltweit wohl einzigartige Konzertreihe in der Londoner Royal Albert Hall, die zum 120. Mal stattgefunden hat. Das Konzert wurde von der BBC weltweit übertragen.
20.10.2015	Willi Zimmermann, Fazil Say	Zürich: Tonhalle, Grosser Saal	Wolfgang Amadeus Mozart: Symphonie Nr. 25 g-Moll (KV 183) Klavierkonzert Nr. 12 A-Dur (KV 414) Fazil Say: Klavierkonzert Nr. 2 op. 4 Silk Road Space Jump op. 46	Willi Zimmermann, Violine Fazil Say, Klavier Nicola Mosca, Violoncello	In einer Interimssaison hat der Konzertmeister Willi Zimmermann die künstlerische Leitung des Orchesters für ein Jahr übernommen. In seinem ersten Tonhalle-Konzert wechselte er sich mit dem Solisten am Klavier in der Orchesterleitung ab.
11.11.2015	Daniel Hope	Zürich: Club Mascotte	Max Richter: Die vier Jahreszeiten (recomposed), Sommer und Winter Wolfgang Amadeus Mozart: Klavierkonzert Nr. 21, 2. Satz Alexander Scrjabin: Poème Satanique Poème op. 41 Préludes	Valentina Lisitsa, Piano DJ Clé	Nach Berlin, London, Paris, Sydney oder Buenos Aires feierte das angesagte Musikformat «Yellow Lounge» auch in Zürich mit Daniel Hope und Valentina Lisitsa Premiere. Darin traten Weltstars der klassischen Musik zusammen mit DJs und VJs in bekannten Klubs wie in Zürich im Mascotte auf.
27.9.2016	Daniel Hope	Zürich: Tonhalle, Grosser Saal	Felix Mendelssohn Bartholdy: Streichoktett Es-Dur Johann Sebastian Bach: Violinkonzert a-Moll Mieczysław Weinberg: Concertino op. 42 Ludwig van Beethoven: Symphonie Nr. 2 D-Dur		Das erste Konzert unter der künstlerischen Leitung von Daniel Hope als Music Director des ZKO gipfelte im Zusammenspiel mit Willi Zimmermann in einem kammermusikalischen Höhepunkt.
4.10.2016	Daniel Hope	Seoul: Arts Center (Südkorea)	Antonio Vivaldi: Concerto h-Moll für 4 Violinen, Streicher und B.c. Dmitri Schostakowitsch: Klavierkonzert Nr. 1 c-Moll	Bruce Barrie, Trompete François-Xavier Poizat, Piano Anton Spronk, Violoncello Naoki Kitaya, Cembalo	Im Rahmen der ersten Tournee des Orchesters durch Südkorea spielt das ZKO in Seoul.

Datum	Leitung	Ort	Programm	Solisten / Mitwirkende	Bemerkungen
			Mathias Rüegg: Just another lovely song Daniel Schnyder: Teiresias Trio Johann Sebastian Bach: Brandenburgisches Konzert Nr. 5 D-Dur Max Richter: Die vier Jahreszeiten Recomposed		
25.10.2016	Daniel Hope	Zürich: Tonhalle, Grosser Saal	Ludwig van Beethoven: Ouvertüre zu Goethes Trauerspiel Egmont f-Moll, Transkription für 7 Instrumentalisten von J. Müller-Wieland Igor Strawinsky: L'Histoire du soldat	Klaus Maria Brandauer, Sprecher Seon-Deok Baik, Kontrabass Fabio di Càsola, Klarinette David Schneebeli, Fagott Philipp Hutter, Trompete Sergio Zordan, Posaune Paul Strässle, Perkussion / Pauken	Der erstmals während einer ganzen Saison agierende «Artist in Residence», der österreichische Film- und Theaterschauspieler Klaus Maria Brandauer, handelte zusammen mit Daniel Hope und sechs ZKO-Mitgliedern und Zuzügern in Wort und Klang diskursiv das Thema Krieg, es lebe der Krieg!? ab.
28.4.2017	Willi Zimmermann	Zürich: ZKO-Haus	Matthias Mueller: Piccolo Concerto Grosso***	Klaus Maria Brandauer, Special Guest Daniel Hope, Gastgeber Matthias Mueller, Bassettklarinette Michael Collins, Bassettklarinette	In der neuen Konzertform «Director's Cut» diskutierte u. a. Daniel Hope mit dem «Artist in Residence» Klaus Maria Brandauer über aktuelle Themen.
2.2.2017	Daniel Hope	Zürich: Hallenstadion	Max Richter: Die vier Jahreszeiten Recomposed Johann Sebastian Bach: Air Johann Pachelbel: Kanon D-Dur Samuel Barber: Adagio for Strings Chaka Khan: Goldfinger I'm every woman Nuttin' But Stringz: Thunder	Daniel Hope, Violine	Vor ausverkauftem Haus traf das ZKO anlässlich von vier Auftritten beim «Art on Ice» im Zürcher Hallenstadion auf ein völlig neues Publikum.
13.7.2017	Willi Zimmermann	Hamburg: Elbphilharmonie	Scheidt: Battaglia Johann Sebastian Bach: Air aus Suite für Orchester D-Dur Klavierkonzert Nr. 1 d-Moll Arash Safaian: ÜberBach, 4 Konzerte für Klavier, Vibrafon und Streicher	Sebastian Knauer, Piano	Das ZKO unter Willi Zimmermann trat in der neu eröffneten Elbphilharmonie in Hamburg für ein exklusives Sonderkonzert vor 2000 Polizisten auf, die beim G20-Gipfel vor Wochenfrist im Einsatz standen. Das Motto des vom Hamburger Abendblatt initiierten vielbeachteten Abends lautete Respekt.
7.11.2017	Roland Kluttig	Zürich: ZKO-Haus	Stefano Gervasoni: Un leggero ritorno di cielo Rudolf Kelterborn: Contraddizioni per trio ed orchestra d'archi Toshio Hosokawa: Ceremonial Dance** Klaus Lang: Vier gefässe. staub. licht* Philip Glass: Company		Mit fünf ausschliesslich zeitgenössischen Werken beteiligte sich das ZKO erstmals am von Zürich Ensembles organisierten Festival Focus Contemporary: Züri West, das an sich ganz dem neuen Musikschaffen gewidmet ist.
19.6.2018	Daniel Hope	Zürich: Tonhalle Maag	Antonio Vivaldi: Concerto g-Moll für Violine, Streicher und B. c. RV 315, L'estate Dmitri Schostakowitsch: Kammersymphonie c-Moll op. 110a, arrangiert nach Streichquartett Nr. 8 von Rudolf Barshai Max Richter: Recomposed: Vivaldi – The Four Seasons		Unter dem Motto der neu initiierten multimedialen Konzertreihe «Art is in Residence» wurden die Kunstformen Musik, Tanz und Licht spektakulär miteinander verschmolzen. Hinter dem Orchester wurden sogenannte Video-mapping-Collagen an die Wand projektiert.

Uraufführungen (Auswahl)

* Auftragswerke, ermöglicht durch die Gesellschaft der Freunde des Zürcher Kammerorchesters oder ZKOV.
+ Auch im Radio ausgestrahlt. Die gesamte Liste mit den Radioaufnahmen des ZKO von 1945–2017 ist im ZKO-Archiv einsehbar.

Komponist	Werk	Datum	Uraufführungsort	Performers
Baer, Walter	Souvenir de Brandenbourg	9.2.1987	Zürich: Tonhalle, Grosser Saal	Edmond de Stoutz, Leitung
Beretta, Mario	Portrait eines Streichorchesters*	5.6.2002	Zürich: ZKO-Haus	Howard Griffiths, Leitung
Blum, Robert	Concertino für Klarinette in A und Streichorchester	13.11.1974	Zürich-Oerlikon: Theater 11	Edmond de Stoutz, Leitung Hans Rudolf Stalder, Klarinette
Dun, Tan	Symphony for Strings	12.5.2009	Zürich: Tonhalle, Grosser Saal	Tan Dun, Dirigent
Farkas, Ferenc	Trittico concertato für Violoncello und Orchester*	11.9.1965	Venedig: Teatro La Fenice (La Biennale di Venezia. 28. Festival Internazionale di Musica Contemporanea)	Edmond de Stoutz, Leitung Gaspar Cassadó, Cello
Furer, Arthur	Fantasie für Klavier und Orchester+	26.5.1968	Zürich: Tonhalle, Grosser Saal (Schweizerisches Tonkünstlerfest 1968)	Edmond de Stoutz, Leitung Urs Schneider, Klavier
Gaudibert, Eric	Divertimento pour orchestre à cordes+	22.9.1978	Zürich: Tonhalle, Grosser Saal	Edmond de Stoutz, Leitung
Gervasoni, Stefano	Un leggero ritorno di cielo für 22 Streicher+	4.7.2003	Zürich: Tonhalle, Kleiner Saal (Zürcher Festspiele 2003)	Howard Griffiths, Leitung
Gieseler, Walter	Konzert für Streichorchester*	21.11.1957	Düsseldorf	Edmond de Stoutz, Leitung
	Zürcher Konzert für Cembalo und Streicher in zwei Gruppen*	14.10.1967 und 15.10.1967	WDR Köln und Kleve: Stadthalle	Edmond de Stoutz, Leitung
	Konzert für Violine und Streichorchester	15.3.1971 und 19.10.1971	WDR Köln und Kleve: Stadthalle	Edmond de Stoutz, Leitung Nicolas Chumachenco, Violine
Huber, Klaus	Cantio – Moteti – Interventiones*	27.8.1965	Gstaad: Kirche Saanen	Edmond de Stoutz, Leitung
Huber, Paul	Divertimento für Streicher* (Edmond de Stoutz und dem Zürcher Kammerorchester gewidmet)	2.7.1959	Zürich: Tonhalle, Kleiner Saal	Edmond de Stoutz, Leitung
	Konzert für Hackbrett und Streichorchester	11.9.1994	Rieden: Pavillon Kitty Weinberger	Edmond de Stoutz, Leitung Benno Bernet, Hackbrett
	Ecce, advenit, Dreikönigs-Kantate*	28.1.2002	Zürich: Fraumünster «In memoriam Edmond de Stoutz» (Zum Gedenken an den vor fünf Jahren verstorbenen Gründer und Dirigent des Zürcher Kammerorchesters)	Howard Griffiths, Leitung Zürcher Konzertchor (Einstudierung André Fischer)
Käser, Mischa	Untitled I (Kompositionsauftrag der Stadt Zürich)	9.4.1999	Zürich: Kirche St. Peter	Howard Griffiths, Leitung
Kelterborn, Rudolf	Kammersinfonie II*+ (Edmond de Stoutz und dem Zürcher Kammerorchester gewidmet)	21.8.1964	Gstaad: Kirche Saanen (Yehudi Menuhin Festival)	Edmond de Stoutz, Leitung
	Passions – Musik in einem Satz für Streichorchester (Auftragswerk der Stadt Zürich)	4.10.1999	Wien: Musikverein, Grosser Saal	Howard Griffiths, Leitung
	Contraddizioni per trio ed orchestra d'archi+	9.12.2014	Zürich: Tonhalle, Kleiner Saal	Willi Zimmermann, Konzertmeister
Krebs, Tobias	…Cuando el fuego abrasa …für Gitarre und Streichorchester*	26.4.2013	Zürich: Hochschule Musik und Theater Zürich, Grosser Saal	Graziella Contratto, Dirigentin Marco Lava, Gitarre
Marti, Heinz	Muotathaler Nachtmusik für Streichorchester und Schwyzerörgeli (Kompositionsauftrag der Stadt Zürich für das ZKO)+	15.6.2000	Zürich: Tonhalle, Grosser Saal	Howard Griffiths, Leitung Markus Flückiger, Schwyzerörgeli
Martin, Frank	Polyptyque Six images de la passion du Christ (Yehudi Menuhin, dem Zürcher Kammerorchester und Edmond de Stoutz gewidmet)*	9.9.1973	Lausanne (anlässlich der 25-Jahr-Feier des Internationalen Musikrats)	Edmond de Stoutz, Leitung Yehudi Menuhin, Violine

Mieg, Peter	Concerto da camera per archi, pianoforte e timpani*+ (Edmond de Stoutz und dem Zürcher Kammerorchester gewidmet)	Juni 1953	Zürich: Hodlersaal des Kunsthauses (im Rahmen der Zürcher Juni-Festspiele)	Edmond de Stoutz, Leitung Rudolf am Bach, Klavier
	Concerto veneziano*	19.9.1955	Venedig: Teatro La Fenice (La Biennale di Venezia. 18. Festival Internazionale di Musica Contemporanea)	Edmond de Stoutz, Leitung
	Konzert in Des-Dur für Klavier zu 4 Händen und Streichorchester	1.7.1983	Zürich-Oerlikon: Theater 11	Edmond de Stoutz, Leitung Annie Alt und Geraldo H. Stofsky, Klavier
Moeschinger, Albert	Chiaroscuro für Streichorchester* (Edmond de Stoutz und dem ZKO gewidmet)	2.10.1977	Zürich: Tonhalle, Grosser Saal	Edmond de Stoutz, Leitung
Moret, Norbert	Suite à l'image du Temps pour deux orchestres à cordes* (Edmond de Stoutz gewidmet)	13.1.1980	Zürich: Tonhalle, Grosser Saal	Edmond de Stoutz, Leitung
Moser, Roland	Pas de deux imaginaire (Kompositionsauftrag der Stadt Zürich für das ZKO)+	13.4.2000	Zürich: Kirche St. Peter	Howard Griffiths, Leitung
Mueller, Matthias	Piccolo Concerto Grosso für 2 Bassettklarinetten (im Rahmen von «oeuvre suisse»)	28.4.2017	Zürich: ZKO-Haus	Daniel Hope, Violine Matthias Mueller, Bassettklarinette Michael Collins, Bassettklarinette
Müller-Zürich, Paul	Sinfonia II in e für Streicher und Flöte op. 53*+ (Edmond de Stoutz gewidmet)	Juni 1953	Zürich: Hodlersaal des Kunsthauses (im Rahmen der Zürcher Juni-Festspiele)	Edmond de Stoutz, Leitung
	Sonata für Streichorchester op. 72*+ (Edmond de Stoutz und dem ZKO gewidmet)	26.5.1968	Zürich: Tonhalle, Grosser Saal (Schweizerisches Tonkünstlerfest 1968)	Edmond de Stoutz, Leitung
Müller, Fabian	Canto für Streichorchester+	1.3.2016	Zürich: Tonhalle, Grosser Saal	Willi Zimmermann, Konzertmeister
Neidhöfer, Christoph	Glimpses (Auf den Spuren eines Programms) (Kompositionsauftrag der Stadt Zürich)	8.4.1999	Zürich: Schule für Gestaltung, Vortragssaal	Howard Griffiths, Leitung
Palestrina, A. F. da	Ave Regina Coelorum	25.4.1998	Zürich: Augustinerkirche	André Fischer, Leitung Zürcher Konzertchor
Penderecki, Krzysztof	Intermezzo für 24 Streicher* (Edmond de Stoutz gewidmet)	30.11.1973	Zürich: Tonhalle, Grosser Saal	Edmond de Stoutz, Leitung
Pfiffner, Ernst	Biblische Szene+	4.9.2002	Winterthur: Stadthaus	Howard Griffiths, Leitung Silvia Nopper, Sopran
Ringger, Rolf Urs	Adagio sospeso für Streichorchester*	3.6.1984	Zürich: Tonhalle: Grosser Saal (Junifestwochen 1984)	Edmond de Stoutz, Leitung
	Steps in the Night*+ (ZKO gewidmet)	6.11.2000	Zürich: Tonhalle, Grosser Saal	Howard Griffiths, Leitung
Rütti, Carl	Sommernacht*+ (Edmond de Stoutz gewidmet)	13.6.1990	Zürich: Tonhalle	Edmond de Stoutz, Leitung Zürcher Konzertchor Wolfgang Holzmair, Bariton
Schacher, Rodolphe	Apparitions (nach einem Gedicht von Stephane Mallarmé) für Streichorchester*	10.3.2008	Zürich: Tonhalle, Grosser Saal	Muhai Tang, Dirigent
Schibler, Armin	Huttens letzte Tage für Bariton und grosses Orchester	7.6.1971	Zürich: Tonhalle (Junifestwochen 1971)	Edmond de Stoutz, Leitung Kurt Widmer, Bariton
Schlumpf, Martin	Waves, Konzert für Solo-Cello obligate Trompete, Streichorchester und Computer	24.5.2002	Murten (Expo 2002)	Howard Griffith, Leitung Thomas Demenga, Cello Pierre-Alain Monot, Trompete
Schnyder, Daniel	Faust Concerts Part 1	10.6.2010	Zürich: ZKO-Haus	Graziella Contratto, Leitung Graziella Rossi, Sprecherin Kenny Drew, Piano David Tylor Daniel Schnyder, Saxofon
	Faust Concerts Part 2	11.6.2010	Zürich: ZKO-Haus	Graziella Contratto, Leitung Graziella Rossi, Sprecherin Kenny Drew, Piano David Tylor Daniel Schnyder, Saxofon
	Water Music	15.9.2011	Zürich: Moods	Willi Zimmermann, Violine und Leitung Daniel Schnyder, Saxofon

Schütter, Meinrad	Klavierkonzert	13.5.1986	Zürich-Oerlikon: Theater 11	Christof Escher, Leitung Tomas Kramreiter, Klavier
Skrzypczak, Bettina	Phototaxis für Streichorchester+	4.7.2003	Zürich: Tonhalle, Kleiner Saal (Zürcher Festspiele 2003)	Howard Griffiths, Leitung
Sonton-Caflisch, David	Winter*	18.3.2007	Zürich: Tonhalle, Grosser Saal	Muhai Tang, Dirigent
Stiefel, Christoph	Sweet Paradox Konzert für Klavier, Streichorchester und Perkussion+	10.7.1998	Zürich: Kaufleuten	Christoph Stiefel, Piano Gilbert Paeffgen, Perkussion
Spoerli, Heinz	Ballett: Der Tod und das Mädchen	19.6.2010	Zürich: Tonhalle, Grosser Saal	Willi Zimmermann, Leitung Tänzerinnen und Tänzer des Zürcher Balletts Heinz Spoerli, Choreograf
Suter, Robert	Fantasia für Klarinette, Harfe und 16 Solostreicher+	6.10.1965	Zürich	Edmond de Stoutz, Leitung
	Aria	4.9.2002	Winterthur: Stadthaus	Howard Griffiths, Leitung Silvia Nopper, Sopran
Vogel, Wladimir	Goethe-Aphorismen für Sopran und Streichinstrumente*+	19.9.1955	Venedig: Teatro La Fenice (La Biennale di Venezia. 18. Festival Internazionale di Musica Contemporanea)	Edmond de Stoutz, Leitung Ilse Wallenstein, Sopran
Wettstein, Peter	Blaue Stunde für 21 Solostreicher+	14.4.1998	Zürich: Tonhalle, Grosser Saal	Howard Griffiths, Leitung
	Pierre de lune für Saxophon und 21 Streicher+	19.9.2003	Zürich: Tonhalle, Grosser Saal	Howard Griffith, Leitung Raphael Camenisch, Saxophon
Widmer, Ernst	Hommages à Frank Martin, Béla Bartók et Igor Strawinsky pour hautbois solo, timbales ad libitum et orchestre à cordes	11.1.1961	Zürich: Tonhalle, Kleiner Saal	Edmond de Stoutz, Leitung Heinz Holliger, Oboe

Abb. 142
CD-Aufnahmen im ZKO-Haus mit dem Swiss Piano Trio für die CD *Beethoven Trios*, Vol. V (10./11.10.2017).

Collage 2
Schallplatten und CD-Cover des ZKO aus 73 Jahren: Die erste Platte entstand 1954 (oben links), die aktuellste 2018 (unten rechts).

Abb. 142

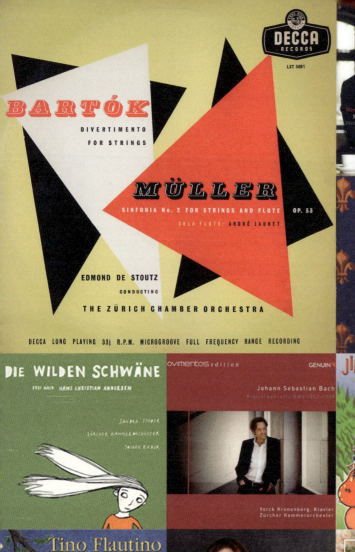

Diskografie (Auswahl)

*Aufnahmedatum

Erscheinungsjahr	Komponisten	Titel	Dirigent	Solisten	Mitwirkende	Produzent	Format
1954*	Bartók, Béla; Müller-Zürich, Paul	Divertimento for strings (Sz 113); Sinfonia no. 2 for strings and flute op. 53	Edmond de Stoutz	André Jaunet, Flöte		Decca	Schallplatte
1959	Mieg, Peter; Tischhauser, Franz; Peyrot, Fernande	Concerto da camera; Kassation für 9 Instrumente; 4 quatuor vocaux; Le dimanche des rameaux; Les deux chansons; Dieu parle à l'homme	Edmond de Stoutz (ZKO) Räto Tschupp (Instrumentalensemble) Maroussia Le Marc'Hadour	Rudolf am Bach, Piano Pamela Ricci, Sopran Marie Lise de Montmollin, Alt Eric Tappy, Tenor Gaston Presset, Bass		Vanguard, S.I. (Serial of Swiss Composers' League no. 42–43)	Schallplatte
1960*	Boyce, William; Purcell, Henry; Bartók, Béla	Symphonie in C-Dur, Nr. 3; Suite für Streichorchester aus The Married Beau; Divertimento für Streicher	Edmond de Stoutz	Harry Goldenberg, Violine		Amadeo	Schallplatte
1960/61*	Martinů, Bohuslav; Hartmann, Karl Amadeus	Concerto da Camera; Concerto funebre für Solovioline und Streichorchester	Edmond de Stoutz	Ulrich Lehmann, Violine		Amadeo	Schallplatte
1960/61*	Strawinsky, Igor; Bartók, Béla	Concerto en ré für Streichorchester; Concerto in Es (Dumbarton Oaks); Divertimento für Streicher	Edmond de Stoutz			Amadeo	Schallplatte
1961*	Pergolesi, Giovanni Battista (Unico Wilhelm van Wassenaer)	Concertino 2 (G-Dur), 3 (A-Dur), 4 (f-Moll) Concerto in G-Dur für Flöte, Streicher und Cembalo	Edmond de Stoutz	André Jaunet, Flöte		Amadeo	Schallplatte
1961	Mieg, Peter; Strawinsky, Igor	Konzert für Oboe und Streicher; Concerto en ré; Concerto in Es (Dumbarton Oaks)	Edmond de Stoutz	Egon Parolari, Oboe		Amadeo	Schallplatte
1962*	Tartini, Giuseppe	Concerto E-Dur (D 53); Concerto F-Dur (D 68); Concerto G-Dur (D 83); Concerto D-Dur (D 24)	Edmond de Stoutz	André Gertler, Violine		Amadeo	Schallplatte
1962/63*	Schönberg, Arnold; Webern, Anton; Berg, Alban	Wiener Moderne Schule: Verklärte Nacht op. 4; Fünf Sätze op. 5; Drei Stücke aus der Lyrischen Suite	Edmond de Stoutz			Amadeo	Schallplatte
1963*	Albinoni, Tomaso; Tartini, Giuseppe; Geminiani, Francesco; Locatelli, Pietro Antonio	Musik des Italienischen Barock (Sonata a cinque in g-moll op. 2 Nr. 6; Symphonie in A-Dur für Streicher; Concerto grosso in g-Moll op. 3 Nr. 2; Introduttione teatrale VI	Edmond de Stoutz			Amadeo	Schallplatte
1964*	Händel, Georg Friedrich	Klingendes Barock 11 – London: Concerto Grosso in D-Dur; Konzert für Oboe, Streichorchester und Cembalo in Es-Dur; Concerto grosso in a-Moll	Edmond de Stoutz	Egon Parolari, Oboe		Amadeo	Schallplatte
1964	Schoeck, Othmar	Violinkonzert op. 21; Hornkonzert op. 65	Edmond de Stoutz	Ulrich Lehmann, Violine Jozef Brejza, Horn		Amadeo	Schallplatte
1964/65*	Purcell, Henry; Locke, Matthew; Stanley, John; Dowland, John	Barockmusik aus England: Chaconne in g-Moll; Suite Nr. 1 in d-Moll; Concerto Nr. 3 in G-Dur; 4 Pavanen	Edmond de Stoutz			Amadeo	Schallplatte
1964/65	Bach, Johann Sebastian	Suite für Orchester Nr. 2, h-moll; Brandenburgisches Konzert Nr. 2, F-Dur; Doppelkonzert in d-Moll für Violine, Oboe und Streicher	Edmond de Stoutz	André Jaunet, Flöte André Raoult, Oboe Adolf Scherbaum, Trompete Ulrich Lehmann, Violine André Lardrot, Oboe		Amadeo	Schallplatte

Jahr	Komponist	Werk	Dirigent	Solist(en)	Ensemble	Label	Medium
1964/1966*	Vanhal, Johann Baptist; Paisiello, Giovanni; Stamitz, Johann Wenzel Anton	Wegbegleiter der Klassik: Vanhal – Paisiello – Stamitz: Symphonie für Streicher in C-Dur; Concertino II in Es-Dur; Oboenkonzert in C-Dur	Edmond de Stoutz	Egon Parolari, Oboe		Amadeo	Schallplatte
1965/1967*	Vivaldi, Antonio; Couperin, François; Rameau, Jean-Philippe; Vivaldi, Antonio	Concerto für Violoncello, Streicher und Basso continuo in e-Moll; Sinfonia al Santo Sepolcro; Pièce en concert; Suite für Streichorchester	Edmond de Stoutz	Gaspar Cassadó, Violoncello T. William Wendrich, Continuo		Amadeo	Schallplatte
1967*	Bach, Johann Sebastian	Konzerte für 2 Klaviere und Streicher in c-Moll (BWV 1060) und C-Dur (BWV 1061)	Edmond de Stoutz	Robert und Gaby Casadesus, Piano		CBS	Schallplatte
1968	Balissat, Jean; D'Alessandro, Raffaele; Haug, Hans	Sinfonietta pour orchestre à cordes; Tema variato pour grand orchestre; Elégie pour hautbois et petit orchestre	Edmond de Stoutz (ZKO) Jean-Marie Auberson (Orchestre du Studio de Genève) Hans Haug (Orchestre de Chambre de Lausanne)		Orchestre de Chambre de Lausanne; Orchestre du Studio de Genève	Communauté de Travail pour la Diffusion de la Musique Suisse	Schallplatte
1972*	Schubert, Franz; Müller-Zürich, Paul	Rondo in A-Dur für Violine und Streicher (D 438); Sonate für Streichorchester op. 72	Edmond de Stoutz	Nicolas Chumachenco, Violine		Sonographic	Schallplatte
1973*	Vivaldi, Antonio	Die vier Jahreszeiten	Edmond de Stoutz	Nicolas Chumachenco, Violine		Sonographic	Schallplatte
1974*	Haydn, Joseph	Symphonien Nr. 43 Merkur und Nr. 45 Abschieds-Symphonie	Edmond de Stoutz			Ex Libris	Schallplatte
1974*	Martin, Frank	Polyptyque für Solovioline und 2 Streichorchester; Ballade für Flöte, Klavier und Streicher	Edmond de Stoutz	Yehudi Menuhin, Violine Aurèle Nicolet, Flöte Werner Bärtschi, Piano	Yehudi Menuhin Festival Orchestra	EMI	Schallplatte
1974/75	Rameau, Jean-Philippe; Leclair, Jean-Marie; Boismortier, Joseph Bodin de; Charpentier, Marc-Antoine	Französischer Barock: Suite in g-Moll für Streichorchester; Orchestersonate Nr. 3 in d-Moll; Orchestersonate in a-Moll; Concerto pour quatre parties de violes	Edmond de Stoutz			Sonographic	Schallplatte
1974/75*	Schubert, Franz	Franz Schubert: Symphonie Nr. 5 in B-Dur; Rondo in A-Dur für Violine und Streicher; Konzertstück in D-Dur für Violine und Orchester	Edmond de Stoutz	Nicolas Chumachenco, Violine		Sonographic	Schallplatte
1975*	Haydn, Joseph	Klavierkonzerte in D (Hob. XVII:11) und G (Hob. XVIII:4)	Edmond de Stoutz	Arturo Benedetti Michelangeli, Piano		EMI	Schallplatte
1976	Haydn, Joseph	Nelson-Messe Missa in angustiis (Hob XXII: 11)	Edmond de Stoutz	Anges Giebel, Sopran Arlette Chédel, Alt Karl Markus, Tenor Philippe Huttenlocher, Bass	Zürcher Konzertchor	Sonographic	Schallplatte
1976	Mozart, Wolfgang Amadeus	Konzertante Symphonie für Violine und Viola Es-Dur (KV 364)	Edmond de Stoutz	Hansheinz Schneeberger, Violine Walter Kägi, Viola		Turicaphon	Schallplatte
1978	Quantz, Johann Joachim; Stamitz, Carl	Peter-Lukas Graf spielt Flötenkonzerte: Konzert für Flöte und Streicher in G-Dur; Konzert in G-Dur für Flöte und Streicher	Edmond de Stoutz	Peter-Lukas Graf, Flöte		Claves	Schallplatte
1978*	Beethoven, Ludwig van; Mozart, Wolfgang Amadeus	Romanzen für Violine und Orchester in G-Dur op. 40; Romanze für Violine und Orchester in F-Dur op. 50; Violinkonzert in A-Dur (KV 219)	Edmond de Stoutz	Shmuel Ashkenasi, Violine		Tudor	Schallplatte
1981	Marti, Heinz; Mieg, Peter; Tischhauser, Franz	Aurora e danza a Marena für Streichorchester und kleines Schlagwerk; Triple concerto dans le goût italien für Violine, Viola, Cello und Streichorchester; Dr. Bircher und Rossini Tafelmusik für Cembalo und Streichorchester	Edmond de Stoutz (ZKO) Mario Venzago (Festival Strings Lucerne)		Festival Strings Lucerne	Musikverlag zum Pelikan, Zürich (Serie: Schweizer Musik des 20. Jahrhunderts 2)	Schallplatte
1981*	Pergolesi, Giovanni Battista	Stabat Mater	Edmond de Stoutz	Kathrin Graf, Sopran Kale Lani Okazaki, Alt	Zürcher Konzertchor	ZKO	Schallplatte

Year	Composer	Work	Conductor	Performers	Label	Format
1981	Vogel, Wladimir	Concertino für Flöte und Streichquartett	Edmond de Stoutz	Günter Rumpel, Flöte	DRS	DAT-Kassette
1982*	Mozart, Wolfgang Amadeus	Fagottkonzert B-Dur (KV 191); Klarinettenkonzert A-Dur (KV 622)	Edmond de Stoutz	Klaus Thunemann, Fagott Thomas Friedli, Klarinette	Claves	Schallplatte
1990*	Mozart, Wolfgang Amadeus; Haydn, Josef; Bellini, Vincenzo; Hummel, Johann Nepomuk	Classical Trumpet Concertos: Trompetenkonzert in As-Dur; Trompetenkonzert in D-Dur; Trompetenkonzert in Es-Dur; Introduktion, Thema und Variationen	Edmond de Stoutz	Maurice André, Trompete	EMI	CD
1994*	Suppé, Franz von	Requiem	Edmond de Stoutz	Malin Hartelius, Sopran Verena Barbara Gohl, Alt Wolfgang Bünten, Tenor Oliver Widmer, Bass	Zürcher Konzertchor Novalis	CD
1997	Mozart, Wolfgang Amadeus	Symphonie Nr. 25, g-Moll (KV 183); Symphonie Nr. 15, G-Dur (KV 124); Symphonie Nr. 36 C-Dur (KV 425) Linzer	Howard Griffiths		Novalis	CD
1998	Saint-Saëns, Camille	Le Carnaval des Animaux; Beethoven Variations op.35; Introduction et Rondo capriccioso op. 28	Howard Griffiths	Ferhan und Ferzan Önder, Piano	Schweizer Radio DRS / Sound Arts	CD
1999	Burkhard, Willy	Concertino op. 60; Toccata op. 55; Konzert op. 50	Howard Griffiths	Patrick Demenga, Violoncello	Novalis	CD
1999	Bratton, John W.; Hönigsberg, David; Mussorgsky, Modest; Rimsky-Korsakow, Nikolai; Rocca, James La; Rossini, Gioachino; Saint-Saëns, Camille; Tschaikowsky, Peter Iljitsch	De Teddy-Bär im Konzert	Howard Griffiths	Jörg Schneider, Sprecher Fine Arts Brass Ensemble	Tudor	CD
1999	Mozart, Wolfgang Amadeus	Arturo Benedetti Michelangeli – Mozart: Klavierkonzert Nr. 15 B-Dur (KV 450); Klavierquartett Nr. 9 in Es-Dur (KV 493)	Edmond de Stoutz	Arturo Benedetti Michelangeli, Piano Jean-Pierre Wallez, Violine Claude-Henry Joubert, Viola Franky Dariel, Violoncello	Aura Music	CD
1999	Mozart, Wolfgang Amadeus	Symphonien Nr. 31 Pariser, 33 und 34	Howard Griffiths		Novalis	CD
2000	Schütter, Meinrad; Schaeuble, Hans	Klavierkonzerte: Klavierkonzert (1985); Konzert für Klavier und Streichorchester op. 50	Howard Griffiths	Josias Just, Klarinette Antoine Rebstein, Piano	Migros-Genossenschafts-Bund, Zürich (Serie: Musikszene Schweiz)	CD
2000	Daetwyler, Jean; Marti, Heinz; Huber, Paul	Konzerte für Schweizer Volksmusikinstrumente: Alphorn Concerto No. 2; Muotathaler Nachtmusik; Hackbrett Concerto	Howard Griffiths	Matthias Kofmehl, Alphorn Markus Flückiger, Schwyzerörgeli Matthias Ziegler, Flöte Benno Bernet, Hackbrett Hiraki Katsunobu, Schlagzeug	Migros-Genossenschafts-Bund, Zürich (Serie: Musikszene Schweiz)	CD
2000	Haydn, Joseph	Joseph Haydn – die Schöpfung	Howard Griffiths	Edita Gruberová, Sopran Andreas Scheidegger, Tenor Alfred Reiter, Bass	Zürcher Sängerknaben Nightingale classics	CD
2002	Pleyel, Ignaz	Symphonies: Symphonie in D-Dur op. 3/1; Sinfonia Concertante in F-Dur; Symphonie in F-Dur op. 27	Howard Griffiths	Jakub Dzialak, Violine Riccardo Bovino, Piano	Classic Produktion Osnabrück	CD

Year	Composer	Work	Conductor	Soloists	Label	Format
2003	Ligeti, György; Skrzypczak, Bettina; Hindemith, Paul; Gervasoni, Stefano	Jubiläumskonzert 2003 (aus Anlass des 50. Todesjahrs von Eugenio Balzan); Régy Magyar társas táncok; Phototaxis; 5 Stücke für Streichorchester op. 44 Nr. 4; Un leggero ritorno di cielo	Howard Griffiths		Internationale Balzan Foundation	CD
2003	Ries, Ferdinand	Ferdinand Ries – Symphonien 7 und 8	Howard Griffiths		Classic Produktion Osnabrück	CD
2004	Mozart, Wolfgang Amadeus	Fazil Say – Mozart: Klavierkonzerte Nr. 12, 21 und 23	Howard Griffiths	Fazil Say	Naïve classique	CD
2004	Schoeck, Othmar	Erwin und Elmire, Gesänge zu dem Singspiel von Goethe op. 25	Howard Griffiths	Jeannette Fischer, Elmire Mareike Schellenberger, Olympia Tino Brütsch, Erwin Hans Christoph Begemann, Gernardo	Classic Produktion Osnabrück	CD
2004	Schostakowitsch, Dmitri	Symphonie Nr. 14 g-Moll op. 135	Howard Griffiths	Stephanie Friede, Sopran Pavel Daniluk, Bass	Zürcher Kammerorchester, Zürich (CD zur Buchreihe Frequenzen, B1)	CD
2005	Bach, Johann Sebastian	Konzerte c-Moll (BWV 1062); C-Dur (BWV 1061); d-Moll (BWV 1063); c-Moll (BWV 1060)	Howard Griffiths	Güher und Süher Pekinel	Warner classics	CD
2006	Lully, Jean-Baptiste; Fux, Johann Joseph	Concerto alla Turca: Marche pour la cérémonie des Turques; Turcaria für Orchester K 331	Howard Griffiths	Burhan Öçal, Perkussion	Universal music	CD
2006	Mozart, Wolfgang Amadeus; Ibert, Jacques; Martin, Frank; Villa-Lobos, Heitor	Hommage à Mozart: Symphonie Nr. 1 in Es-Dur; Symphonie Nr. 41 in C-Dur; Hommage à Mozart; Ouverture en hommage à Mozart; Sinfonietta Nr. 1 in B-Dur «in memoria de Mozart»	Muhai Tang		Philips	CD
2007	Müller, Fabian	Konzert für Klavier und Streichorchester; Labyrinth für Streichorchester; Suite für Violoncello und Streichorchester; Lied des Einsamen; Hommage für Dag Hammarskjöld für Alt-Saxophon und Streichorchester	Ruben Gazarian	Harry White, Saxofon Pi-Chin Chien, Violoncello Adrian Oetiker, Piano	Migros-Genossenschafts-Bund, Zürich (Serie: Musiques Suisses)	CD
2011	Bach, Johann Sebastian; Bach, Carl Philipp Emanuel; Bach, Johann Christian	Bach & Sons: Klavierkonzert Nr. 1 in d-Moll (BWV 1052); Klavierkonzert Nr. 2 in E-Dur (BWV 1053); Klavierkonzert in E-Dur (Wq 14); Klavierkonzert in E-Dur op. 7 Nr. 5	Sir Roger Norrington	Sebastian Knauer, Piano	Edel Germany	CD
2013	Mozart, Wolfgang Amadeus; Haydn, Joseph; Beethoven, Ludwig van	Vienna 1789: Klavierkonzert Nr. 27 in B-Dur; Klaviersonate in Es-Dur Hob. XVI:49; Klavierkonzert Nr. 2 in B-Dur op. 19:II	Sir Roger Norrington	Sebastian Knauer, Piano	Edel Germany	CD
2013	Strawinsky, Igor	Suite – Histoire du Soldat; Dumbarton Oaks, Danses concertantes	Sir Roger Norrington		Sony Music	CD
2014	Mozart, Wolfgang Amadeus	Serenade Nr. 5 (KV 204); Divertimento Nr. 10 (KV 247) Lodronische Nachtmusik	Sir Roger Norrington		Sony Music	CD
2015	Haydn, Joseph	The Paris symphonies: Symphonie Nr. 87 in A-Dur Hob. I:87; Symphonie Nr. 85 in B-Dur, Hob. I:85; Symphonie Nr. 83 in G-Dur, Hob. I:83; Symphonie Nr. 84 in Es-Dur Hob. I:84; Symphonie Nr. 86 in D-Dur, Hob. I:86; Symphonie Nr. 82 in C-Dur, Hob. I:82	Sir Roger Norrington		Sony Music	CD
2016	Bach, Johann Sebastian; Bach, Johann Christian; Bach, Carl Philipp Emanuel	Bach & Sons 2: Cembalokonzert Nr. 4 in A-Dur (BWV 1055); Cembalokonzert Nr. 5 in f-Moll (BWV 1056); Concerto für Flöte, Violine und Cembalo (BWV 1044); Concerto in f-Moll; Concerto in G-Dur Wq. 43 Nr. 5	Willi Zimmermann	Sebastian Knauer, Piano Daniel Hope, Violine Philipp Jundt, Flöte	Edel Germany	CD

2016	Safaian, Arash	Überbach: Konzerte für Klavier, Vibrafon und Kammerorchester Nr. 1–5		Sebastian Knauer, Piano Pascal Schumacher, Vibrafon	Edel Germany	CD
2017	Vivaldi Antonio; Frahms, Nils; Rameau, Jean-Philippe; Richter, Max; Twin, Aphex; Tschaikowsky, Peter Iljitsch; Schumann, Robert; Weil, Kurt; Molter, Johann Melchior; Bach, Johann Sebastian; Brahms, Johannes	For Seasons: Le Quattro Stagioni; Ambre; Danses des Sauvages; Spring 1; Avril 14th; Amazing Grace; June; Am leuchtenden Sommermorgen; Led doutes d'août; September Song; Concerto pastorale – Aria II; Aria «Bete aber auch dabei»; Wintermezzo; Guten Abend, gut' Nacht	Daniel Hope	Daniel Hope, Violine Anna Lucia Richter, Sopran Chilly Gonzales, Piano Jacques Ammon, Piano Jane Berthe, Harfe Claudio Bohórquez, Cello Dom Bouffard, Electric Guitar Naoki Kitaya, Orgel	Deutsche Grammophon	CD
2018	Gluck, Christoph Willibald; Haydn, Franz Josef; Mozart, Wolfgang Amadeus; Mysliveček, Josef; Salomon, Johann Peter	Journey to Mozart: Dance of the Furies; Concerto for Violin and Orchestra in G major; Larghetto from Concerto for Violin and Orchestra in D major; Concerto for Violin and Orchestra No. 3 in G major (KV 216); Adagio for Violin and Orchestra in E major (KV 261); Romance for Violin and Strings in D major; «Alla turca» from Piano Sonata No. 11 in A major (KV 331)	Daniel Hope		Deutsche Grammophon	CD

Personenregister

Adorno, Theodor 74
Albinoni, Tomaso 79, 206, 238
Alt, Annie 232
Amacher, Ueli 227
Ammon, Jacques 241
Andersen, Hans Christian 227
André, Maurice 55, 193, 199, 239
Andreae, Hans 219
Andreae-Keller, Lis 219
Arban, Jean-Baptiste 227
Arnold, Frank 217
Ashkenazy, Dimitri 224, 239
Auberson, Jean-Marie 238

Bach, Carl Philipp Emanuel 240 f.
Bach, Johann Christian 240 f.
Bach, Johann Sebastian 32, 34, 39, 41, 43, 45, 49, 56, 59, 73 f., 77, 7 f., 106 f., 111, 121, 123 f., 133, 143, 147, 149, 153, 155, 159, 165, 191 f., 199, 205 ff., 210, 219 ff., 225 f., 228 f., 238, 240 f.
Bach, Markus 149
Bach, Michael 149
Bach, Philippe 149
Bach, Rudolf am 232, 237
Backhaus, Wilhelm 221
Bacon, John 217, 221
Baer, Walter 103, 231
Bahc, Thomas 217
Baik, Seon-Deok 226, 228
Balissat, Jean 104, 238
Balzan, Eugenio 104, 115
Barber, Samuel 229
Barrie, Bruce 228
Barschai, Rudolf 206
Bartók, Béla 74, 105, 124, 145, 220 f., 237
Bärtschi, Werner 104, 106 f., 109, 111, 222, 238
Baumgartner, Rudolf 11, 79, 207, 217, 219 f.
Bechtler, Heinrich 12
Bechtler, Walter 12
Beck, Conrad 205
Beethoven, Ludwig van 15, 32 f., 39, 45, 68, 73, 102, 146 f., 182, 221, 224, 226, 228, 239, 241
Begemann, Hans Christoph 243
Bell, Joshua 56
Bellini, Vincenzo 239
Bellmont, André 226
Berchtold, Walter 222
Beretta, Mario 225, 231
Berg, Alban 46
Berio, Luciano 74
Berlioz, Hector 45 f., 192, 205
Bernet, Benno 223, 231, 240
Bernstein, Leonard 183, 225
Berthe, Jane 241
Besio, Remo 225
Bieri, Erich 227
Billeter, Bernhard 107
Bizet, Georges 225
Blass, Joachim 225
Blum, Robert 231
Bocelli, Andrea 192
Bohórquez, Claudio 241
Boismortier, Joseph Bodin de 238
Borgel, Hilde 219
Borges, Jorge Luis 104
Bossert, Karl 197
Bouffard, Dom 241
Bovet, Martina 109
Bovino, Riccardo 240
Boyce, William 237
Brahms, Johannes 46 f., 49, 102, 149, 192, 204
Brandauer, Klaus Maria 176, 228
Brandenburg, Christian Ludwig von 73
Brandstätter, Ernst 220
Bratton, John W. 239
Bregenzer, Xavier 217
Brejza, Jozef 222, 237 f.
Britten, Benjamin 31 ff., 56, 102, 143, 145, 149, 220, 224, 226, 227

Brown, Clive 45
Bruch, Max 223
Bruckner, Anton 21, 46 f., 68, 70, 205
Brütsch, Tino 240
Buchbinder, Rudolf 23
Bühler, Michael 23, 102 f., 182, 185, 199, 217
Bünten, Wolfgang 239
Buoninsegna, Duccio di 107
Burger, Willi 148
Buri, Stefan 223
Burkhard, Willy 220, 239
Busch, Adolf 205
Busoni, Ferruccio 159

Cage, John 106
Cahn, Avri 102, 217
Camenisch, Raphael 233
Capuçon, Renaud 103
Casadesus, Gaby 238
Casadesus, Robert 238
Càsola, Fabio di 228
Cassadó, Gaspar 231, 238
Cervera, Marçal 219
Chaplin, Charlie 224
Charpentier, Marc-Antoine 238
Chasen, Alexander 80 f., 90, 121, 123, 135, 143, 147, 217, 219, 220
Chédel, Arlette 222
Cherubini, Luigi 56
Chien, Pi-Chien 240
Chodorkowski, Michail 102
Chopin, Frédéric 225
Christoph, Hans 240
Chumachenco, Nicolas 149, 217, 223, 231, 238
Cimarosa, Domenico 222, 224 f.
Collins, Michael 228, 232
Coninx, Hans Heinrich 12 f., 161, 217
Contratto, Graziella 233
Copland, Aaron 225
Corelli, Arcangelo 206, 219, 222
Couperin, François 238
Courtin, Franca 224
Creed, Marcus 192
Crowe, Lucy 228
Cudlipp, Chandler 102, 217
Czapczynski, Zbigniew 59, 217, 223

D'Alessandro, Raffaele 238
Daetwyler, Jean 240
Daniluk, Pavel 240
Dariel, Franky 239
Davies, Neal 228
Day, Tim 45
Delius, Frederick 226
Demenga, Thomas 232, 239
DJ Clé 228
Dohnányi, Christoph von 226
Dowland, John 227, 237
Drew, Kenny 233
Dun, Tan 51, 59, 102 f., 226, 231
Duquénoy, Louis 220
Dvořák, Antonín 43 f., 49, 192, 223
Dyk, Dieter 109
Dzialak, Jakub 240

Ebers, Clara 221
Elgar, Edward 46 f., 49
Escher, Christof 233
Eschke, Nelly 217
Eschmann, Bert 227
Essek, Margrit 217, 219
Estermann, Josef 195
Eulenspiegel, Till 67, 185

Farkas, Ferenc 231
Farrenc-Dumont, Jeanne-Luise 226
Farrenc, Louise 182
Fasano, Reto 207
Fasoli, Diego 192
Favre, Robert 221
Feidman, Giora 23, 55

Fellmann, Urs 217
Finzi, Ada 80
Fischer, André 191 f., 231 f.
Fischer, Jeannette 240
Fischer, Julia 226
Flesch, Carl 147
Flückiger, Markus 231, 240
Fong, William 159
Forni, Emanuele 227
Fortner, Wolfgang 205
Frahm, Nils 241
Frey, Catherine 227
Fricker, Peter Racine 147
Friede, Stephanie 240
Friedli, Thomas 239
Friedrich (der Grosse) 41
Friedrich, Reinhold 223
Fueter, Daniel 104, 106, 109
Fueter, Peter-Christian 109
Funk, Heinrich 222
Furer, Arthur 231
Furtwängler, Wilhelm 46, 206
Fux, Johann Joseph 240

Galway, James 56, 225
Galway, Jeanne 225
Gamma, Marcel 217
Gaudibert, Eric 231
Gavrilov, Andrei 224
Gazdik, Tatjana 224
Geiser, Walther 205
Geminiani, Francesco 143, 222, 238
Gendron, Maurice 143
Gerecz, Arpad 220
Gershwin, George 225
Gertler, André 237
Gervasoni, Stefano 101, 104, 115, 117, 229, 231, 240
Geyer, Stefi 105
Gheorghiu, Teo 159 f., 225
Giacometti, Alberto 69
Giebel, Agnes 221, 238
Giegling, Franz 237
Gieseler, Walter 231
Gilchrist, James 227, 228
Glanz, Elemér 217, 221
Glas, Mirion 156
Glass, Philip 101, 103, 229
Gluck, Christoph Willibald 155, 241
Goessler, Felix H. E. 217
Goethe, Johann Wolfgang von 71, 73
Gogh, Vincent van 69
Gohl, Verena Barbara 239
Goldberg, Sandra 59 f.
Goldenberg, Harry 217, 237
Gonoud, Charles 192
Gonzales, Chilly 241
Gotthard 182
Graf, Kathrin 239
Graf, Peter-Lukas 77, 145, 219, 238
Graziella, Contratto 231
Grégoire, Barbara 223
Grevesmühl, Maria 169
Grieg, Edvard 102, 227
Griffiths, Howard 13, 23, 31 f., 39, 44, 53 f., 59, 70, 74, 101, 103 f., 113, 115, 117, 127, 131, 133, 145, 155, 157, 159 ff., 165, 167, 181, 195 f., 199, 217, 224 f., 231 ff., 239 f.,
Griffiths, Semra 53
Grilz, Gertrud 219
Grisey, Gérard 117
Groblewski, Ryszard 227
Grosz, Wilhelm 203
Gruberová, Edita 23, 240
Grümmer, Paul 205

Haefliger, Ernst 221
Haemmerli-Schindler, Gertrud 65, 89
Häfner, Walter 12
Händel, Georg Friedrich 41, 79, 124, 147, 192, 206, 219, 220 f., 223 f., 237

245

Hanslick, Eduard 204
Hardmeier, Willy 11
Harnisch, Rachel 226
Harnoncourt, Nikolaus 31, 59, 207, 210
Hartelius, Malin 239
Hartmann, Karl Amadeus 237
Hartmann, Martin 222
Hauer, Josef Matthias: 203
Haug, Hans 238
Hauptmann, Eva 12, 171
Hauptmann, Gerhart 12, 169, 171
Haydn, Joseph 31 f., 45, 49, 51, 59, 68, 79, 93, 147, 149, 153, 206, 221 ff., 238, 239 ff.
Heifetz, Jascha 171
Heim, Werner 107
Hensinger, Barbara 227
Herdegen, Laszek 222
Hermann, Maja 227
Hettema, Gerhard 221
Heuer, Philipp 89
Heuer-de Stoutz, Inès 11, 88 ff., 135
Hindemith, Paul 104, 115, 203, 205, 207, 220, 240
Hodel, Andreas 171
Höffgen, Marga 221
Hoffmeister, Franz Anton 182, 226
Holliger, Heinz 23, 104, 117, 145, 233
Holzmair, Wolfgang 232
Honegger, Arthur 74, 205
Honegger, Raphael 225
Hönigsberg, David 239
Hope, Daniel 11, 21, 23, 31, 33 f., 39 f., 44, 60, 101, 121, 133, 143, 146 f., 149, 157, 165, 176, 197, 199, 217, 228 f., 232, 241
Hope, Eleanor 31, 39, 145, 147
Hope, Jasper 147, 149
Horwitz, Frederick 80, 23
Hosokawa, Toshio 101, 229
Huber, Klaus 104 f., 117, 145, 231
Huber, Paul 223, 231, 240
Hulett, Benjamin 228
Hummel, Johann Nepomuk 239
Hürlimann, Silvan 167
Huttenlocher, Philippe 238
Hutter, Philipp 228

Ibert, Jacques 225, 240
Ibrahim, Abdullah 23, 55
Isserlis, Steven 91
Ito, Suguru 226

Janáček, Leoš 192
Jäncke, Lutz 182
Jaunet, André 219 f., 237 f.
Jenni, Mariano 161
Joho, Andres 227
Joubert, Claude-Henry 239
Jundt, Philipp 241
Just, Josias 239

Kafka, Franz 103
Kägi, Walter 238
Karl IV. (Kaiser) 192
Käser, Mischa 103, 231
Katsunobu, Hiraki 240
Kedves, Alexandra 71
Kelterborn, Rudolf 56, 101 f., 104, 113 f., 145, 221 f., 229, 231
Khan, Chaka 229
Kitaya, Naoki 228, 241
Klecki, Paul 80
Klemperer, Otto 46
Kluttig, Roland 101, 229
Knauer, Sebastian 227, 229, 240 f.
Kocsis, Zoltán 223
Kodály, Zoltán 226
Kofmehl, Matthias 240
König, Wolfram 217
Konishi, Asa 226
Kopp, Elisabeth 12
Korngold, Erich Wolfgang 203

Kõrvits, Tõnu 227
Koury, Daniel 45
Krämer, Ilse 147
Kramreiter, Tomas 233
Krattinger, Jürg 227
Krebs, Tobias 231
Kreisler, Fritz 46, 169
Kübler, Susanne 103
Kühnlein Specker, Isabel 217
Kunz, Ernst 205

Labhart, Walter 107
Lachenmann, Helmut 117
Lagger, Peter 221
Lakatos, Roby 55
Lang Lang 225
Lang, Klaus 101, 229
Langmeier, Ernst 221
Lardrot, André 221, 238
Leclair, Jean-Marie 238
Lehmann, Ulrich 237 f.
Lendvai, Erwin 203
Leonhardt, Gustav 210
Ligeti, György 74, 104, 115, 240
Lilienthal, Arthur 192
Lilienthal, Regula 172
Lilly, Simon 30
Lindauer, Ida 123, 135
Linde, Clint van der 228
Linde, Hans-Martin 210
Lisiecki, Jan 180
Lisitsa, Valentina 228
Liszt, Franz 225
Locatelli, Pietro 221, 238
Locke, Matthew 237
Loeillet, Jean Baptiste 223
Loewe, Frederick 225
Löffler, Peter 193
Luchsinger, Fred 12, 217
Ludwig XIII. 206
Lully, Jean-Baptiste 79, 240
Lysy, Alberto 149

Magaloff, Nikita 145, 149
Mahler, Gustav 21, 46 f., 49, 205, 226 f.
Maier, Franzjosef 207
Maierl, Johanna 227
Maisky, Mischa 23
Manze, Andrew 192
Marcel, Luc-André 73
Marcello, Alessandro 224
Markus, Karl 238
Marriner, Neville 207, 210
Marschel, Peter 217
Marti, Heinz 104, 231, 239 f.
Martin, Frank 31, 39, 104 f., 107 f., 145, 147, 149, 205, 223, 232, 238, 240
Martin, Georges 109
Martin, Mihaela 224
Martinů, Bohuslav 205, 237
Matesic, Daria Zappa 194
Mathieu, Chantal 223
Mattheson, Johann 41, 207
Maunder, Richard 206
Mayer-Reinach, Ursula 147
Meier, Kurt 223
Meili, Johannes 195, 217, 222
Melkus, Eduard 207, 210
Mendelssohn Bartholdy, Felix 32, 49, 73, 226, 228
Menuhin, Hephzibah 147, 149
Menuhin, Yehudi 31, 39, 53, 89 f., 105, 107, 143, 145 f., 149, 193, 199, 220 f., 223, 232, 238
Mersenne, Martin 206
Mertens, Klaus 192
Meyer, Aurelio 227
Meyer, Martin 52
Meyer, Paul 224
Michelangeli, Arturo Benedetti 55, 109, 222, 238 f.
Mieg, Peter 104, 124, 149, 220, 232 f., 237, 239
Moeschinger, Albert 232

Monot, Pierre-Alain 232
Monteverdi, Claudio 45
Montmollin, Marie Lise de 237
Moret, Norbert 104, 232
Mosca, Antonio 221
Mosca, Natalia 194
Mosca, Nicola 91, 228
Moser, Roland 104, 232
Moser, Rudolf 205
Mozart, Wolfgang Amadeus 11, 31, 33, 39, 43, 45, 49, 68, 79, 87, 102 f., 109, 121, 124, 143, 145 f., 153, 175, 182, 206, 219 ff., 238 ff.
Mueller, Matthias 228, 232
Mühlemann, Regula 192
Müller, Fabian 102, 225, 232
Müller, Margrit 109
Müller, Stephan 226
Müller, Thomas U. 161, 217
Müller, Thomas 223
Müller-Brachman, Hanno 228
Müller-Drossaart, Hanspeter 226
Müller-Zürich, Paul 80, 104, 220, 222, 232, 237 f.
Münch, Charles: 67, 79
Münch, Amie 67, 79
Münch, Marie 67, 79
Murer, Fredi M. 159
Mussorgsky, Modest 239
Mysliveček, Josef 241

Nadelmann, Noëmi 225
Nakariakov, Sergei 227
Naudot, Jacques-Christophe 222
Neaman, Yfrah 147
Neel, Boyd 205
Neidhöfer, Christoph 103, 232
Neumann, Balthasar 136
Neville, Margarete 222
Nicolet, Aurèle 113, 238
Nopper, Silvia 232 f.
Norrington, Roger 23, 31, 33, 39, 43 ff., 59 f., 101 f., 121, 131, 133, 157, 165, 167, 199, 217, 227 f., 240 f.
Nüesch, Nina 153, 219
Nünlist, Bruno 227

Öçal, Burhan 56, 240
Oetiker, Adrian 240
Offenbach, Jacques 223, 227
Oistrach, Igor 152
Okazaki, Kale Lani 239
Oltivanyi, Eva 224
Önder, Ferhan 224, 239
Önder, Ferzan 224, 239
Ott, Peter Manuel 225

Pachelbel, Johann 229
Paeffgen, Gilbert 233
Paisiello, Giovanni 237
Palestrina, Giovanni Pierluigi da 232
Parker, Edwin 183
Parolari, Egon 237
Pärt, Arvo 102, 227
Pears, Peter 143
Pekinel, Güher 56, 240
Pekinel, Süher 56, 240
Penderecki, Krzysztof 105 f., 109, 111, 191, 199, 222, 232
Perez-Ruiz, Antonio 217
Pergolesi, Giovanni Battista 221, 223, 237, 239
Peyrot, Fernande 237
Pfiffner, Ernst 104, 232
Pfiffner, Thomas 23, 32, 53, 55, 131, 159 ff., 167, 181, 199, 217
Pfister, Regula 12 f., 161, 171, 217
Philip, Robert 45
Piazzolla, Astor 226
Picasso, Pablo: 171
Pingoud, Ernest 203
Pletnev, Mikhail 23, 56, 225
Pleyel, Ignaz 56, 240
Poizat, François-Xavier 228

Pollina, Pipa 176
Pollini, Maurizio 193
Ponto, Ignes 222
Portmann, Hans-Peter 217
Prégardien, Julien 192
Presset, Gaston 237
Prina, Sonia 192
Prokofieff, Sergej 183, 226
Purcell, Henry 79, 90, 222, 224, 237
Putin, Wladimir 102
Qin, Li-Wei 226
Quantz, Johann Joachim 41, 238

Rachlin, Julian 56
Racine, Philippe 224
Rachmaninoff, Sergei 225
Rademacher, Winfried 217
Raff, Joseph Joachim 89
Rameau, Jean-Philippe 79, 223, 238, 241
Ramspeck, Jürg 106
Randes, Diogenes 226
Raoult, André 220, 238
Rebstein, Antoine 239
Reeves, Dianne 56
Reger, Max 73
Rehfuss, Heinz 221
Reiter, Alfred 240
Reynolds, Anna 222
Ricci, Pamela 237
Richter, Anna Lucia 241
Richter, Karl 207
Richter, Max 228 f., 241
Rieder, Jochen 227
Ries, Ferdinand 32, 56, 240
Riesmann, Michael 103
Rimsky-Korsakow, Nikolai 224, 239
Ringger, Rolf Urs 74, 104, 232
Rogner, Eva Maria 222
Rohner, Silvia 226
Romero, Angelo 224
Rosbaud, Hans 106
Rosé, Arnold 47
Rossi, Graziella 233
Rossini, Gioachino 109, 192, 224 f., 239
Rostal, Max 147
Rozek, Robert 217
Rüegg, Mathias 228
Rumpel, Günter 223, 239
Runge, Peter 222
Rütti, Carl 232

Sacher, Paul 102, 145, 205
Safaian, Arash 229, 241
Sahatçi, Klaidi 217
Saint-Saëns, Camille 224, 239
Salieri, Antonio 224
Salomon, Johann Peter 241
Savoff, Sava 219
Say, Fazil 32, 56, 228, 232, 240
Scacchi, Marco 209
Schacher, Rudolphe 227, 232
Schaeuble, Hans 239
Schaichet, Alexander 22, 205
Schatz, Kamilla 224
Scheck, Gustav 210
Scheidegger, Andreas 226, 240
Scheidt, Samuel 229
Schellenberger, Mareika 240
Scherbaum, Adolf 238
Scherz, Herbert 217
Scherz, Thierry 149
Schey, Hermann 221
Schibler, Armin 232
Schill, Chelsey 227
Schleunig, Peter 73
Schlumpf, Martin 232
Schlüssel, Timo 227
Schnebel, Dieter 105, 109, 111, 222
Schneebeli, David 228
Schneeberger, Hansheinz 238
Schneider, Jörg 239

Schneider, Urs 231
Schnyder, Daniel 228, 233
Schoeck, Othmar 56, 203, 222, 224, 226, 238, 240
Schönberg, Arnold 46, 106, 149, 203, 209
Schönen, Hans Josef 223
Schostakowitsch, Dmitri: 206, 220, 226, 228, 229, 240
Schubert, Franz: 11, 49, 68, 70, 102, 224, 226, 238
Schühli, Dori 220
Schumacher, Pascal 241
Schumann, Robert 46 f., 68, 102, 159 f., 225, 241
Schütter, Meinrad 233, 239
Schwarz, Urs 12
Schwarzkopf, Amadeus 219
Schweiger, Peter 109 f.
Schweitzer, Albert 73
Sciarrino, Salvatore 117
Scimone, Claudio 207
Scrjabin, Alexander 228
Seefried, Irmgard 149
Seiler, Susi 219
Sgouros, Dimitris 12
Shaham, Gil 23
Shankar, Anoushka 176
Shann, Edgar 219
Shirao, Akira 223
Sibelius, Jean 226
Silzer, Hermann 219
Siri, Andrea 223
Skalkottas, Nikos 223
Skrzypczak, Bettina 104, 115, 233, 240
Slonimsky, Nicolas 205
Soland, Gottlieb 80
Sonton-Caflisch, David 233
Speiser, Elisabeth 222
Spoerli, Heinz 226, 233
Spronk, Anton 228
Stalder, Hans Rudolf 231
Stamitz, Anton 237
Stamitz, Carl 222, 238
Stanley, John 237
Stauffenegger, Cyril 59, 217
Steger, Maurice 32, 56, 181
Steiger, Rolf 147
Stein, Peter 193
Steiner, Jolanda 181
Stiefel, Christoph 233
Stiefel, Gertrud 221, 233
Stofsky, Gerald H. 232
Stoutz, Edmond de 9, 11 ff., 17, 22, 31 ff., 39, 44, 53, 59, 65, 67 ff., 77, 79 ff., 93, 95, 101 f., 104 ff., 113, 123 f., 127, 133, 135, 137, 143, 145, 147, 149, 153, 155, 161, 163, 165, 167, 169, 181 ff., 185, 191, 195 f., 199, 217, 219 ff., 231 ff., 237 ff.
Stoutz, Jacques de 80, 89
Stoutz, Louis de 124, 183
Stoutz, Noémi de 80, 89
Stoutz, Robert de 67, 80, 89
Stradivari, Antonio 169, 171
Stranz, Ulrich 104
Strässle, Paul 228
Strauss, Richard 67, 117, 185, 205
Strawinsky, Igor 31, 33, 74, 102, 105, 204, 220 ff., 226, 228, 237, 240
Stucki, Lorenz 12 f., 86, 217, 222
Studer, Sandra 227
Suppé, Franz von 239
Süss, Solveig 223
Suter, Andrea 227
Suter, Barbara 227
Suter, Paul 227
Suter, Robert 233
Sway, Marc 30
Szikszay, Thomas 161

Takehara, Hiroko 226
Tali, Anu 102, 227
Tang, Muhai 23, 31 ff., 39, 51 f., 59, 101 ff., 131, 157, 165, 167, 196, 217, 226, 232 f., 240

Tappy, Eric 237
Tartini, Giuseppe 219, 237 f.
Taube, Michael 205
Telemann, Georg Philipp 223
Theiler, Yvonne 227
Thunemann, Klaus 239
Tippett, Michael 221
Tischhauser, Franz 237, 239
Tissonnier, Pierre 171
Toppius, Johannes 165
Torelli, Giuseppe 206
Tortelier, Maud 147
Tortelier, Paul 147, 149
Toscanini, Arturo 46
Treichler, Hanspeter 30
Troesch, Jacques 222
Ts'ong, Fou 221
Tschaikowsky, Peter Iljitsch 44, 46 f., 49, 220, 222, 239, 241
Tschupp, Räto 32, 237
Tunder, Franz 219
Tylor, David 233

Vacchini, Leone Ressiga 80
Valentin, Paul 143
Vanhal, Johann Baptist 237
Vasks, Pēteris 103
Venzago, Mario 239
Verdi, Giuseppe 192
Veress, Sándor 104
Villa-Lobos, Heitor 240
Vivaldi, Antonio 34, 39, 49, 79, 109, 143, 219 ff., 223 f., 226, 228 f., 238, 241
Vogel, Wladimir 104, 233, 239
Vollenweider, Andreas 23, 55, 224

Wagner, Cosima 204
Wagner, Richard 46 f., 204 f., 226
Wagner, Thomas 12, 131, 195, 197
Walder-Graf, Verena 223
Wallenstein, Ilse 233
Wallez, Jean-Pierre 239
Webern, Anton 105, 209
Weeda, Robert 217
Weil, Kurt 241
Weiland, Julius Johannes 219
Weinberg, Mieczysław 228
Weingartner, Felix 46
Wenzinger, August 207, 210
Wettstein, Peter 56, 103 f., 224, 233
White, Harry 240
Widmann, Jörg 103
Widmer, Ernst 233
Widmer, Kurt 222, 232
Widmer, Oliver 239
Widmer, Sigi 107
Wiederkehr, Raimund 227
Willems, Jeroen 226
Williams, Vaughan 47
Wollitz, Eduard 222
Worlitsch, Volker 217
Wyttenbach, Jürg 104

Yang, Li-Quing 102
Yusupov, Benjamin 93

Zacharias, Helmut 23
Zadeh, Aziza 56
Zamfir, Gheorghe 223
Zeltner, Carl Friedrich 73
Ziegler, Matthias 104, 223, 240
Zimmermann, Frank Peter 169
Zimmermann, Willi 23, 33 f., 41 ff., 59 f., 101, 114, 133, 167, 169, 171, 217, 226 ff., 231 ff., 241
Zordan, Sergio 228
Züblin, Ruth 217
Zuckerkandl, Viktor 74

Bildnachweis

Adamik, Peter: 67
Altdorfer, Christian: 104, 105 (mit freundlicher Genehmigung von Fredi M. Murer zur Verfügung gestellt).
Aoyagi, Satoshi: 50
Archiv des ZKO Ära Edmond de Stoutz: 4, 6, 8, 14, 31, 33, 35, 37, 38, 44, 45, 46, 48, 51, 55, 57, 63, 64, 70, 71, 72, 79, 80, 81, 83, 84, 85, 88, 92, 133, 143, Collagen 1 und 2
Art on Ice Production AG: 121
Baugeschichtliches Archiv Stadt Zürich, 47 (mit freundlicher Genehmigung zur Verfügung gestellt)
Borg, T., Space Museum: 7
Chasen, Alexander: 74
Christodoulou, Chris: 22, 23, 68, 75
Cugini, Thomas: 53, 60, 87, 99
Diener, Sandro: 138
Dogana, Lorenzo: 76
Domenico, Valeriano Di: 9, 96
Eberle, Will: 34, 134
Entzeroth, Thomas: 3, 10, 11, 15, 17, 18, 19, 20, 21, 24, 26, 30, 49, 54, 56, 58, 93, 101, 107, 109, 115, 116, 119, 120, 127, 129, 130, 131, 136, 139, 140.
Erben Edmond de Stoutz: 41, 97
Fäh, Franz Albert: 89
Faux, Raphael: 90 (mit freundlicher Genehmigung zur Verfügung gestellt)
Fetsch, Ronnie: 110, 111, 112, 113, 114
Gattiker, Doris: 141
Peter-Lukas Graf: 42 (mit freundlicher Genehmigung zur Verfügung gestellt)
Haury, René: 39
Hennch, Klaus: 36, 135
Hernandez, Marcelo: 1
Hochuli, Jürg: 28, 137
Hofer, Karl: 98
Hope, Eleanor: 91 (mit freundlicher Genehmigung zur Verfügung gestellt)
Jaudas, Urs: 118 (mit freundlicher Genehmigung zur Verfügung gestellt)
Kägi, Matthias: 78
Kim, Sihoon: 128
Lavagini, Sandro: 5
Linke, Theresia: 61
Nicolas, Michel: 62
Markus, Ursula: 123, 124
Marschel, Peter: 66
Marti, Toto: 122
Meyer, Susanne: 86
Mobil Oil Co. Ltd.: 2
Museum für Gestaltung Zürich: 40 (mit freundlicher Genehmigung zur Verfügung gestellt).
Obrasso Concerts: 132 (mit freundlicher Genehmigung von Chris Pfister zur Verfügung gestellt)
Photo-EMKA Ltd.: 82
Photo Fischer, 43 (mit freundlicher Genehmigung des Schülerorchesters der Gymnasien Rämibühl zur Verfügung gestellt)
SEV: 106
Sommer, Franz: 95
Stoutz, Louis de: 65, 125, 126
Roth, Alex: 52
Wunderli, Heidi: 100
Venzago, Alberto: 12, 25
Zimmermann-Meier, Regula: 32
ZKO: 13, 16, 27, 29, 59, 69, 73, 77, 94, 102, 103, 108, 117, 142, Collagen 1 und 2

Wenn nicht speziell in Klammern vermerkt, wurden alle Bilder vom ZKO oder dem «Archiv des ZKO Ära Edmond de Stoutz» beziehungsweise von seinem Verwalter Louis de Stoutz zur Verfügung gestellt.

Herausgeber und Verlag haben sich bemüht, die Urheberrechte der Abbildungen ausfindig zu machen. In Fällen, in denen ein exakter Nachweis nicht möglich war, bitten sie die Inhaber der Copyrights um Nachricht.

Abb. 143
Das ZKO trat mehrmals im Amphitheater unter der Akropolis in Athen auf (31.7.1963).

Abb. 143

Werner Bärtschi
Der 1950 in Zürich geborene Werner Bärtschi konzertiert als Pianist weltweit. Sein Repertoire reicht von Werken von der Spätrenaissance bis in die Gegenwart, wobei er Stücke von John Cage, Klaus Huber, Wilhelm Killmayer, Terry Riley, Dieter Schnebel und Wladimir Vogel uraufgeführt hat. Anerkannt ist sein Eintreten für Aussenseiter wie Carl Philipp Emanuel Bach, Carl Nielsen, Erik Satie, Charles Ives und Giacinto Scelsi. 1980 gründete er in Zürich die Konzertreihe «Rezital», er ist künstlerischer Leiter von Top Klassik Zürcher Oberland und der Schaffhauser Meisterkonzerte. Er hat immer wieder ausgewählte Studenten unterrichtet, war mehrmals Gastdozent an der Ferris Musikhochschule Yokohama und ist Initiator und Leiter der Schaffhauser Meisterkurse. Als Komponist schrieb er mehr als 40 Werke verschiedenster Gattungen. Nach frühen Einflüssen von Cage und Schnebel, später von Giacinto Scelsi und Wilhelm Killmayer befreite er sich in sehr persönlichen Experimenten aus den Traditionen der Avantgarde und liess in seiner Arbeit zunehmend seine Erfahrungen als Interpret alter und neuer Musik einfliessen.

Silvano Berti
Silvano Berti ist 1992 in Rapperswil-Jona geboren und studiert seit 2013 Musikwissenschaft und Geschichte an der Universität Zürich. Er hat einen Bachelorabschluss in beiden Fächern erworben und befindet sich derzeit im Master.

Michael Bühler
Michael Bühler führt seit 2008 die Geschäfte des Zürcher Kammerorchesters als Direktor. Davor war er Orchesterdirektor am Opernhaus Zürich und leitete den Schweizerischen Jugendmusikwettbewerb. Er absolvierte ein Musikstudium in Bern und Berlin sowie einen Executive Master of Business Administration an der Universität Zürich. Seit 2014 doktoriert er an der University of Gloucestershire. Michael Bühler ist verheiratet und hat einen Sohn.

Hans Heinrich Coninx
Hans Heinrich Coninx, Jahrgang 1945, ist Gründer und Präsident der Orpheum Stiftung zur Förderung junger Solistinnen und Solisten. Sein kulturelles Engagement umfasst u.a. seine Präsidentschaft von 1998 bis 2009 beim Verein des Zürcher Kammerorchesters (ZKOV). Weiter präsidierte er den Schulrat der Hochschule für Musik und Theater (HMT) in Zürich bis zur Gründung der Zürcher Hochschule der Künste (ZHdK). Hans Heinrich Coninx studierte zuerst Flöte und Cello am Konservatorium Zürich, wandte sich aber dann dem Studium der Geschichte, der Publizistik, der Betriebswissenschaft und Informatik an den Universitäten Zürich und St. Gallen zu. Er doktorierte schliesslich in Geschichte. Von 1987 bis 2007 war er VR-Präsident und Verleger der Tamedia AG, nachdem er schon seit 1978 dem Verwaltungsrat und der Unternehmensleitung angehört hatte. Er präsidierte den Verband Schweizer Presse von 1992 bis 2003 und ist seit 2003 dessen Ehrenpräsident. Im selben Jahr übernahm er das Präsidium des Verwaltungsrats der Schweizerischen Depeschenagentur AG, das er im April 2018 niederlegte.

Michael Eidenbenz
Michael Eidenbenz wurde 1962 geboren. Als konzertierender Organist und Kirchenmusiker wirkte er bis 2014, als Journalist schrieb er für zahlreiche Medien. So begleitete er etwa für den *Tages-Anzeiger* das Zürcher Musikleben während 15 Jahren. Von 2000 bis 2003 war er Chefredaktor der Musikzeitschrift *Dissonance*. Seit der Gründung der Zürcher Hochschule der Künste (ZHdK) 2007 ist er Leiter von deren Musikdepartement, das unter dem multidisziplinären Dach der grössten Schweizer Kunsthochschule durch Lehre und Forschung das Wirken künftiger Musikergenerationen prägt.

Josef Estermann
Josef Estermann (1947) war Zürcher Stadtpräsident von 1990 bis 2002. Zu seinem Verantwortungsbereich gehörten Kultur und Stadtentwicklung. Heute ist er u.a. Präsident der Camerata Zürich und des Literarischen Clubs Zürich sowie Ehrenpräsident der Zürcher Oper.

Jacqueline Fehr
Jacqueline Fehr wurde am 12. April 2015 in den Regierungsrat des Kantons Zürich gewählt und ist seitdem Vorsteherin der Direktion der Justiz und des Innern und somit auch für die Kultur verantwortlich. Ihre politische Karriere begann 1990 als Mitglied des Grossen Gemeinderats Winterthur und anschliessend mit einer langjährigen Mitwirkung im Kantonsrat Zürich. 1998 rückte sie in den Nationalrat nach und war zu dieser Zeit als selbstständige Organisationsberaterin und Projektleiterin tätig. Seit 2008 ist sie Vizepräsidentin der Sozialdemokratischen Partei und gründete 2012 die Einzelfirma Atelier Politique, die ihre Engagements und Aufträge, ihre Verwaltungsratssitze und Posten bündelte. 2015 schloss sie einen Executive Master of Public Administration MPA an der Universität Bern ab. Sie leistete mit ihrem Engagement in vielen Bereichen Pionierarbeit und wirkt mit vorbildlicher Politik weit über die Kantonsgrenzen hinaus.

Daniel Fueter
Daniel Fueter, 1949 in Zürich geboren, absolvierte ein Klavierstudium am Konservatorium und an der Musikhochschule Zürich. Er schrieb gegen 100 Bühnenmusiken für Theater im deutschsprachigen Raum; daneben hauptsächlich Chansons, Lieder, Chorwerke und musiktheatralische Stücke. Er war Dozent für Liedgestaltung an der Zürcher Hochschule der Künste (ZHdK) und am Conservatorio della Svizzera Italiana in Lugano. Den Unterricht an der Hochschule für Musik Karlsruhe (Chanson) führt er auch nach der Pensionierung weiter. Fueter betreute diverse administrative Aufgaben, u.a. als Präsident des Schweizerischen Tonkünstlervereins und des Dachverbands Suisseculture sowie als Rektor der Hochschule Musik und Theater Zürich. Er erhielt nationale und internationale Auszeichnungen. Der Vater von zwei Töchtern, Grossvater zweier Enkelinnen und eines Enkels ist verheiratet mit der Pianistin Eriko Kagawa.

Stefano Gervasoni
Der 1962 in Bergamo geborene Komponist Stefano Gervasoni studierte bis 1989 Komposition am Mailänder Conservatorio Giuseppe Verdi bei Luca Lombardi, Niccolò Castiglioni und Azio Corghi. Nach stark prägenden Begegnungen mit den Komponisten Luigi Nono und Helmut Lachenmann ging Gervasoni an das Pariser Forschungsinstitut IRCAM, wo er von 1992 bis 1993 Kurse in elektroakustischer Musik und musikalischer Informatik belegte. Seit 2007 ist er Professor für Komposition am Conservatoire National Supérieur de Musique et de Danse in Paris. Gervasoni lebt und arbeitet in Bergamo und Paris.

Peter-Lukas Graf
Der Flötist und Dirigent Peter-Lukas Graf wurde 1929 in Zürich geboren. Er studierte bei André Jaunet in Zürich sowie bei Marcel Moyse und Roger Cortet am Conservatoire National in Paris, wo er den Premier Prix als Flötist und bei Eugène Bigot das Dirigentendiplom erwarb. 1953 erhielt er beim Internationalen ARD-Wettbewerb in München den ersten Preis. Während seiner Laufbahn als Orchestermusiker, Solist und Kammermusiker sowie als Opernkapellmeister und Konzertdirigent etablierte er sich durch seine weltweite Konzerttätigkeit und eine umfangreiche Schallplatten- und CD-Produktion. Er unterrichtet an internationalen Meisterkursen, lehrte während 20 Jahren an der Musik-Akademie Basel und ist Autor von mehreren didaktischen Werken. Von der Musikakademie Krakau erhielt Graf die Ehrendoktorwürde, von der US-amerikanischen National Flute Association den Lifetime Achievement Award und von der italienischen FALAUT-Associazione den italienischen Premio di carriera.

Autorinnen und Autoren

Howard Griffiths

Howard Griffiths wurde 1950 in England geboren und studierte am Royal College of Music in London. Er lebt bereits seit 40 Jahren in der Schweiz. Wegen seiner Verdienste um das Musikleben in der Schweiz wurde er 2006 zum «Member of the British Empire» ernannt. Von 1996 bis 2006 war er künstlerischer Leiter und Chefdirigent des ZKO. Davor leistete Griffiths bereits Pionierarbeit wie mit der Gründung des Jugendorchesters des Konservatoriums Zürich. Seit 2007 ist er Generalmusikdirektor des Brandenburgischen Staatsorchesters Frankfurt. Seit 2000 ist er künstlerischer Leiter der Orpheum Stiftung zur Förderung junger Solistinnen und Solisten. Auch hat er mehrere Spezialprojekte für Kinder initiiert und erfolgreich musikalische Märchenbücher für Kinder publiziert. Mehr als 100 CD-Aufnahmen zeugen von einem breiten künstlerischen Spektrum. Sie enthalten Werke von zeitgenössischen schweizerischen und türkischen Komponisten sowie Ersteinspielungen von Musik aus dem 18. und 19. Jahrhundert.

Sandra Goldberg

Die amerikanisch-schweizerische Violinistin Sandra Goldberg hat in den USA, Kanada, Europa und Fernost konzertiert. Sie kam 1985 nach Zürich, wo sie für die Stelle der dritten Solovioline des ZKO engagiert wurde. Von 1999 bis 2003 wirkte sie als stellvertretende Konzertmeisterin. Seit ihrer Pensionierung im Mai 2017 widmet sie ihre Zeit dem Komponieren, dem Unterrichten und der Kammermusik. Im Januar 2009 wurde ihr Singspiel *Judah-Judah* in der Kirche St. Peter in Zürich uraufgeführt. Seither hat sie mehrere Stücke in verschiedenen Besetzungen geschrieben, u.a. Lieder für Tenor und für Bass-Bariton, Werke für Streichorchester, für Cello-Ensemble und für Klarinettenensemble. Zurzeit arbeitet sie an einer orchestralen Geschichte für Kinder.

Inès Heuer-de Stoutz

Geboren 1933 in Zürich, ist Inès Heuer-de Stoutz die jüngste Schwester von Edmond de Stoutz. Sie begleitete seine berufliche Entwicklung sehr eng und war seine erste und langjährige Sekretärin, Assistentin und Ticketverkäuferin. Nach ihrer Heirat und dem Umzug nach England fokussierte sie sich aber mehr auf die Entwicklung ihrer Kinder Philip und Sarah. Sie ist wohl diejenige, die mit Abstand den meisten ZKO-Konzerten beigewohnt hat und so zur Kronzeugin der Entwicklung des Orchesters unter ihrem Bruder und seiner Nachfolger wurde.

Jean-Pierre Hoby

Jean-Pierre Hoby wurde 1945 geboren und studierte an der Universität Zürich Soziologie, Sozialökonomie und Recht. Von 1979 bis 1983 war er im Bundesamt für Justiz Sachbearbeiter für die Totalrevision der Bundesverfassung. 1983 wurde er Direktor der Abteilung Kultur in der Zürcher Stadtverwaltung und gestaltete zusammen mit seinen politischen Vorgesetzten und seinen Mitarbeitenden die Zürcher Kulturpolitik bis zu seiner Pensionierung 2010. Zu den Höhepunkten seiner Tätigkeit gehört die Annahme von Abstimmungsvorlagen wie etwa über das ZKO 1983, das Filmpodium-Kino 1986, die Rote Fabrik 1987, das Theaterhaus Gessnerallee 1993, die Kantonalisierung der Oper 1994, die Subventionserhöhung für das Schauspielhaus 2002, die Zürcher Filmstiftung 2004 und das Cabaret Voltaire 2008. Seither übt er diverse Mandate im Kulturbereich aus, ist Dozent an der Hochschule Luzern, Design und Kunst, sowie Präsident des Schweizer Kunstvereins, der Stiftung Filmbulletin und des Vereins ArtTV.

Gottfried Honegger

Gottfried Honegger wurde 1917 in Zürich geboren und wuchs zeitweise auch in Sent im Unterengadin auf. Er machte eine Lehre als Schaufensterdekorateur und bildete sich an der Kunstgewerbeschule Zürich aus. Zunächst arbeitete er als Werbegrafiker, Designer und Art Director. Nach einem dreijährigen Aufenthalt in New York entschloss er sich zu einem Berufswechsel. Seit 1958 war er als Maler und Bildhauer tätig und ein Vertreter der konstruktiv-konkreten Kunst. Er lebte in Paris und Zürich, wo er 2016 gestorben ist.

Daniel Hope

Der Geiger Daniel Hope ist seit 25 Jahren als Solist weltweit unterwegs. Er war Schüler des legendären Geigen-Pädagogen Zakhar Bron und von Yehudi Menuhin. Von 2002 bis 2008 war er Mitglied des bekannten Beaux Arts Trios. Als Solist arbeitete er mit Dirigenten wie Kurt Masur, Kent Nagano und Christian Thielemann und spielte mit den grossen Orchestern in Boston, Chicago, Berlin, Paris, London, Barcelona, Los Angeles und Tokio. Von 2011 bis 2013 war er künstlerischer Direktor der Festspiele Mecklenburg-Vorpommern. Seit 2016 ist er Music Director des ZKO. Seit 2004 ist er Associate Artistic Director des Savannah Music Festivals, und seit 2017 leitet er als «Artistic Partner» das New Century Chamber Orchestra San Francisco von der Geige aus. Als Gastgeber führt er in Berlin und Zürich regelmässig öffentliche Gespräche mit bekannten Leuten aus Kultur, Wirtschaft und Politik über ihre Beziehung zur Musik. Seit 2007 ist er exklusiv bei der Deutschen Grammophon. Ausserdem ist er auch als Buchautor erfolgreich.

Eleanor Hope

Eleanor Hope wurde in Südafrika geboren. Ihre Söhne aus der ersten Ehe sind Jasper Hope, Intendant der Dubai Opera, und Daniel Hope, Music Director des Zürcher Kammerorchesters. Nach ihrem Studium in London wurde sie die persönliche Assistentin von Yehudi Menuhin und übernahm später sein General Management. 1980 betraute er sie mit der Leitung seines Festivals in Gstaad, und sie behielt diese Position bis zu seinem Ausscheiden 1996. Als Geschäftsführerin der Londoner Agentur Anglo-Swiss Artists war sie zwischen 1981 und 1992 im Konzert- und Eventmanagement sowie für internationale Orchestertourneen aktiv. Sie leitete von 1992 bis 1994 das Bath Mozartfest und war Beirätin des Schleswig-Holstein Festivals. Nach dem plötzlichen Tod von Lord Menuhin 1999 wurde sie Vorsitzende des Menuhin Memorial Trust und übernahm für drei Jahre die künstlerische Leitung des Menuhin Festivals. Sie arbeitete viele Jahre als Konsulentin für die internationale Agentur IMG Artists, ist Vizepräsidentin des europäischen Künstleragentenverbands AEAA, Dozentin für Karrieremanagement und Jurorin diverser internationaler Musikwettbewerbe. Im März 2018 wurde sie zur Universitätsrätin des Mozarteum Salzburg berufen.

Silvan Hürlimann

Silvan Hürlimann, 1978 in Zürich geboren, ist gelernter Orgelbauer. Seit 2002 arbeitet er als Orchestermanager und Schlagzeuger für das Zürcher Kammerorchester. Darüber hinaus organisiert und veranstaltet er Konzerte in eigener Regie wie etwa für Angelo Kelly und Paddy Kelly, beide gehören zur populären Kelly Family. Als Präsident des Zürcher Trummlebummles, einer Veranstaltung, die jeweils am Freitag vor dem Zürcher Sechseläuten stattfindet, engagiert er sich aktiv für die Trommler- und Pfeifertradition.

Steven Isserlis
Der Cellist Steven Isserlis wurde 1958 in London geboren und hat einen Familienstammbaum, der bekannte Persönlichkeiten wie Felix Mendelssohn, Karl Marx und Helena Rubinstein enthält. Isserlis hat am International Cello Center bei Jane Cowan und am Oberlin Conservatory of Music bei Richard Kapuscinski studiert. Als Solist tritt er weltweit mit Orchestern wie dem London Symphony Orchestra, den Berliner Philharmonikern, dem Philadelphia Orchestra, dem Los Angeles Philharmonic Orchestra und dem London Philharmonic Orchestra unter Dirigenten wie John Eliot Gardiner, Alan Gilbert, Michael Tilson Thomas, Christoph Eschenbach, Roger Norrington und Vladimir Ashkenazy auf. Daneben widmet er sich der Kammermusik, so konzertiert er seit 1991 im Trio mit dem Geiger Joshua Beil und dem Pianisten Olli Mustonen. Für seine Einspielungen erhielt er zahlreiche Auszeichnungen. Als Autor hat er mehrere Kinderbücher zum Thema klassische Musik veröffentlicht.

Alexandra Kedves
Alexandra Kedves wurde 1968 geboren und studierte Germanistik, Anglistik und Philosophie an den Universitäten von Konstanz, Freiburg i. Br. und Oxford, wo sie den Master erwarb. Nach mehrjährigen Stationen bei den *Schweizer Monatsheften* und der NZZ arbeitet sie seit 2007 als Kulturredaktorin beim *Tages-Anzeiger.* Sie lebt mit ihrer sechsköpfigen Familie in Zürich.

Rudolf Kelterborn
Rudolf Kelterborn wurde 1931 in Basel geboren, wo er an der Musik-Akademie und der Universität studierte. Danach war er Dozent für Theorie, Analyse und Komposition an der Basler Musik-Akademie, an der Nordwestdeutschen Musik-Akademie Detmold, am Konservatorium und an der Musikhochschule Zürich sowie an der Staatlichen Hochschule für Musik in Karlsruhe. Zudem war er von 1969 bis 1975 als Chefredaktor der *Schweizerischen Musikzeitung* tätig, von 1974 bis 1980 als Hauptabteilungsleiter Musik des Radios der deutschen Schweiz und von 1983 bis 1994 als Direktor der Musik-Akademie Basel. 1987 gründete er zusammen mit Heinz Holliger und Jürg Wyttenbach das Basler Musik Forum, für dessen Programme er bis 1997 mitverantwortlich war. Sein kompositorisches Schaffen, darunter drei Werke für das ZKO, umfasst alle musikalischen Gattungen, findet internationale Beachtung und wurde mit zahlreichen Preisen ausgezeichnet. Ausserdem veröffentlichte er zahlreiche musiktheoretische und analytische Aufsätze und Schriften.

Susanne Kübler
Susanne Kübler wurde 1969 in Schaffhausen geboren. Sie studierte Musikwissenschaften in Zürich und Bologna. Danach arbeitete sie als Assistentin am Musikwissenschaftlichen Institut der Universität Zürich und als freie Journalistin. Seit 1998 ist sie beim Zürcher *Tages-Anzeiger* als Redaktorin verantwortlich für den Bereich Klassische Musik. Darüber hinaus gibt sie Kulturjournalismus-Kurse am Medienausbildungszentrum (MAZ) in Luzern und an der Zürcher Hochschule für Angewandte Wissenschaften (ZHAW) in Winterthur.

Corine Mauch
Corine Mauch ist seit Mai 2009 Stadtpräsidentin von Zürich und Vorsteherin des Präsidialdepartementes. Zuvor war sie während zehn Jahren Mitglied des Gemeinderats, u. a. als Präsidentin der Rechnungsprüfungskommission und zuletzt als Fraktionspräsidentin der SP. Corine Mauch ist diplomierte Agraringenieurin ETH, studierte Chinawissenschaften an der Universität Zürich und verfügt über einen Master in Politik- und Verwaltungswissenschaften der Universität Lausanne / IDHEAP. Als Stadtpräsidentin repräsentiert sie die Stadt nach aussen. Als Vorsteherin des Präsidialdepartementes ist sie zuständig für Wirtschaftsförderung und Integrationsförderung, Stadtentwicklungspolitik, Kulturpolitik und die Gleichstellung.

Peter Marschel
Der 1956 in Wernigerode geborene Peter Marschel ist ein erfahrener Kulturmanager. Als Ballettmanager am Theater Basel und in der gleichen Funktion während rund 14 Jahren am Zürcher Opernhaus hatte er durch gemeinsame Projekte und Überschneidungen im Sponsoring bereits frühzeitig Kontakt zum ZKO. Heute ist er im Vorstand der Gesellschaft der Freunde des Zürcher Kammerorchesters (GFZKO). Als Präsident und Vorstand mehrerer Theatervereine engagierte er sich für Kulturprojekte in der Schweiz und im Ausland. Darüber hinaus gab er auch den Impuls für das im Verlag NZZ Libro erschienene Buch *Der Tanzmacher Heinz Spoerli,* zu dem er auch als Autor beitrug.

Martin Meyer
Martin Meyer war bis Ende 2015 Chef des Feuilletons der *Neuen Zürcher Zeitung* und leitet seither den Beirat Publizistik der NZZ. Ebenfalls ist er Präsident des Vorstands des Schweizerischen Instituts für Auslandforschung.

Johannes Meili
Johannes Meili wurde 1922 in Zürich-Höngg geboren. Von 1952 bis 1960 leitete er gemeinsam mit seiner 1994 verstorbenen Ehefrau Ruth Abegg seine erste Arztpraxis im bündnerischen Andeer. Von 1960 bis 1990 leitete er in Hinwil im Zürcher Oberland eine Dorfpraxis. Die Freundschaft zu Edmond de Stoutz geht zurück auf drei Schul- und Ausbildungsjahre in Zürich, in denen sie gemeinsam im Schülerorchester des Gymnasiums musizierten. Ab 1958 organisierte Meili erste ZKO-Konzerte in der berühmten romanischen Kirche Zillis und war von 1968 bis 1996 als erster Präsident des ZKO-Vereins tätig. Seit 1994 ist er wohnhaft in Oberdürnten und verheiratet mit Kathrin Rüede.

Fredi M. Murer
Fredi M. Murer kam 1940 als jüngstes von sechs Kindern einer belesenen Damenschneiderin und eines Klarinette spielenden Schreinermeisters am Vierwaldstättersee zu Welt. Als linkshändiger Legastheniker bevorzugte er die Schulfächer Turnen und Zeichnen, vor allem aber das kreative Gestalten seiner Freizeit. Mit 17 übersiedelte er nach Zürich, um an der Kunstgewerbeschule Wissenschaftliches Zeichnen, Illustration und Fotografie zu erlernen. Als Absolvent der Fotoklasse wurde er von Josef Müller-Brockmann und Max Bill für die visuelle Gestaltung von Grossprojektionen im Pavillon «Schulwesen und Erziehung» an der EXPO 64 verpflichtet. 1960 beschloss er, Filmemacher zu werden und blieb dieser Leidenschaft rund 55 Jahre treu. In dieser Zeit entstanden zwei Dutzend Experimental-, Dokumentar- und Kinospielfilme. *Chicorèe, Wir Bergler in den Bergen …, Höhenfeuer* und *Vitus* gewannen sogar internationale Preise. Sein letzter Film *Liebe und Zufall* basiert auf einem Roman seiner Mutter.

Sir Roger Norrington
Sir Roger Norrington studierte am Royal College of Music in London und gründete zeitgleich den Schütz Choir, der sich der historischen Aufführungspraxis verpflichtet fühlte. 1969 wurde Norrington musikalischer Leiter der Kent Opera. Die London Classical Players gründete er 1978, um die Aufführungspraxis mit Originalinstrumenten aus der Zeit von 1750 bis 1900 zu erforschen. Seit den 1980er-Jahren betätigt sich Sir Roger als Gastdirigent, so arbeitete er am Opernhaus Covent Garden, mit dem BBC Symphony Orchestra, den Berliner und Wiener Philharmonikern, dem Orchestre de Paris sowie mit diversen US-amerikanischen Orchestern. Er war von 1985 bis 1989 Chefdirigent der Bournemouth Sinfonietta und von 1998 bis 2011 des Radio-Sinfonieorchesters Stuttgart. In gleicher Funktion war er bis Sommer 2006 bei der Camerata Salzburg, bei der er wie in Stuttgart einen historisch informierten Aufführungsstil etabliert hat. Von 2011 bis 2015 leitete Sir Roger das ZKO als Principal Conductor.

Chris Pfister
Chris Pfister ist in einer musikalischen Familie aufgewachsen und hat in seiner Jugend Violoncello gespielt. Nach einem Agronomie-Studium an der ETH Zürich und einem Master in Exportmarketing war er jahrelang als Exportleiter und Geschäftsführer im In- und Ausland tätig. 1995 hat er seine eigene Firma Chrisana GmbH gegründet, die im Vertrieb von Nahrungsergänzungsmitteln und Naturheilmitteln tätig ist. Seit 1990 hat er sich dem Hobby Chorgesang zugewandt und singt im Zürcher Konzertchor, den er seit 2012 präsidiert.

Anina Rether
Anina Rether studierte Musik in Deutschland und der Schweiz. Seit 20 Jahren ist sie journalistisch tätig. Ihren Schwerpunktthemen Kultur, Reisen und Gesellschaft widmet sie sich in den Bereichen Buchpublikation, Magazinjournalismus und Corporate Publishing. Als ausgebildete Flötistin und Kammermusikerin gehört klassische Musik zu ihren Fixsternen.

Peter Révai
Der Musikwissenschafter Peter Révai hat an der Universität Zürich sowie der École des Hautes Études und dem IRCAM (Institut de Recherche et Coordination Acoustique/Musique) in Paris studiert und geforscht. Auf Möglichkeiten der Komposition ist er im Schweizerischen Zentrum für Computermusik bei Gerald Bennett und Bruno Spoerri gestossen. Er übte Lehrtätigkeiten an Kunst- und Musikhochschulen aus, auch Gastkuratierungen am Migros Museum in Zürich, künstlerische Leitungen für die internationale «konzertreihe mit computer-musik» in Zürich oder seit 2017 das jährliche Konzert des ZKO mit zeitgenössischer Musik sowie Jurierungen. Zudem verfasst er Publikationen für Buchverlage wie etwa zu Edgard Varèse und Giuseppe G. Englert sowie Reportagen, Rezensionen und Kritiken für in- und ausländische Zeitschriften und Zeitungen. Ausserdem leitet er die auf IT-Business, Digitalisierung und Musik spezialisierte Kommunikationsfirma matek (modulare agentur für technologie und kultur) GmbH in Zürich.

Dominik Sackmann
Dominik Sackmann studierte in Basel, Bern und Zürich Orgel, Musikwissenschaft, Kirchengeschichte und Lateinische Philologie. Von 1988 bis 1994 war er Musikredaktor beim Radio DRS2. Seit 1992 ist er Dozent für Musikgeschichte, Aufführungspraxis und Kammermusik an der heutigen Zürcher Hochschule der Künste (ZHdK), seit 1999 Leiter des heutigen Institute für Music Research. Er hat Lehraufträge an der Universität St. Gallen und der Musikhochschule Freiburg i. Br. und ist Herausgeber der *Zürcher Musikstudien*. Seit 1994 ist Sackmann Geschäftsführer der Stiftung Christoph Delz (Basel), seit 1996 Organist der Katholischen Kirchgemeinde Schönenbuch (BL), seit 2006 Präsident der Sektion Zürich der Schweizerischen Musikforschenden Gesellschaft und seit 2007 Vizepräsident des Barockorchesters Capriccio. Er publizierte zur Musikgeschichte des 16. bis 20. Jahrhunderts, speziell zu Johann Sebastian Bachs Instrumentalmusik, zur Schweizer Musik sowie zur Aufführungspraxis und Interpretationsgeschichte.

Bettina Skrzypczak
Bettina Skrzypczak studierte in Posen Klavier, Komposition und Musiktheorie. Zugleich besuchte sie an der Internationalen Sommerakademie der polnischen IGNM-Sektion die Kompositionskurse von Luigi Nono, Iannis Xenakis und Henri Pousseur. Weitere Studien folgten an der Musikhochschule Basel mit Komposition bei Rudolf Kelterborn und Arbeiten im dortigen Studio für elektronische Musik sowie in Musikwissenschaft an der Universität Fribourg. 1999 wurde sie in Krakau im Fach Komposition promoviert. Derzeit ist Skrzypczak Professorin für Komposition und Theorie/Musikgeschichte an der Musikhochschule Luzern. Bis 2017 war sie Stiftungsrätin im schweizerischen Künstlerhaus Boswil und künstlerische Leiterin der von ihr gegründeten Nachwuchsformation Ensemble Boswil. Ausserdem publiziert sie Beiträge in internationalen Fachzeitschriften über kompositorische und allgemein ästhetische Fragen. Ihr Schaffen umfasst Werke vom Solostück über vokal-instrumentale Ensemblewerke bis zur grossen Orchesterkomposition.

Louis de Stoutz
Louis de Stoutz studierte Elektrotechnik an der ETH Zürich und erhielt den MBA am INSEAD in Fontainebleau. Nach langjähriger Tätigkeit als Systemanalyst und Unternehmensberater im Bereich Informatik hat er sich der Fotografie zugewandt. Daneben pflegt er das Archiv des Zürcher Kammerorchesters, insbesondere die Ära Edmond de Stoutz, sowie den persönlichen Nachlass seines Vaters.

Muhai Tang
Geboren wurde Muhai Tang 1949 in Shanghai als Sohn des Filmpioniers Xiaodan Tang und der Schriftstellerin Weije Wan. Er absolvierte ab 1972 sein Dirigier- und Kompositionsstudium am dortigen Konservatorium, das er an der Hochschule für Musik und Theater München abschloss. Aufgrund einer Einladung durch Herbert von Karajan dirigierte er mehrmals die Berliner Philharmoniker. Ab 1987 war er während zwölf Jahren Chefdirigent des Orquestra Gulbenkian in Lissabon und leitete danach das Queensland Symphony Orchestra in Brisbane. In Folge war er Musikdirektor der Finnischen Oper und dirigierte die Königliche Philharmonie Flandern bis 1995. Von 2006 bis 2011 war er Musikdirektor des ZKO. 2010 wurde er Chefdirigent der Belgrader Philharmonie. Neben Gastdirigaten in Europa ist er derzeit Chefdirigent des Shanghai Philharmonic Orchestra, künstlerischer Leiter des Tianjin Grand Theatre und Chefdirigent des Tianjin Symphony Orchestra. Tang ist mit der Konzertpianistin Ju Hee Suh verheiratet und seit 2006 Vater einer Tochter.

Johannes Toppius
Johannes Toppius stammt aus Konstanz, studierte bei Hans Thomann in Winterthur und bei Alexandre Stein in Zürich. Von Mitte Dezember 1968 bis Ende November 2008 war er während 40 Jahren stellvertretender Solocellist im ZKO. Bis 2010 fungierte er auch als Bibliothekar. Nebenbei unterrichtete er an der Kantonsschule und der Jugendmusikschule Frauenfeld. Seit der Pensionierung gibt er fallweise Einsätze in der Südwestdeutschen Philharmonie Konstanz und anderen Berufsorchestern. Heute spielt er vorwiegend Kammermusik in unterschiedlichen Besetzungen.

Thomas Wagner

Thomas Wagner wurde 1943 in Zürich geboren und besuchte das Realgymnasium Zürichberg. Er promovierte in Rechtswissenschaften und Medizin an der Universität Zürich. Nach einer Ausbildungszeit im Universitätsspital Zürich erfolgte seine Wahl in den Stadtrat von Zürich als Vertreter der FDP. Von 1982 bis 1990 war er Stadtpräsident. Seit seinem Rückzug aus der Politik 2002 betreute er vor allem schweizerische Unternehmungen in China. Er war von 2000 bis 2018 Präsident der Gesellschaft Schweiz-China. Seine kulturellen Engagements fanden Ausdruck in zahlreichen Gremien von Kulturinstituten wie beispielsweise als Präsident der Tonhalle-Gesellschaft, langjähriges Vorstandsmitglied des ZKO-Vereins und der Stiftung ZKO-Haus, als Präsident der Stiftung Zürcher Kunsthaus und Mitglied des Verwaltungsrats des Opernhauses sowie des Schauspielhauses. Wagner ist Mitgründer des Technoparks Zürich, verheiratet und Vater von vier inzwischen erwachsenen Kindern.

Matthias Ziegler

Der 1955 geborene Matthias Ziegler ist einer der vielseitigsten und innovativsten Flötisten seiner Generation. Sein Engagement gilt gleichermassen der traditionellen Flötenliteratur als auch der zeitgenössischen komponierten und improvisierten Musik. Entsprechend vielfältig ist seine Konzerttätigkeit, die ihn regelmässig in die USA, nach Asien, Australien und Südamerika führt. Zahlreiche CD-Aufnahmen auf den Gebieten des Jazz und der klassischen Musik dokumentieren seine breit gefächerten musikalischen Interessen. Er ist Professor für Querflöte und Improvisation an der Zürcher Hochschule der Künste (ZHdK), entwickelt neue Konzertformen über Internet und hat das expressive Potenzial der elektroakustisch verstärkten Kontrabassflöte enorm erweitert. Inspiriert von seinen neuartigen Klangwelten, haben Komponisten wie die Schweizer Michael Jarrell, George Gruntz und Mathias Rüegg, der Tadschike Benjamin Yusupov und der Amerikaner Mark Dresser für ihn gewidmete Flötenkonzerte geschrieben.

Willi Zimmermann

Willi Zimmermann wurde in Basel geboren und erhielt seinen ersten Violinunterricht mit sechs Jahren. Er wurde 1978 in die Klasse von Sandor Zöldy aufgenommen und schloss sein Lehr- und Konzertdiplom mit Auszeichnung ab. Ein Stipendium ermöglichte ihm die Weiterbildung bei Sandor Végh und Günter Pichler. Von 1985 bis 2007 war Willi Zimmermann Primarius des international tätigen und vielfach ausgezeichneten Amati Quartetts. Als erster Konzertmeister im Orchester Musikkollegium Winterthur von 1992 bis 2010 und Konzertmeister des Zürcher Kammerorchesters seit 2008 leitet er viele Konzerte vom Pult aus. Daraus ergaben sich zahlreiche Zusammenspiele mit namhaften Künstlern wie Krystian Zimerman, Fazil Say, András Schiff, Rudolf Buchbinder, Heinrich Schiff, Thomas Zehetmair und Sir James Galway. Als Ko-Solist konzertierte er zudem mit Daniel Hope, Giuliano Carmignola, Patricia Kopatchinskaja und vielen anderen. 2016 hat er die Berliner Barocksolisten, das Barockensemble der Berliner Philharmoniker, geleitet.

*«Ohne die Liebe
ist jede Musik nur ein Geräusch.»*

Dschalāl ad-Dīn ar-Rūmī

Für uns Herausgeber ist es eine angenehme Pflicht, uns bei den vielen Förderern und Helfern dieses Buchprojekts zu bedanken. Allen voran dem früheren Verlagsleiter von NZZ Libro, Hans-Peter Thür, der uns mit seinem Rat beistand, um den Vorstand der GFZKO von diesem Projekt zu überzeugen. Thomas U. Müller stellte als deren damaliger Präsident das Projekt vom Kopf auf die Füsse. Zu Beginn stand uns die Journalistin und ausgebildete Musikerin Anina Rether zur Seite und prägte die Struktur des Buchs massgeblich mit. Auch Mitarbeitende der Geschäftsstelle des ZKO waren uns eine grosse Hilfe, allen voran die langjährige Mitarbeiterin Susanne Lüthi und Frances Maunder, Gisela Stäheli vom Sekretariat des GFZKO und der Orchestermanager Silvan Hürliman, die ihre umfangreichen Erfahrungen mit dem ZKO mit uns teilten, ebenso der Intendant Michael Bühler und der Finanzdirektor Roberto Lehner. Dazu zählen auch die Mitarbeitenden der Geschäftsstelle Aurelie Banziger, Lukas Bernays, Matthias Kägi, Cecilia Lee, Simone Pflüger, Theresia Schlegel und Ivo Schmid sowie die Praktikantinnen Franziska Jud und Valentina de Marchi. Der ZKO-Konzertmeister Willi Zimmermann und der ZKO-Musiker Pierre Tissonnier waren uns kompetente Berater. Ohne das persönliche Engagement von Martin Haefner hätte das Buch nicht in der vorliegenden Form realisiert werden können. Thomas Entzeroth und Natalie Szathmáry öffneten ihr umfangreiches Fotoarchiv für uns. Louis de Stoutz hat in aufwendiger Detailarbeit das riesige Archiv seines Vaters für uns erschlossen. Die Mitarbeitenden von NZZ Libro, insbesondere Urs Hofmann und Katharina Blarer, haben uns durch alle Produktionsphasen verständnisvoll begleitet, ebenso unsere Lektorin Regula Walser. Ein besonderer Dank gilt Silvano Berti, der einen massgeblichen Anteil am Gelingen unseres Buchs hatte.

Impressum

Die ZKO-Freunde, die 1963 als Gesellschaft der Freunde des Zürcher Kammerorchesters (GFZKO) gegründet wurden, haben dieses Buch in Auftrag gegeben. Der Vorstand der Gesellschaft hat die Entstehung des Buchs wohlwollend und kritisch begleitet, umfangreiche Dokumente zur Verfügung gestellt und sein Netzwerk zugänglich gemacht. Die finanzielle Förderung dieser Publikation wurde durch namhafte Beträge von Freunden des ZKO, Stiftungen und Unternehmen ermöglicht. Herzlichen Dank.

Konzept: Peter Maschel und Peter Révai
Redaktion: Peter Révai
Assistenz: Silvano Berti
Bild-, Datenarchiv: Silvano Berti
Lektorat: Regula Walser, Zürich
Umschlag, Gestaltung, Satz: Studio Marie Lusa, Marie Lusa, Dominique Wyss
Bildbearbeitung: Thomas Humm, Humm-dtp, Matzingen
Druck, Einband: Kösel GmbH, Altusried-Krugzell

Dieses Werk ist urheberrechtlich geschützt. Die dadurch begründeten Rechte, insbesondere die der Übersetzung, des Nachdrucks, des Vortrags, der Entnahme von Abbildungen und Tabellen, der Funksendung, der Mikroverfilmung oder der Vervielfältigung auf anderen Wegen und der Speicherung in Datenverarbeitungsanlagen, bleiben, auch bei nur auszugsweiser Verwertung, vorbehalten. Eine Vervielfältigung dieses Werks oder von Teilen dieses Werks ist auch im Einzelfall nur in den Grenzen der gesetzlichen Bestimmungen des Urheberrechtsgesetzes in der jeweils geltenden Fassung zulässig. Sie ist grundsätzlich vergütungspflichtig. Zuwiderhandlungen unterliegen den Strafbestimmungen des Urheberrechts.

ISBN 978-3-03810-201-4

www.nzz-libro.ch
NZZ Libro ist ein Imprint der Schwabe AG.

Cassinelli-Vogel-Stiftung
Grütli Stiftung Zürich
Thomas Wagner Stiftung
Zürcher Kammerorchester

Bibliografische Information der Deutschen Nationalbibliothek

Die Deutsche Nationalbibliothek verzeichnet diese Publikation in der Deutschen Nationalbibliografie; detaillierte bibliografische Daten sind im Internet über http://dnb.d-nb.de abrufbar.

© 2018 NZZ Libro, Schwabe AG